Neue

Kleine Bibliothek 96

D1725684

Ulrich Sander

Die Macht im Hintergrund

Militär und Politik in Deutschland von Seeckt bis Struck

PapyRossa Verlag

© 2004 by PapyRossa Verlags GmbH & Co. KG, Köln
Luxemburger Str. 202, D-50937 Köln

Tel.:	++49 (0) 221 – 44 85 45
Fax:	++40 (0) 221 – 44 43 05
E-Mail:	mail@papyrossa.de
Internet:	www.papyrossa.de

Alle Rechte vorbehalten

Umschlag & Satz:	Alex Feuerherdt
Druck:	Interpress

Die Deutsche Bibliothek – CIP-Einheitsaufnahme

Die Deutsche Bibliothek verzeichnet diese Publikation in der Deutschen Nationalbibliografie; detaillierte bibliografische Daten sind im Internet über http://dnb.ddb.de abrufbar

ISBN 3-89438-287-2

Inhalt

Vorbemerkung

Dieses Buch ist unter merkwürdigen Begleitumständen entstanden. »Offensichtlich ist dem Beschuldigten daran gelegen, durch diese Mitgliedschaft an nähere Informationen, insbesondere Adressen von Mitgliedern der Gebirgsjäger zu kommen.« Das wurde mir, dem »Beschuldigten«, in einem Beschluss des Amtsgerichts Dortmund vorgehalten, mit dem eine Hausdurchsuchung in meiner Wohnung begründet wurde. Diese Hausdurchsuchung fand am 3. Dezember 2003 auf Antrag des Staatsschutzes und der Staatsanwaltschaften München wie Dortmund statt. Das geschah, als ich gerade am letzten Drittel des Buches arbeitete. Dabei wurde mein Computer vorübergehend beschlagnahmt. Alle Dateien, auch das Manuskript zu diesem Buch, wurden behördlich kopiert. Wenn man so will, kann gesagt werden: Der erste Leser war der staatliche Zensor.

Dachten wir nicht alle, dass derartiges heute nicht mehr möglich ist?

Ich war Bezieher der Zeitschrift »Gebirgstruppe«, die der »Kameradenkreis Gebirgstruppe e.V.«, ein Verband von Wehrmachtsveteranen, Bundeswehrreservisten und aktiven Bundeswehrsoldaten, für seine Mitglieder herausgibt, und habe sie ausgewertet, um beispielsweise mögliche Mittäter bei den Morden der Wehrmacht in Griechenland zu benennen. Rund zweihundert solcher Namen, Adressen und Wehrmachtseinheiten-Angaben sind bei Recherchen mit der genannten Zeitschrift tatsächlich aufgefunden worden. Die Betroffenen wurden von mir als mögliche Mörder an griechischen und italienischen Zivilisten, d.h. als Mitglieder mörderischer Wehrmachtseinheiten, bei den Staatsanwaltschaften benannt.

Doch die Staatsanwaltschaft ermittelte nicht gegen die möglichen Täter, sondern gegen mich, den Rechercheur. Es hieß, ich hätte mich mit amtlich aussehenden Schreiben, die an die Angezeigten gerichtet waren, verdächtig gemacht, Amtsanmaßung begangen zu haben. Der Inhalt der offenkundig gefälschten Schreiben könne nur von mir stammen, weil ich den Kameradenkreis Gebirgstruppe mittels Lektüre seines Vereinsblattes ausgespäht hätte und staatsanwaltliche Korrespondenz besäße. Staatsanwaltschaftliche Schreiben wie Zeitschrifteninhalte waren aber öffentlich bekannt oder sind von mir öffentlich gemacht worden. Die Fälschung konnte von jedermann stammen – sie stammte jedenfalls nicht von mir. Doch mit der Auswertung der »Gebirgstruppe« hätte ich mich hinlänglich verdächtig gemacht.

Der Vorgang zeigt vor allem zweierlei: Publikationen militärischer Kreise sind viele ansonsten verborgene Fakten zu entnehmen. Und zweitens ist es unerwünscht, dass Menschen von außerhalb der Truppe die Blätter der Krieger lesen und auswerten. Zuviel Verborgenes käme ans Licht.

Dass sogar der Staatsanwalt tätig wird, um die Vertraulichkeit der kriegshetzerischen, den Krieg Hitlerdeutschlands beschönigenden und neue Kriege propagierenden Blätter zu bewahren, das ist nun aber ein durchaus neuartiger Vorgang. Die Justiz und der Staatsschutz fühlen sich neuerdings offenbar ebenso als Erfüllungsgehilfen des Militärs wie zahlreiche Politiker. Keine schöne Aussicht für die politische Kultur. Wir werden jedoch mit solchen Dingen noch öfter zu tun bekommen.

Der Primat des Kriegerischen durchzieht dieses Land. Obgleich das Grundgesetz genau dies ausschließt – »außer zur Verteidigung dürfen die Streitkräfte nur eingesetzt werden, soweit dieses Grundgesetz es ausdrücklich zulässt«, und es lässt es nicht zu! –, plauderte Bundeskanzler Gerhard Schröder am Silvestertag 2003 dieses in die deutschen Wohnzimmer hinein: »Manchmal können wir mit Spenden helfen, manchmal müssen wir Soldaten einsetzen, um unserer Verantwortung für diese eine Welt gerecht zu werden. Doch diese Verantwortung kann Deutschland auf Dauer nur tragen, wenn es ein starkes Land bleibt. Auch und vor allem wirtschaftlich.« Derartiges las ich ansonsten nur in Militärzeitschriften: Deutschland muß stark sein; für die Rüstung hat das Volk den Gürtel enger zu schnallen; der Kriegseinsatz wird zum permanenten Zustand. Der ehemalige Bundesverfassungsrichter Dr. Helmut Simon stellte zu solchen verfassungswidrigen Positionen fest, »dass sich der militärische Sektor immer noch recht resistent gegenüber verfassungsrechtlicher Durchdringung verhält.« (Frankfurter Rundschau, 6.1.04).

Müsste nicht »unsere Verantwortung« für die Welt gerade darin bestehen, den Frieden zu bewahren, weil »von deutschem Boden nie wieder Krieg ausgehen darf«, wie noch 1987 Erich Honecker und Helmut Kohl in einer gemeinsamen Erklärung feststellten? Dieses Prinzip wird zur romantischen Floskel, obwohl es mehr als ein halbes Jahrhundert gültige Doktrin war. Seitdem der Generalinspekteur der Bundeswehr die Losung ausgab: »Es gibt nur noch zwei Währungen in der Welt: Wirtschaftliche Macht und die militärischen Mittel, sie durchzusetzen« (General Naumann laut »Der Spiegel« 3/93), hat die von den Militärs ausgehende Kriegspropaganda ihren Siegeszug angetreten. Und der Krieg als Mittel der Politik ebenfalls. Zehn Jahre lang konnte man derartiges nur in Bundeswehr- und Militaristenblättern sowie in Generalsreden lesen, nun hat es die Manuskripte der Redenschreiber der Politiker erreicht. Der Primat der Politik ist passé!

Geht Deutschland bis weit vor die Zeit der Aufklärung, die Zeit vor Kant zurück? »Kein Staat soll sich in die Verfassung und Regierung eines anderen Staates gewalttätig einmischen«, mit diesen Worten verurteilte Immanuel Kant vor 200 Jahren den Angriffskrieg. Heute geht mir nichts dir nichts durch, was in den Jahren bis 1990 noch als Generalsputsch mit Entrüstung aufgenommen worden wäre: Die Aufforderung der Militärs, Frieden und Demokratie mit Füßen zu treten, die Staatskasse zugunsten der Rüstung zu plündern. In einem Geheimpapier schreibt der faktische neue Generalstab – so etwas gibt es, obwohl den Deutschen ein Generalstab 1945 verboten wurde: Die »verantwortliche Übernahme« verteidigungspolitischer Aufgaben »durch ein politisch geeintes Europa« mache »den nationalen Parlamenten verpflichtete Streitkräfte entbehrlich.«

Und die Nicht-Atomstaaten, sprich die BRD, müssten an »Atomwaffenpotenzialen einiger EU-Staaten« beteiligt werden. (Der Führungsstab der Streitkräfte laut »Ein Heer für Europa«, in Süddeutsche Zeitung, 29.4.03).

Wären wir besser gefahren, wenn die an Frieden und Demokratie Interessierten lange schon wenigstens die zugänglichen Dokumente und Publikationen des neuen oder der Fortsetzer des alten Militarismus beachtet hätten? Es hätte zumindest nicht geschadet. Verbrecher aus der Wehrmacht hätten leichter namhaft gemacht und vor künftigen Tätern und ihren Untaten hätte gewarnt werden können.

Deshalb lege ich dieses Buch vor: Es besteht aus Belegen für die Vorbereitung von Angriffskriegen, die zu 80 Prozent aus allgemein zugänglichen Quellen der Militärs stammen. Es wäre sträflich, sie weiter unbeachtet zu lassen, wie es fahrlässig war, sie in den Jahren seit 1990 zu vernachlässigen, obgleich sie relativ offen zutage lagen. Das war 1925, zur Zeit des Generals von Seeckt, anders. Der Große Plan zum Aufbau des Heeres, der 1939 rechtzeitig zum Kriegsbeginn verwirklicht wurde, war noch ein Geheimplan der deutschen Heeresleitung. Die »Macht im Hintergrund« wird heutzutage immer sichtbarer.

Dank für Hilfe bei der Abfassung dieses Buches geht an Josef Angenfort, Dr. Detlef Bald, Günter Baumann, Rainer Butenschön, Gerd Deumlich, Wolfgang Dominik, Kurt Heiler, Dr. Rainer Kawa, Gerhard Jenders, Jakob Knab, Lorenz Knorr, Bernd Meimberg, Detlef Peikert, Tobias Pflüger, Wera Richter, Anne Rieger, Ina Sander, Traute Sander, Alfred Schober, Renate und Hanjo Seißler, Stephan Stracke, Horst Vermöhlen, Fabian Virchow, Marianne Wilke, Ingrid und Gerhard Zwerenz. Ferner an das Hartmut Meyer Archiv der VVN-BdA, Holger Schmidt (Deutsche Friedensgesellschaft), Oberstleutnant Dr. Burkhard Köster (Streitkräfteamt), Birgit Bartelmann (Bundesverteidigungsministerium) und Rüdiger Löhle (Bundesamt für Zivildienst).

Ulrich Sander

1.
Die Bundeswehr als geheimer Regent und als Schule der Nation

Was bleibt vom Primat der Politik?

Der Generalinspekteur der Bundeswehr, General Wolfgang Schneiderhan, hat »über bisher Undenkbares« nachgedacht. Über die Frage nämlich, »ob es richtig sein kann, nicht abzuwarten, ob man von einem anderen angegriffen wird, sondern sich gegen diese mögliche Gefahr vorauseilend zu schützen und selbst die Initiative zu ergreifen.« (FAZ 23. Jan. 2003)

Die Antwort liegt für Militärs auf der Hand: Es kann. Die Reste des noch geltenden Völkerrechts können in ihrem Kern zerstört werden. So wie die Verfassung beiseite geschoben werden konnte, das Grundgesetz, das den Angriffskrieg unter Strafe stellt und bestimmt, dass deutsche Truppen nur zur Verteidigung aufgestellt werden dürfen.

Der höchste General denkt über Verfassungsbruch und Präventivkriege nach, ein anderer General will uns das jüdisch-bolschewistische Feindbild wieder nahe bringen. Dieser General, Reinhard Günzel, wurde vom Verteidigungsminister entlassen – der Generalinspekteur nicht. Dem gelang es sogar, seinen präventiven Kriegsplan dem Verteidigungsminister unterzuschieben. Im ersten Entwurf der neuen Verteidigungspolitischen Richtlinien stand das Präventivkriegskonzept drin. Bei der Veröffentlichung fehlte es dann. Ist damit die Sache behoben?

Keinesfalls. Immer wieder machte Motorradfahrer Peter Struck den Generälen den militärischen Stuntman. Flog er auf die Nase, dann wussten sie, dass wohl ein anderer Weg zu nehmen war. In den USA, beim Manöver der Verteidigungsminister der NATO unter Vorsitz von Donald Rumsfeld, redeten sie Struck ein, er solle doch mal handstreichartig das Parlament als zuständiges Beschlussorgan für Militäreinsätze beiseite schieben. Andere Länder machten es doch auch... Struck versuchte es, es ging schief. Aber die Herren in Uniform arbeiten weiter daran.

Was sie sich wünschen, diskutieren sie in ihren Zirkeln, so in der Führungsakademie der Bundeswehr und in der Clausewitzgesellschaft. Und in den Medien der Bundeswehr wird dann schon mal ein Versuchsballon losgelassen. Von großem Wert sind dafür Think Tanks wie das ZAS, das Zentrum für Analysen und Studien der Bundeswehr. Das schreibt die Verteidigungspolitischen Richtlinien von morgen und übermorgen. Sein Chef, der Oberst Ralph Thiele, darf dann in den »Informationen für die Truppe« schon mal ankündigen: »Neue Einsätze sind geprägt von Interventionen mit offensivem Charakter und einer verstärkten Internationalisierung.« Er macht Feinde in aller Welt aus – und reiht neben die Terroristen und die internationale Kriminalität auch gleich »Chaosgruppen wie z.B. die Gruppe der Globalisierungsgegner« in die Liste der Feinde ein. (Information für die Truppe 3/2002, künftig abgekürzt als IfdT) Der Übergang vom Frieden zum Krieg sei fließend: »Der eigentlichen Konfliktaustragung folgen lange Phasen der Konfliktnachsorge bzw. Konsolidierung.« »Unterhöhlt« werden die »klassischen Unterscheidungen zwischen innerer und äußerer Sicherheit sowie Krieg und Frieden«, schreibt der Oberst weiter, der die Bundeswehr auch im Innern einsetzen will – zum Schutz »kritischer Infrastruktur«. Den Streitkräften müsse es gelingen, »sich wirksam in einen ressortübergreifenden Verbund von relevanten Sicherheitsinstrumenten einzubringen.« Polizei, Geheimdienste, Militär – alle hören auf ein Kommando?

Den Wehrpflichtigen möchte der Oberst unbedingt entsprechend seiner Qualifikation – »unabhängig von seinem Alter« – einsetzen; neue »Miliz- und Reservistenkonzeptionen« sollen gefunden werden. Der 50jährige Professor leistet seinen Wehrdienst, bis die neue Chemiewaffe fertig ist? Jedenfalls: »Der Kampf um gebildete Menschen wird deshalb schärfer geführt werden«, heißt es abschließend bei Thiele. Die Greencard in Form eines Wehrpasses? Der Fachmann aus Asien als Beuteobjekt in militärischen Operationen?

Sage keiner, das seien doch Unterstellungen, die ich da an die Zitate knüpfe. Als der Begründer der »neuen Bundeswehr«, Generalinspekteur Klaus Naumann, im »Spiegel« 3/93 nur noch »zwei Währungen in der Welt« ausmachte: »Wirtschaftliche Macht und die militärischen Mittel, sie durchzusetzen«, da sahen wir drohende deutsche Kriege vor uns. Allerdings nicht mehr im letzten Jahrhundert. Doch dann wurden wieder – noch vor der Jahrtausendwende – deutsche Bomben auf Belgrad geworfen. Die schlimmsten Pessimisten erwiesen sich als zu optimistisch.

Es ist schon sinnvoll, die Texte zu lesen, die den Diskurs in der Truppe bestimmen. Sie sind öffentlich zugänglich – und ihre Offenheit ist frappierend. Sie müssen ernst genommen werden. Und sie geben einen Hinweis auf noch gefährlichere Pläne, die von Generälen ausgeheckt und scheibchenweise dem Minister untergeschoben werden. Und der Verteidigungsausschuss des Bundestages mit all seinen Offiziersgattinnen, beurlaubten Rüstungsmanagern und Offizieren a.D. macht ohnehin mit.

In der Verwirklichung von Plänen der Generalität waren die deutschen Verteidigungsminister schon immer groß. Auch die sozialdemokratischen – von Gustav Noske über Helmut Schmidt, Georg Leber und Hans Apel bis zu Peter Struck. Rudolf Scharping sowieso. Damit auch ja niemand denkt, sie seien militärpolitisch ahnungslos und zögerlich, reden sie den Generälen ihren gefährlichen Unsinn nach. Manchmal machen sie ihnen dann sogar »den Bluthund«, wie 1919 besagter Noske.

Dem derzeitigen Amtsinhaber haben Generäle den Einfall beigebracht, wenn es denn schon in der Verfassung heiße, die Truppe sei nur zur Verteidigung da, doch einfach zu sagen: Deutschland wird auch am Hindukusch verteidigt. Und als den Minister kein Proteststurm vom Motorrad und vom Sessel haute, da konnten sie beruhigt weiter ihre Pläne schmieden.

Zu den großen Verheißungen der gegenwärtigen Entwicklung zählt im Verständnis der Militärs der Plan des Ministers, Einsätze der Bundeswehr auch ohne vorherige Parlamentszustimmung in eigener Machtvollkommenheit der obersten Führung durchzuführen. Das war hierzulande zuletzt zu Zeiten Adolf Hitlers der Fall. Es geht um Einsätze im Innern des Landes wie auch nach außen. Kriege sollen in jedem Fall erlaubt sein.

Die Angehörigen des eigenen wie anderer Länder zu opfern, war bis 1945 jahrhundertelange Regierungspraxis. Bewohner des eigenen

Landes, die im Wege sind, werden beseitigt, wie auch der äußere Feind. Als »Dank« für die Hilfe der Arbeiter bei der Niederschlagung der Kapp-Putschisten mit und ohne Uniform hat die SPD-geführte Reichsregierung 1920 die Reichswehr – die gegen den Putsch nicht hatte handeln wollen, denn »Truppe schießt nicht auf Truppe«, so ihr Kommandeur General von Seeckt – gegen die streikenden Arbeiter eingesetzt und Tausende von Opfern unter den Verteidigern der Republik in Kauf genommen. Ähnliche Größenordnungen sieht Bayerns Ministerpräsident und CSU-Vorsitzender Edmund Stoiber für den Einsatz der Truppe im Innern vor: Die ganze Gesellschaft müsse darauf eingestellt werden, dass die freiheitliche Lebensordnung »durch Tausende von irregeleiteten fanatischen Terroristen mit möglicherweise Millionen Unterstützern« massiv bedroht sei, sagte er am 1.10.2001 dem »Tagesspiegel«, öffentlich über Bundeswehreinsätze im Innern nachdenkend.

Schon kurz nach dem Beitritt der DDR, als NATO wie Bundeswehr bis an die Oder vorrückten – und das war lange Zeit vor dem derzeitigen »Krieg gegen den Terror«, mit dem alles Mögliche und Unmögliche begründet wird –, wurden neue Aufgaben gesucht, die weit über die Landes- und Bündnisverteidigung hinauswiesen. Als gäbe es den Grundgesetztext gar nicht, wurden die Bundeswehrsoldaten zum Verfassungsbruch aufgerufen: »Ungeachtet der im Hinblick auf unterschiedliche Auffassungen zur Auslegung des Artikels 87a unseres Grundgesetzes noch vorzunehmenden politischen Klarstellungen« (IfdT 6/92) habe die Bundeswehr »für kollektive Einsätze auch außerhalb des Bündnisgebietes zur Verfügung zu stehen, soweit es deutsche Interessen ... gebieten.« So Generalinspekteur Klaus Naumann aus Anlass seines Dienstantritts in Heft 11/91 der »Information für die Truppe«. Naumann erreichte später den höchsten NATO-Generalsrang, den ein Nichtamerikaner erreichen kann. Danach, als General a.D., wurde er Leiter der »Clausewitz-Gesellschaft«, deren Leitung dann im Jahre 2003 an General Dr. Klaus Reinhardt überging, den legendären Kosovo-Kommandeur.

Diese Clausewitz-Gesellschaft verfügt über engste Verbindungen in die zentralen Schaltstellen des Militärs hinein, ja sie ist sogar teilweise mit diesen identisch. Es gibt keine personelle und strategische Entscheidung der Bundeswehr, die nicht in diesem elitären Kreis vorbereitet wird. Als 1992 die Verteidigungspolitischen Richtlinien durchs Bundeskabinett gebracht wurden – gegen den Willen von Außenminister Hans Dietrich Genscher, der bei Vorlage des ersten Entwurfs wegen der damit drohenden Militarisierung der Außenpolitik zurücktrat –, da hatte die Clausewitz-Gesellschaft wesentliche Vorarbeit geleistet. In diesen VPR wird die »nationale Interessenlage« anstelle der Unterordnung unter NATO und USA ins Zentrum der Sicherheitspolitik des neuen Deutschland gerückt. Es wird »gleichberechtigte Partnerschaft« mit den USA gefordert. Die Bundeswehr habe für »Aufrechterhaltung des freien Welthandels und des ungehinderten Zugangs zu Märkten und Rohstoffen in aller Welt« zu sorgen.

Den unter dem Einfluss der Militärs zustande gekommenen – Verteidigungspolitische Richtlinien, VPR, genannten – Plänen und der Beteiligung Deutschlands an zwei Angriffskriegen stand jahrelang nichts entgegen, das an die traditionell antimilitaristische Kraft der Gewerkschaften anknüpfte. Erst nach über zehn Jahren und Dutzenden deutschen »Einsätzen« – Einsätzen mit wechselnden Begründungen, von den Menschenrechtskriegen, der »uneingeschränkten Solidarität« mit den USA bis zum Antiterrorkrieg – meldete sich die Vereinigte Dienstleistungsgewerkschaft ver.di im Oktober 2003 von ihrem Bundeskongress im Namen ihrer 2,8 Millionen Mitglieder zu Wort:

»Wir sagen entschieden Nein zum Krieg! Kein anderer Weg als der ziviler Konfliktlösungen verspricht Erfolg. Wir rufen auf, auch und gerade im reichen und mächtigen Deutschland den Widerstand gegen milliarden-teure Aufrüstung und Militarisierung, gegen Kriegshetze und Kriegspolitik zu verstärken. ...

Ver.di lehnt einen ›deutschen Weg‹ als national-gestimmte Begründung für eine Absage an militärische Gewalteinsätze ab. Diese zu ächten, ist für ver.di ein Gebot der Menschlichkeit, der friedenspolitischen Vernunft und ein Auftrag von UN-Charta und Grundgesetz. Deshalb fordert ver.di:

- *die Umrüstung der Bundeswehr zur weltweit einsetzbaren Interventionstruppe muss gestoppt werden; gefordert sind Maßnahmen qualitativer Abrüstung;*

- *die 1992 von der Kohl-Regierung erlassenen und vom Bundestag nie beschlossenen ›verteidigungspolitischen Richtlinien‹, die die militärische Durchsetzung deutscher Wirtschafts- und Machtinteressen in der Welt vorgeben, müssen rückgängig gemacht werden;*
- *die von Bundeskanzler und Außenminister im Bundestag durchgepeitschte Beteiligung am sogenannten ›Jahrhundertkrieg gegen den Terror‹ muss revidiert, deutsche Militäreinsätze, die nicht klar friedenserhaltenden Maßnahmen unter UN-Mandat dienen, müssen umgehend beendet werden.«*

In der Begründung für diesen Beschluss wird ausgeführt: »Die Bekämpfung von Terroristen dient offenkundig nur als Vorwand. Es geht den Krieg führenden Mächten um die Neuaufteilung der Welt. Um die militärische Zurichtung neuer Märkte für die transnationalen Konzerne. In deren Interesse soll mit Militäreinätzen eine ›neue‹ Weltordnung abgesichert und ausgebaut werden. Diese zeichnet sich vor allem durch eins aus: Durch schreiende soziale Ungerechtigkeiten – das Vermögen der drei reichsten Personen der Welt übersteigt im Wert den kumulierten Besitz der Bevölkerung der 48 ärmsten Länder.«

Warum wird derart Kluges und Vernünftiges so selten ausgesprochen? Es gibt dafür viele Gründe. Zunächst dominieren die Medien den militärpolitischen Diskurs im Sinne der militärischen »ultima ratio«. Die Medien waren 1999 kriegsentscheidend, stellten die Friedensbewegung, aber auch der Kosovo-Kommandant General Klaus Reinhardt fest. Es fragt sich allerdings, wodurch die ursprüngliche Hinnahme der Kriegspropaganda durch die Ver.di-Mitglieder, zu denen ja auch Medienarbeiter und Drucker gehören, verursacht war. Des weiteren muss beachtet werden, dass die Militärs bei der Bestimmung des militärpolitischen Diskurses große ehemalige Teile der Friedensbewegung, besonders des sozialdemokratischen und bündnisgrünen Spektrums, als Assistenz an ihrer Seite hatten. Es muss aber auch der eigene Anteil der Bundeswehr an der Medienmacht und der Bestimmung des Alltagsbewusstseins der Menschen im Lande beachtet werden. Dazu zählen die großen Traditions- und Reservistenvereinigungen, die halbstaatliche Reservistenarbeit und das System der bundeswehreigenen Medien. Die Bundeswehr als Schule der Nation – auf dem Weg dahin kam die Truppe gut voran. Sie konnte aufbauen auf die Erziehung von zig Millionen männlichen Bundesbürgern in der Truppe.

Seit 1990 kann von konkreter Kriegsvorbereitung der Bundeswehr gesprochen werden. Während alle Welt sich einig war, dass, wenn Deutschland außerhalb seiner eigenen und der Bündnisgrenzen militärisch operieren solle, erst einmal das Grundgesetz geändert werden müsse, redeten die Militärs den Soldaten und Politikern ein: Notwendig sei nur eine »Klarstellung« zum Grundgesetz. Dieser Auffassung folgte das Bundesverfassungsgericht, die Militärs hatten sich durchgesetzt. Später wurde gemunkelt, die SPD habe ihre Kandidatin Jutta Limbach gegen den CDU-Kandidaten, den Rechtsaußenpolitiker Rupert Scholz, nur dadurch bei der Wahl ins Präsidium des Bundesverfassungsgerichts durchgesetzt, dass sie zusicherte, es werde unter ihrer Bewerberin keinen Spruch gegen die Kriegsführungsstrategie geben.

Es kam zunächst nur zu auswärtigen Bundeswehreinsätzen unterhalb der Schwelle des Kampfeinsatzes. Um aber als kriegsverwendungsfähig zu gelten, fehlte den Generälen der ersehnte richtige Krieg. Den bekamen sie endlich 1999. Um sicher zu gehen, dass Vorbehalte gegenüber der Teilnahme Deutschlands am Krieg gegen ein Land, das innerhalb von nur drei Jahrzehnten zweimal schwer unter deutschen Truppen gelitten hatte, nicht störten, griff die Bundeswehrführung zu einer Auschwitz-Lüge eigener Art. Minister Scharping wurde mit einer Gruppe von Soldaten nach Auschwitz entsandt. In der Gedenkstätte für die Millionen Ermordeten sagte der Minister: Um ein neues Auschwitz zu verhindern, »ist die Bundeswehr in Bosnien«, und dass sie aus diesem Grund »wohl auch in das Kosovo gehen wird«. Bomben auf die Serben abzuwerfen, um die deutsche Schuld am Mord an den Juden zu relativieren, das war ein bis dato undenkbarer Vorgang. Er ebnete einer neuen Form des Antisemitismus den Weg, der mit dem Fall Hohmann im Jahre 2003 einen Höhepunkt erreichte: Die Opfer des deutschen Faschismus als »Tätervölker« mit den Tätern gleichzusetzen. Scheinheilig wurde 1999 gesagt, es gehe gegen einen neuen Hitler in Belgrad.

Holocaust-Überlebende haben auf die »neue Art der Auschwitzlüge«, wie sie die Bundeswehr propagierte, mit einem Offenen Brief reagiert. Die Unterzeichnenden, unter ihnen Mitglieder des Auschwitz-Komitees, schrieben:

»Soll vergessen sein, dass in diesem Jahrhundert zweimal über Serbien von deutschem Boden aus Vernichtung und Verwüstung hinweggingen? Soll vergessen sein das Massaker an einer Million Serben, begangen von deutschen Nazis im Zweiten Weltkrieg und ihren in- und ausländischen willigen Vollstreckern? Nach den Juden hatten die Slawen in Serbien – gemessen an ihrer Gesamtbevölkerung – die meisten Opfer zu beklagen.

Soll vergessen sein, dass die Zerschlagung Serbiens von 1914 bis 1918 jenem Heeresgruppenbefehlshaber und Totenkopfhusaren August von Mackensen übertragen war, der 1915 und dann immer wieder das »rücksichtslose Vorgehen« gegen die serbische Bevölkerung befahl und der dann Hitler bis zuletzt als Propagandist half – bis zum Aufruf zum Opfertod der Jugendlichen als Volkssturm – und nach dem die Bundeswehr noch immer eine Kaserne in Hildesheim benennt?

Soll vergessen sein, dass nicht nur kaiserliches Heer, Reichswehr und Wehrmacht erprobte Serbenschlächter in ihren Reihen hatten, sondern auch die Bundeswehr? Wir verweisen auf Wehrmachtsoberst Karl-Wilhelm Thilo, der in der Bundeswehr höchster General und Kommandeur der 1. Gebirgsdivision – jener Division, die nun wieder auf dem Balkan die deutsche Fahne vertritt – sowie stellvertretender Heeresinspekteur wurde. Er unterzeichnete Massenmordbefehle gegen Jugoslawen und er schrieb mit an Büchern, die in der Bundeswehr kursierten, um den Völkermord zu preisen, so H. Lanz (Hg.) »Gebirgsjäger – Die 1. Gebirgsjäger-Division 1935/1945«.

Soll vergessen sein, dass der Krieg der Bundeswehr gegen Serbien eindeutig gegen das Völkerrecht verstößt, nicht nur gegen die UN-Charta, sondern auch gegen den NATO-Vertrag, die Schlussakte von Helsinki, gegen das Grundgesetz und den Zwei-plus-vier-Vertrag? Deutschland hat sich immer wieder zur Einhaltung der UN-Charta verpflichtet und sie nun mit dem Angriff auf Jugoslawien mit Füßen getreten. Die Bundeswehr verstieß gegen die Befehle aus dem politischen Raum. »Darüber hinaus hat die Bundesregierung das Verbot der Füh-

rung eines Angriffskriegs bekräftigt« (Aus dem Zwei-plus-vier-Vertrag vom 12. September 1990; zitiert nach »Weißbuch 1994« der Bundeswehr).

Soll vergessen sein, dass Jugoslawien mit dem Krieg zur Unterzeichnung eines Vertrages gezwungen werden soll, der nur mit dem Münchner Diktat von 1938 verglichen werden kann, mit dem die ČSR zerstört wurde, wie heute Jugoslawien zerstört werden soll? »Ein Vertrag ist nichtig, wenn sein Abschluß durch Androhung oder Anwendung von Gewalt unter Verletzung der in der Charta der Vereinten Nationen niedergelegten Grundsätze des Völkerrechts herbeigeführt wurde.« So heißt es im Wiener Übereinkommen über das Recht der Verträge, Artikel 52. ...«

Trotz des offenkundigen Bruchs des Völkerrechts und der Verfassung sind 1999 kaum Fälle von Opposition gegen den Krieg aus der Truppe heraus bekannt geworden. Die Vorstellung, sich mittels der Auschwitzdemagogie des Ministers – und später auch des Außenministers – als sogenanntes »Tätervolk« reinzuwaschen und die Opfer Hitler-Deutschlands zu »Tätern« zu stempeln, war wohl so verlockend für die zumeist nationalkonservativ ausgerichtete Truppe, dass alle Hemmungen fielen.

Der Widerstand innerhalb der Truppe gegen den offenkundigen Bruch des Grundgesetzes – und zwar des Verfassungstextes und nicht der Verfassungsauslegung durch Karlsruhe – nahm immer mehr ab, nachdem sich noch während des Golfkrieges 1991 viele Soldaten und Offiziere ganz heftig gesträubt hatten, für »Blut für Öl« in den Krieg zu ziehen. Später sagte Bundespräsident Roman Herzog (CDU), es reiche künftighin das Scheckbuch nicht mehr aus, wenn Deutschland in kriegerischen Situationen gefordert sei.

Eine tiefe Grundströmung weg vom »sich aufs Kämpfen vorbereiten, um nicht kämpfen zu müssen« hin zum »sich aufs Kämpfen vorbereiten, um kämpfen zu wollen« ist jedoch schon lange vor der Wende von 1990 erkennbar gewesen. Nicht erst die Entwicklung auf dem Balkan im letzten Jahrzehnt des letzten Jahrhunderts hat also zu einem gefährlichen Umdenken der Mehrheit der Soldaten, ja der deutschen Bevölkerung in der Sicherheitspolitik geführt. Fast zu jeder deutschen

Familie gehören einer oder mehrere aktive Soldaten oder Reservisten. Der Geist des Militärischen ist schon seit langem in jedem Haus. Unter den Bundesbürgern unter 60 Jahren sind mindestens rund 8,5 Millionen, die Wehrpflicht geleistet haben; das sind all jene, die theoretisch im Verteidigungs- oder Spannungsfall wieder zur Truppe gerufen werden könnten. Neun Millionen Männer haben seit 1956 in der Bundeswehr »gedient«. (Weitere 3,3 Millionen haben allerdings den Kriegsdienst verweigert.) Diese Zahlen teilte mir das Bundesverteidigungsministerium mit.

Das neue aggressive deutsche Militärkonzept wird akzeptiert und löst in der Mehrheit der Bevölkerung keinen Widerstand aus, zumindest wird das akzeptiert, was davon bekannt geworden ist. Die wirklichen Absichten des Militärs bleiben ja zumeist verborgen. Und was zu sehen war, bedeutete ja scheinbar »Gutes«: Die deutschen Einsätze blieben für die Deutschen unblutig, erfolgten in weiter Ferne und in »deutschem Interesse«, als da waren: die Befriedung instabiler, von Terrorismus beherrschter Gegenden und das Fernhalten von Flüchtlingsströmen beziehungsweise ihre Umkehrung weg von Deutschland und Europa.

Seit Anfang der neunziger Jahre werden die Soldaten und die Millionen Reservisten über Medien und Organisationen indoktriniert, und auch die Zivilgesellschaft sollte in militärischen Kategorien denken lernen: »Die Bürgerinnen und Bürger haben einen Anspruch darauf, dass man ihnen erklärt, was los ist.« (Verteidigungsminister Rudolf Scharping lt. IfdT 8/00) Zu lange, so junge Offiziere in einem Gespräch mit IfdT, habe das Wort von Gustav Heinemann gegolten: »Der Friede ist der Ernstfall«. Man wünschte sich einen echten kriegerischen Ernstfall, forderte die Wende um 180 Grad. Ein Offizier sagte: Es müssten endlich ein paar Zinksärge auf Rhein-Main ankommen, dann werde es wirklich ernst.

Im Jahr 2000 wurde die Medienstruktur der Bundeswehr überarbeitet. Dabei wurde eine die Teilstreitkräfte übergreifende Lösung gefunden, ganz wie sie der faktischen Wiederherstellung eines Generalstabes durch die Befehlsgewalt des Generalinspekteurs über alle Teilstreitkräfte entspricht. (Aus dem Generalinspekteur und Berater des Ministers war ein militärischer Oberbefehlshaber geworden, der in die Teilstreitkräfte hineingreifen kann.)

In »Information für die Truppe« (6/2000, 11-12/2000) wird das so beschrieben: »Das neue Konzept der Truppeninformation integriert in einem Medienmix die Möglichkeiten von Intranet aktuell« – einem bundeswehrinternen Fernsehsender per Kabel und Internet –, den »Printmedien und – langfristig – Bundeswehrfernsehen.« Es werden hohe Maßstäbe angelegt: »Moderne Printmedien müssen dabei Erwartungshaltungen der Leser hinsichtlich Aktualität, Aufmachung und Service entsprechen, wie sie sich aus dem Informationsangebot von Funk, Fernsehen und elektronischen Medien, aber auch einer sich wandelnden Presselandschaft, entwickelt haben.«

Wöchentlich an jedem Montag erscheint die Wochenzeitung »Bundeswehr aktuell«, und seit Frühjahr 2001 kommt in einer Auflage von 65.000 Exemplaren ein neues Monatsmagazin heraus. Für die politische Bildung und politisch-historische Schulung gibt es die »Information für die Truppe«, und der »Reader Sicherheitspolitik« erscheint gedruckt sowie als online-Ausgabe nebst Archiv auf einer Web Site.

Weitgehend unbeachtet von der Öffentlichkeit arbeiten in der Bundeswehr und um die Bundeswehr herum zahlreiche Arbeitskreise, Gesellschaften und Organisationen, die auf die Streitkräfte Einfluss ausüben und den militärischen Geist in der Öffentlichkeit verbreiten. Gegründet wurden diese zumeist um 1955 von ehemaligen Offizieren der NS-Wehrmacht im Zusammenhang mit der Remilitarisierung der Bundesrepublik und der Wiedereinführung des Militärdienstes. Einige davon bereits früher, denn schon 1950 ernannte Bundeskanzler Konrad Adenauer seinen Mitarbeiter aus der CDU Theodor Blank zum »Beauftragten für die mit der Vermehrung der alliierten Truppen zusammenhängenden Fragen«, eine Funktion, die als »Amt Blank« zur Keimzelle des fünf Jahre später errichteten Verteidigungsministeriums wurde.

Zu den ersten derartigen Vereinigungen zählt die 1952 gegründete »Gesellschaft für Wehrkunde«, die ihre Aufgabe darin sieht, »das Verständnis für die Notwendigkeit der Vorsorge« der »äußeren Sicherheit im Zentrum Europas zu stärken«, wie es heißt. Die heute unter dem

Namen »Gesellschaft für Wehr- und Sicherheitspolitik« agierende Vereinigung, die Vortragsveranstaltungen durchführt und die Zeitschrift »Europäische Sicherheit« mit herausgibt (weiterer Herausgeber: Clausewitz-Gesellschaft), wird bislang weitgehend aus öffentlichen Mitteln, und zwar aus dem Etat des Presse- und Informationsamtes der Bundesregierung, am Leben gehalten. Von diesem Geld finanziert sie die genannte Zeitschrift »Europäische Sicherheit« (vormals »Europäische Wehrkunde«). Das ist das Fachblatt für Strategiedebatten deutsch-europäischer Militärpolitik. Die Gesellschaft will »durch Öffentlichkeitsarbeit ihrer über 100 Sektionen Verständnis wecken für die Notwendigkeit vorbereitender Landesverteidigung«.

Gegründet wurde die Gesellschaft von zehn ehemaligen Offizieren der Wehrmacht, die es sich zum Ziel setzten, aktiv an der Wiederbewaffnung der Bundesrepublik im Rahmen eines westeuropäischen Zusammenschlusses unter Frontstellung gegen den Osten mitzuwirken. Die kriegsmüde »Ohne-mich-Haltung« der Bevölkerung sollte überwunden werden. Mit den Behörden in Bund und Ländern wurde vereinbart, dass die jeweilige staatliche Dienststelle »in solchen Fragen, die für die Klärung eine Mitwirkung größerer Kreise des ehemaligen Offizierskorps oder sonstiger wehrfachlich sachkundiger Persönlichkeiten als wünschenswert oder zweckdienlich erscheinen lassen, sich der Mitwirkung der GfW bedient.« (Rundschreiben 3/1953) Die GfW unternahm auch sonst Handlungen, die der Regierung noch verboten waren. So nahm sie »die bei Ende des 2. Weltkrieges abgebrochene wehrkundliche Forschung« wieder auf. Bei Gründung der Bundeswehr wechselten die meisten Mitglieder zur Truppe. Von jetzt an trieb die Gesellschaft die Erörterung von Strategien voran, die in den offiziellen Organen als noch nicht diskutierbar galten. »Ausgangspunkt aller Überlegungen sollte deshalb nicht die Frage nach Beseitigung der atomaren Waffen, sondern nach Bannung der Gefahr einer Bolschewisierung sein«, hieß es im August 1958. Zu Zeiten der Notstandsgesetzgebung propagierte die GfW einen »Bundesverteidigungsdienst« aller 18- bis 60jährigen Männer, die dann »Sabotageakte Fünfter Kolonnen« verhindern sollten. Schon früh übte die Gesellschaft Taktiken zur Menschenrechtsphrasologie ein: »Es mag nützlich sein, einem anderen Staat nach

Ort und Stunde den Spiegel seiner Verstöße gegen Menschenrechte vorzuhalten, es mag ein andermal klüger sein, so zu handeln, als gäbe es diese Verstöße nicht.« (Wehrkunde 3/1980) Die 90er Jahre waren dann weitgehend von Diskussionen geprägt, wie der Umbau der Bundeswehr zur jederzeit einsetzbaren Angriffsarmee zu bewerkstelligen sei und welche neuen Feindbilder sich nach dem Zusammenbruch des Warschauer Paktes auftun.

Im Rahmen dieses Diskurses war die Gesellschaft starken Zerreißproben ausgesetzt. Oberhand gewannen diejenigen ihrer Sektionen, die im Zusammenhang mit der Diskussion um die Wehrmachtsausstellung die Bundeswehr nahtlos in die Tradition der Wehrmacht hineinstellten, der Wehrmacht, die zudem von allen Verbrechen freigesprochen wurde. Hartmut Bagger, Generalinspekteur a.D., der 1999 von der Bundesregierung in das Amt des Präsidenten der nun »Gesellschaft für Wehr- und Sicherheitspolitik« genannten Organisation gehievt worden war und für ein modernes Image sorgen sollte, trat 2000 genervt zurück. Der im Februar 1999 von »Panorama« aufgedeckte Skandal, der in der Tätigkeit ultrarechter Referenten in der Gesellschaft und in ihrer Mitwirkung an einer Festschrift für den Holocaust-Leugner David Irving bestand, konnte von Bagger nicht aufgearbeitet werden.

In den von der VVN-BdA herausgegebenen Analysen »Der deutsche Militarismus ist nicht tot« (Wuppertal 2001) schreibt Andrej Hunko: »Der Fall Bagger macht einige Dinge deutlich. Zum einen zeigt er, wie stark die traditionell rechts-militaristischen Kräfte in der GfS sind, die die ungebrochene Tradition Reichswehr-Wehrmacht-Bundeswehr verkörpern und mit Teilen der faschistischen Szene kooperieren. Zum anderen zeigt das Interesse des ›Verteidigungs‹-Ministeriums daran, diese renommierte Organisation, die die jährlichen Wehrkundetagungen in München abhält, 70.000 Besucher auf ihren jährlich ca. 1.000 Veranstaltungen hat und über hochprofessionelle Print- und Digitalmedien verfügt, zu disziplinieren, wie wichtig ein einheitliches Selbstverständnis der Bundeswehr angesichts der Dynamisierung deutscher Kriegsvorbereitung in den letzten Jahren ist.« Die jährlichen Wehrkundetagungen nennen sich seit einigen Jahren »Sicherheitskonferenzen«; die 40. dieser Konferenzen fand im Februar 2004 in München statt. Es wurden der Einsatz der NATO im Irak unter dem Kommando der USA, die Mitwirkung Deutschlands an der Besatzung dort und erweiterte Militäreinsätze in Afghanistan verabredet.

Neben der »Gesellschaft für Wehr- und Sicherheitspolitik« ist es aber vor allem die »Clausewitz-Gesellschaft«, die über engste Verbindungen in die zentralen Schaltstellen des Militärs verfügt, ja sogar teilweise mit diesen personell übereinstimmt. Ihre Bedeutung liegt darin, dass in diesem Kreis wesentlich offener diskutiert werden kann als im Rahmen der engen Vorgaben der Verwaltungsbürokratie des Bundesverteidigungsministeriums. Vor allem werden hier Personalfragen vorentschieden. Wer sich naiv fragte, wie einer wie Reinhard Günzel in den Generalsrang kommt, der kannte die Clausewitz-Gesellschaft nicht.

Dieser Gesellschaft, die sich nach dem preußischen General und Militärstrategen Carl von Clausewitz benennt, gehören zahlreiche ehemalige hohe Offiziere der Bundeswehr und der Wehrmacht an, aber »auch andere Persönlichkeiten in Führungspositionen«, heißt es in einer Selbstdarstellung. Dem elitären Kreis, dem bis 2003 der General Klaus Naumann vorstand, zuletzt Vorsitzender des NATO-Militärausschusses und zugleich Vizepräsident der einflussreichen »Deutsch-Atlantischen Gesellschaft«, gehören rund 600 Mitglieder an. Organisiert sind diese in vier Regionalkreisen, und zwar Hamburg, Berlin, Köln/Bonn und München. Querverbindungen gibt es zum »Institut für strategische Studien« unter Dr. Holger H. Mey, zum rechtsextremen »Verband Deutscher Soldaten« (VDS), zur »Arbeitsgemeinschaft für Kameradenwerke und Traditionsverbände« und anderen Bünden. Der Sprecher des wissenschaftlichen Beirats der Clausewitzgesellschaft, Generalmajor a.D. Greiner, publiziert in »Soldat im Volk«, dem VDS-Organ, und spendet für die Traditionsverbände. Das Mitglied der Clausewitz-Gesellschaft, der Generalmajor a.D. Eberhard Wagemann, setzte sich in »Soldat im Volk« (10/99) für den Wiederaufbau der Potsdamer Garnisonkirche ein, die Kirche, in der Hitler von Hindenburg inthronisiert wurde und die nach Bombardierungen im Kriege von der DDR nicht wieder aufgebaut wurde. In einem Aufruf dazu heißt es: »Große Staatsmänner und Soldaten und viele Historiker haben die Disziplin, Tapferkeit und Vaterlandsliebe des deutschen Soldaten auch des Ostheeres gewürdigt. Leider hatten wenige Deutsche den Mut dazu.« Auch zum rechten Landsmannschaftsspektrum gibt es keine Berührungsängste. So schreibt Clausewitz-Gesellschafts-Mitglied Botschafter a.D. Rolf Pauls im Blatt »Der Schlesier«.

Ehrenpräsident der Clausewitz-Gesellschaft ist heute der ehemalige Generalinspekteur der Bundeswehr und einstige Wehrmachtsoffizier Ulrich de Maizière. Bis 1980 leitete er die Gesellschaft als Präsident. In der »Wehrwissenschaftlichen Rundschau« Nr. 3/64 rühmte de Maizière das »ständige deutsche Drängen«, das »die in Verwirklichung stehende ›Vorwärtsverteidigung‹« der NATO und die Einflussnahme der Bundeswehr »auf Planung und Auslösung des A-Waffeneinsatzes« erreicht habe. Vorwärtsverteidigung – so nannten sich Angriffspläne unter Vorwänden. Im Zweiten Weltkrieg genoss der Oberstleutnant i.G. de Maizière das besondere Vertrauen Hitlers. Er wurde noch im Februar 1945 als Generalstabsoffizier des Heeres ins Führerhauptquartier, den Befehlsstand im Führerbunker, berufen. Seit 1951 war er im Amt Blank tätig.

Sein Stellvertreter als Generalinspekteur war Generalmajor Heinz Walther von zur Gathen, zugleich Kommandeur der Führungsakademie der Bundeswehr in Hamburg. 1997 unterzeichnete er einen in der »Jungen Freiheit« (18/97) veröffentlichten Aufruf gegen die Wehrmachtsausstellung des Hamburger Instituts für Sozialforschung.

Überhaupt ist die Führungsakademie der Bundeswehr ein beliebter rechter Treffpunkt. Auch für die Reservistenverbände. 1995 hatten die Akademieangehörigen die Gelegenheit, in dieser Kaderschmiede den Worten des Alt- und Neonazis Manfred Roeder zu lauschen. Sein Thema war die Deutschtumspropaganda im russischen Kaliningrad, das die Rechten nur Königsberg nennen.

Dieser Skandal und sein großes Echo – bis hin zur Tätigkeit eines parlamentarischen Untersuchungsausschusses – haben nicht ausgereicht, die Führungsakademie von weiteren engen Kontakten nach rechts abzuhalten. Der Kommandeur der Akademie, Generalmajor Hans-Christian Beck, hielt im Sommer 2003 einen Vortrag vor der »Staats- und Wirtschaftspolitischen Gesellschaft« (SWG), einer Organisation, der noch zwei Jahre zuvor ein offizieller Kontakt zur Armee wegen »personeller Überschneidungen mit rechtsextremen Organisationen« versagt worden war. Becks Thema lautete »Die erweiterten Aufgaben der Streitkräfte«. Die SWG, deren Vorsitzender Brigadegeneral a.D. Reinhard Uhle-Wettler ist, befasst sich auf ihrer Internetseite mit Themen wie »Jüdischer Bolschewismus – Mythos und Realität« oder propagiert Texte wie jenen des MdB Martin Hohmann, der mit seiner Tätervolkbehauptung jüdische Opfer mit deutschen Tätern gleichsetzte. Uhle-Wettler und Hohmann schwadronierten auch über den »organisierten Gruppenegoismus der Homosexuellenlobby«. »Deutschland muss deutsch bleiben – wir wollen keinen Vielvölkerstaat«, heißt es auf den SWG-Webseiten weiter, denn Ausländer »kosten mehr als sie bringen.« Dazu reihenweise Artikel aus der »Jungen Freiheit«, dem Hausblatt der Neuen Rechten. Koordiniert werden die SWG und die »Stimme der Mehrheit«, einer rechten Arbeitsgemeinschaft im Bund der Selbständigen, Landesverband NRW, mit Sitz in Dortmund. Stellvertretender Vorsitzender des BDS-Landesverbandes ist der Reserveoffizier Martin Hohmann.

Auch der frühere Präsident der Clausewitz-Gesellschaft – ein Nachfolger de Maizières namens Lothar Domröse, Generalleutnant a.D. – war Referent der »Staats- und Wirtschaftspolitischen Gesellschaft«, der neben Anhängern des britischen Holocaust-Leugners David Irving auch weitere Bundeswehroffiziere und Reservisten angehören. Vorsitzender Reinhard Uhle-Wettler gehört zu den extremen Rechten aus dem Kreis ehemaliger Bundeswehroffiziere. Sein Credo: »Deutschland wird, ob es will oder nicht, seine Lieblingsbeschäftigung, nämlich Vergangenheitsbewältigung, Antifaschismus sowie Kampf gegen Rechts, gegen Antisemitismus und Fremdenfeindlichkeit hintan stellen müssen.« Die »Staats- und Wirtschaftspolitische Gesellschaft« gehört zu den Unterstützern der schon genannten Arbeitsgemeinschaft »Stimme der Mehrheit«, die gegen das »Linkskartell« in den Medien ankämpfen will. Diese Arbeitsgemeinschaft verbreitet völkisch-nationalistische Propaganda; ausdrücklich werden die Ex-Generäle Reinhard Uhle-Wettler und Gerd Komossa, Major d.R. Martin Hohmann und Oberstleutnant a.D. Max Klar als Förderer genannt. Klar hat jahrelang unter den Offizieren und Untergebenen für den Wiederaufbau der Potsdamer Garnisonskirche

Geld gesammelt und ist noch heute Leiter der Traditionsgemeinschaft »Potsdamer Glockenspiel«, die das Glockenspiel der Garnisonskirche rekonstruierte.

Der schon genannte Lothar Domröse tauchte Mitte der 90er Jahre als geschäftsführender Vorsitzender des »Deutschen Strategie-Forums« auf, dem er schon seit den 80er Jahren angehörte. Das Forum sieht seine Aufgabe darin, »die weltweite Verflechtung der Interessen der Bundesrepublik Deutschland« zu untersuchen und darzustellen und »Beiträge zur Entwicklung der Gesamtstrategie« zu bieten. Weitere Institutionen mit starkem Offiziersanteil und großem Interesse, auf die Bundeswehr einzuwirken, sind die 1956 gegründete »Deutsch-Atlantische Gesellschaft«, die ihre Hauptaufgabe in der Unterstützung der NATO sieht, und der »Arbeitskreis für Landesverteidigung«, der sich mit Fragen der »inneren, äußeren, wirtschaftlichen und globalen Sicherheit« befasst und auch strammen Rechtsextremen aus dem Verband Deutscher Soldaten und aus der Partei »Die Republikaner« einen Platz bietet. Mit Fragen der inneren und äußeren Sicherheit beschäftigt sich auch die »Bundesakademie für Sicherheitspolitik«. Sie ist eine zentrale Fortbildungsstätte des Bundes mit Studienleitern und Akademiestabsmitgliedern, die von der Bundeswehr entsandt sind. Der Vorstandsvorsitzende ihres »Freundeskreises« ist ebenfalls ein Militär: Rolf Hüttel, Generalleutnant a.D.; Vorstandsmitglied ist Andreas Prüfert, zugleich bis 2002 Leiter der »Karl-Theodor-Molinari-Stiftung«.

Diese Stiftung wiederum stellt das Bildungswerk des Deutschen Bundeswehrverbandes dar, neben dem Verband der Reservisten der größte Verband mit Einfluss auf die Bundeswehr wie auf ihre Soldaten und Offiziere. Der Namensgeber Karl Theodor Molinari war – bevor er Bundeswehrgeneral und Vorsitzender des Bundeswehrverbands wurde – Wehrmachtsoffizier. Als Abteilungskommandeur eines Panzerregiments kommandierte er eine Einheit, die im Jahre 1944 in den französischen Ardennen 106 Partisanen ermordete. Für dieses Verbrechen wurde der Ritterkreuzträger Molinari 1951 von einem französischen Militärtribunal in Abwesenheit zum Tode verurteilt. Das Todesurteil beeinträchtigte Molinaris Nachkriegskarriere lange Zeit nicht. Im Gegenteil. In der Bundeswehr wurde Molinari Zwei-Sterne-General.

1970 musste er aufgrund internationaler Proteste die Bundeswehr verlassen, wurde CDU-Landrat und Vorsitzender des Berufsverbandes Bundeswehrverband.

An zahlreiche Bundeswehrangehörige und Reservisten sowie interessierte Bürger gelangen militaristische Publikationen, die nicht direkt von der Bundeswehr oder ihr nahestehenden Institutionen herausgegeben werden. Einige von ihnen erscheinen seit den 50er Jahren. So ist das neonazistische Blatt »Nationalzeitung« des Dr. Frey vor rund 50 Jahren als »Deutsche Soldatenzeitung« gegründet und von der Bundesregierung zunächst auch gefördert worden. Eine »Deutsche Militärzeitschrift« ist 1995 neu entstanden, gegründet von dem früheren NPD-Aktivisten Harald Thomas aus Brühl. Die Zeitschrift erscheint vierteljährlich und wendet sich »an die Erlebnisgeneration des Zweiten Weltkrieges, an die Soldaten und Reservisten der Bundeswehr und an alle zeitgeschichtlich interessierten Mitbürger«. Es sollen Mißstände angegriffen werden, auch wenn dies »dem Zeitgeist nicht entspricht«. Redigiert wird das Blatt von ehemaligen Offizieren, die der NPD angehören oder ihr nahe stehen. Auch aktive und ehemalige Generäle der Bundeswehr kommen zu Wort, so der Generalmajor a.D. Gerd Schultze-Rhondorf, der Generalleutnant a.D. und spätere CDU-Innenminister von Brandenburg Jörg Schönbohm sowie Klaus Reinhardt, ehemals Kommandeur der KFOR-Truppen im Kosovo. Der Verlag von »DMZ« gibt auch militaristische Bücher und »Erlebnisliteratur« heraus.

Neben der »DMZ« existieren noch zahlreiche Print-Medien der Traditionsverbände sowie die Landser-Literatur. Viele davon werden wie die »DMZ« an Kiosken gehandelt.

Große Verbreitung unter den aktiven Soldaten hat »Die Bundeswehr«, die Zeitschrift des Bundeswehrverbandes, einer Berufsvereinigung, der ein Großteil der Soldaten angehört. In der Verbreitung und im Einfluss auf große Teile der männlichen Bevölkerung und ihre Familien wird sie übertroffen von der Zeitschrift »loyal« des Verbandes der Reservisten. Diese erscheint monatlich in einer Auflage von 150.000 Exemplaren. Laut eigenen Angaben hat der Reservistenverband 138.000 Mitglieder, die in etwa 2.500 »Reservistenkameradschaften« gegliedert sind. (Insgesamt werden im Bundesverteidigungsministerium

9,6 Millionen Bürger als Reservisten geführt; 1,9 Millionen von ihnen haben bisher an Wehrübungen teilgenommen.) »loyal« wird finanziert aus dem Verteidigungsetat. Der Verband ist direktes Organ der Bundeswehr und Vermittler der Ausbildung von Reservisten. 1997 waren 282 hauptamtliche Funktionäre beschäftigt, ebenfalls bezahlt aus dem Bundeshaushalt. Offiziell wurden 1997 26,5 Mio. DM aus Steuermitteln an den Verband überwiesen. Der Reservistenverband betont aber, dass er auch eigenständiger Verein sei, mit Geldern aus Mitgliedsbeiträgen und mit ehrenamtlichen Funktionären. Ohne diesen Vereinscharakter gäbe es sonst keine effektive Wirkung ins »zivile Umfeld«.

Der Verband ist damit auch offen für nicht ganz auf Regierungslinie liegende Militärpolitik. Ferner für die Zusammenarbeit mit rechten Traditionsverbänden und Organisationen des Neofaschismus. So stellt er seine Zusammenarbeit mit Soldatenverbänden heraus, deren Mitgliedszahlen von 1,2 Millionen er stolz betont. In einem Rechenschaftsbericht des Reservistenverbandes von 1999 werden folgende Kontakte, d.h. gemeinsame Veranstaltungen und Treffen, mit folgenden Verbänden dargestellt:

- Gesellschaft für Wehrkunde und Sicherheitspolitik, in ihrem Kuratorium ist der Reservistenverband vertreten: 310 Kontakte.
- Deutscher Marinebund, in seinem Beirat und in einem gemeinsamen Ausschuss ist der Reservistenverband vertreten: 168 Kontakte.
- Kyffhäuserbund, im Beirat dieses alten Kriegervereins und in einem gemeinsamen Ausschuss ist der Reservistenverband vertreten: 154 Kontakte.
- Volksbund Deutsche Kriegsgräberfürsorge, dem traditionsreichen Verband des völkischen Heldengedenkens, steht ein gemeinsamer Ausschuss mit dem Reservistenverband zur Verfügung: 113 Kontakte.
- Bayerischer Soldatenbund 1874, in seinem Beirat und in einem gemeinsamen Ausschuss ist der Reservistenverband vertreten: 96 Kontakte.
- Verband deutscher Soldaten, im Beirat und Kuratorium sowie in einem gemeinsamen Ausschuss dieses rechtsextremen Verbandes ist der Reservistenverband vertreten: 92 Kontakte.

- Deutscher Bundeswehrverband, im Beirat dieses Berufsverbandes und in einem gemeinsamen Ausschuss ist der Reservistenverband vertreten: 86 Kontakte.
- Deutsche-Atlantische Gesellschaft, in ihrem Kuratorium ist der Reservistenverband vertreten: 39 Kontakte.
- Clausewitz-Gesellschaft, in ihrem Kuratorium ist der Reservistenverband vertreten: 12 Kontakte.
- Konrad-Adenauer-Stiftung: 12 Kontakte.
- Wehrpolitischer Arbeitskreis der CSU: 12 Kontakte.
- Kameradenkreis Gebirgstruppe: 10 Kontakte.
- Ring deutscher Soldatenverbände, im Beirat dieses Dachverbandes von Traditionsverbänden und ähnlichen rechten Gruppen und in einem gemeinsamen Ausschuss ist der Reservistenverband vertreten: 10 Kontakte.
- Deutsche Offiziers-Gesellschaft, in ihrem Beirat ist der Reservistenverband vertreten: 4 Kontakte.
- Deutscher Luftwaffenring, in seinem Beirat, seinem Kuratorium und in einem gemeinsamen Ausschuss ist der Reservistenverband vertreten: 15 Kontakte.
- Bayerische Kameraden- und Soldatenvereinigung, in ihrem Beirat und in einem gemeinsamen Ausschuss ist der Reservistenverband vertreten: 11 Kontakte.
- Deutsche Gesellschaft für Wehrtechnik: 4 Kontakte.

Ein ganzes Netzwerk militaristischer Vereinigungen ist somit mit dem staatlich ausgehaltenen Reservistenverband verbunden. Darunter sind auch solche, die – wie es in einer Bundestagsanfrage der PDS aus dem Jahre 2000 hieß – »rechtsradikales und neonazistisches Gedankengut« verbreiten. Der Reservistenverband beeilte sich, zu dieser Anfrage festzustellen, es gäbe nur eine »gelegentliche Kooperation im ›Beirat für Freiwillige Reservistenarbeit beim Verband der Reservisten der Bundeswehr‹« mit den rechtsextremen Verbänden »Verband deutscher Soldaten« und »Ring deutscher Soldatenverbände«. Die obige Übersicht gibt einen ganz anderen Eindruck.

Was mit dem Krieg von 1999, dem völkerrechtswidrigen Angriff auf Jugoslawien, verbunden war, nämlich dass die Bundeswehr erstmals öffentlich militärisch töten durfte, wird in der Verbandszeitschrift der Reservisten »loyal« (11/1999) so bezeichnet: »Als die Bundeswehr erwachsen wurde.« Der Außenminister Joschka Fischer habe nun gelernt, »welche Bedeutung das ›politische Instrument‹ Streitkräfte für die außenpolitische Aktionsfähigkeit eines Staates hat und welche Möglichkeiten darin stecken« (9/99). Zum Beispiel diese: »Im besten Fall kann der Kosovo-Konflikt daher am Ende eines Jahrhunderts mit furchtbaren Kriegen als abschreckendes Signal auf Diktatoren und Despoten wirken – in Europa und vielleicht auch darüber hinaus.«

In der folgenden Ausgabe (10/99) liegt auf der Titelseite der Kontinent Asien grafisch unter einem Haufen Glasscherben, dazu der Text: »Neuer Unruheherd Nr. 1.« Klar, dass dort aufgeräumt werden muss.

Immer wieder ergreift in »loyal« Rolf Clement, Abteilungsleiter Hintergrund beim Deutschlandfunk, die Feder, um den Reservisten die »Mission« des Krieges zu verdeutlichen. Er schreibt von der »großen Bedeutung« der »Unterstützung aus der Heimat« für die Soldaten im Einsatz. Wo die neuen Kriege gefeiert werden, darf auch der alte Weltkrieg II Nazideutschlands auf »Fairness« hoffen. »loyal« berichtet über die Zusammenarbeit mit den Traditionsverbänden der Naziwehrmacht und über deren Tätigkeit. Polemisiert wird gegen die Wehrmachtsausstellung. Wörtlich heißt es in 10/99: »Vor 60 Jahren waren mehr als 18 Millionen Deutsche aus fast allen Familien Angehörige der Wehrmacht. Sie werden derzeit zunehmend verunglimpft und pauschal als Verbrecher beschuldigt. Der Einsatz unserer Bundeswehr heute ist nur zu verantworten, wenn deren Pflichterfüllung von der Gesellschaft unvoreingenommen mitgetragen wird. Das setzt Fairness gegenüber der vorigen Soldatengeneration voraus.«

Fairness auch für die Politik Adolf Hitlers in den dreißiger Jahren: »Bis zu diesem Schicksalstag der deutschen Geschichte war die sechsjährige Regierungszeit Hitlers von Erfolgen gekrönt.« Sechs Jahre Kriegsvorbereitung und Terror gegen Demokraten und Juden – für »loyal« ein Erfolg.

Erfolgreich nicht nur die Vorkriegs-, sondern auch die Nachkriegszeit, in der die toten Soldaten vom Volksbund Deutsche Kriegsgräberfürsorge bestens betreut werden. »loyal« berichtet von Fahrten zu den deutschen Kriegsgräbern, die 1999 zum fünften Mal stattfanden, und zwar u.a. nach »dem ehemaligen nördlichen Ostpreußen«. Über hundert gemeinsame Aktionen im Jahr weisen die gemeinsame Bilanz der Tätigkeit von Reservistenverband und Kriegsgräberfürsorge aus.

Fazit: Das Instrumentarium des Militärs zur Einflussnahme auf das politische Bewusstsein von Millionen Bürgerinnen und Bürgern ist heute auf einem außerordentlich hohen Stand. Zugleich sind die militärischen Eliten in der Lage, auf »die Politik«, wie die politische Klasse vielfach genannt wird, in einem Maße einzuwirken, dass von einem eindeutigen Primat der Politik in Fragen von Krieg und Frieden nicht mehr gesprochen werden kann. Die Macht im Hintergrund, die Macht des Militärs wächst und wächst.

Die Generalität bestimmt in der Militärpolitik sehr souverän. Es gibt nur zwei Probleme: Die Bundeswehr nennt sich »Parlamentsarmee«. Das Parlament hat über den Haushalt des Verteidigungsministers und noch über den Einsatz der Truppe zu entscheiden. Das letztere Problem soll mittels eines Parlamentsbeteiligungsgesetzes gelöst werden – das Parlament entscheidet nicht mehr, es wird an der Entscheidung, die von der Regierung und den Militärs getroffen wird, nur beteiligt. Vor allem geht es dabei darum, ohne Parlamentsbefassung mit der Entsendung von kleinen Kontingenten zu beginnen und dann zuzulegen. Und was soll dann das Parlament anderes machen als zustimmen – oder sollen »unsere Soldaten«, »unsere Freunde«, »die Unterdrückten« oder wer auch immer im Stich gelassen werden?

Mit dem Budgetrecht ist es schon etwas anders. Aber auch da lässt sich schon lange etwas machen. In »Soldat und Technik« 12/2000 wird über ein »Montagsgespräch« in Berlin bei Rheinmetall, dem traditionsreichen Düsseldorfer Rüstungskonzern, berichtet. Ein Vertreter des Bundesverteidigungsministeriums referierte über »Alternative Finanzierungsmöglichkeiten für den Haushalt des Bundesministeriums der Verteidigung«. Er sagte ganz deutlich: »Alternative Finanzierungen sind möglich, wenn einige Dinge im Haushaltsrecht umschifft werden können.« Ein Beamter gibt Ratschläge, wie das Parlament in Haushaltsdingen »umschifft« wird! Und was sagen die anwesenden Abgeordneten? Sie antworten mit Applaus, die Angelika Beer (Grüne, Offiziersgattin),

Oberst a.D. Peter Zumkley (SPD) und General a.D. Manfred Opel (SPD) aus dem Verteidigungsausschuss des Bundestages. So wird's gemacht!

Kurt Heiler schildert in »Der deutsche Militarismus ist nicht tot«, was auch geht: »Für die Studie über die Entwicklung eines neuen Flugabwehrsystems MEADS als Nachfolger der Patriot-Raketen wird die BRD 130 Millionen DM berappen. Der neue Generalinspekteur der Bundeswehr, Harald Kujat, wollte das US-BRD-Projekt am Haushaltsausschuss vorbei schmuggeln. Da der Ausschuss ab der Schwelle von 50 Millionen DM zustimmungspflichtig ist, stückelte Kujat das Projekt in drei Teile, und siehe da: Das Haushaltsrecht war umschifft. Dumm war, dass der Haushaltsausschuss merkte, wie er ausgetrickst werden sollte. Der haushaltspolitische Sprecher der CDU-CSU-Fraktion, Dietrich Austermann, forderte den Rücktritt von Kujat und notfalls des Ministers. ›Ein Generalinspekteur, der das Parlament umgeht, muss entlassen werden‹, verlangte Austermann. Diese Meldung vom 12.12.2000 verschwand schnell wieder – auch infolge der 30 Prozent ›Nebenkosten‹? – und Herr Kujat blieb im Amt.«

Kujat stieg sogar auf: Zum höchsten Offiziersrang, den die NATO einem Nichtamerikaner zubilligt, zum Vorsitzenden ihres Militärausschusses. Und mit den 30 Prozent Nebenkosten ist eine Formel gemeint, die die Frankfurter Allgemeine Zeitung zehn Tage später verrät: Welche Branchen seien besonders korruptionsgefährdet? »Sicherlich der Waffenhandel. Bestechungssummen bis zu 30 Prozent des Auftragswertes sind üblich.« (FAZ 22.12.00)

Kurt Heiler stellt in demselben Aufsatz einen Vertreter der »30 Prozent« vor. Es ist ein alter Bekannter aus Wehrmachts- und Bundeswehrtagen, das Mitglied des Beirates der deutschen Gesellschaft für Wehrtechnik Albert Schnez. Er war Oberst der Wehrmacht, laut Aussagen eines Offiziers »ein hundertfünfzigprozentiger Nationalsozialist«. Ein Bundeswehr-Brigadegeneral berichtete, Schnez habe ihm zu Wehrmachtszeiten mit Denunziation wegen regimekritischer Äußerungen gedroht. Schnez war eingesetzt im Transportwesen in der Heeresgruppe Süd (Italien); am 20. April 1945 erfolgte seine Beförderung zum Oberst. Eine Karriere in der Bundeswehr bis zum Heeresinspekteur und Generalleutnant folgte. 1967 wurde er zum Oberbefehlshaber der NATO Europa-Mitte vorgeschlagen und nach Protesten wieder zurückgezogen. Schnez war 1967 Manöver-Chef von »Panthersprung«, einem Bundeswehrmanöver mit 50.000 Soldaten. Die NATO war beteiligt und stellte Atomwaffen zur Verfügung. Schnez setzte diese – theoretisch – schon am ersten Tag ein, ohne Freigabe durch die Atombombenbesitzerarmeen. Die Bündnispartner wurden vor vollendete Tatsachen gestellt und damit brüskiert. Bei halbwegs realistischem Ablauf hätte damit das Manöver beendet sein müssen. Schnez hatte in guter alter Tradition alles in Schutt und Asche gelegt. Danach profilierte er sich als Hardliner und Einpeitscher einer demokratiefeindlichen Gruppe von Führungsoffizieren in der Bundeswehr.

In privaten Studien und der sogenannten Schnez-Studie aus dem Jahre 1969 sagte er dem Konzept der Inneren Führung den Kampf an. Seine Werte sind: »Tapferkeit, Ritterlichkeit, Gerechtigkeit, Fürsorge, Kameradschaft, Entschlossenheit, Opferbereitschaft, Disziplin und Hingabe an die Sache um ihrer selbst willen.« Sein Programm war das der autoritären Formierung der Gesellschaft und der totalen Entrechtung der Wehrpflichtigen als reaktionäre Antwort auf beginnende Demokratiebewegungen unter Soldaten (gruppiert um die Studien »Leutnant '70« und »Soldat '70«). Schnez schrieb: *»Um den Auftrag der Bundeswehr erfüllen zu können, müssen von allen politischen Führungsgremien folgende allgemeingültige Voraussetzungen anerkannt und erfüllt werden:*

- *Das Bekenntnis der Mehrheit des Volkes, des Bundespräsidenten, des Parlaments und der Regierung zur Verteidigung des Staates gegen jede Art von Angriff.*
- *Die Einsicht der Bürger, dass vor dem Anspruch auf Rechte die Erfüllung von Pflichten zu stehen hat und dass das Recht der Gesamtheit Vorrang vor dem Recht des Einzelnen besitzt.«*

Gemeinnutz geht vor Eigennutz, sagten dazu die Nazis. Und Militarismus geht vor Demokratie, sagten Generäle wie Albert Schnez. Im Bundeswehr-Lexikon »Innere Führung von A bis Z« heißt es dazu: »Die Forderungen nach ›Sondereinheiten‹ und ›besondere Erziehungs-Befugnisse‹ einerseits sowie die Aussage: ›Nur eine Reform an Haupt und Gliedern, an Bundeswehr und Gesellschaft, mit dem Ziel, die Übel an der Wurzel zu packen, kann die Kampfkraft des Heeres entscheidend heben‹, machte Schnez zu einem Vertreter der ›sui-generis-Formel‹.« («sui generis« von lat. »von sich selbst eine Klasse bildend«). (S. 162 und 179 des Lexikons).

Diese Ideen sind nicht neu, schreibt Kurt Heiler weiter. Neu aber war, dass die Bundeswehr versuchte, die Gesellschaft nach ihrem reaktionären Bild umzuformen. Es grummelte vor allem im Parlament um die Schnez-Studie. Aber so weit war Schnez von den Vorstellungen der Politiker im Bundestagsverteidigungsausschuss nicht entfernt, und der Skandal wurde unter den Teppich gekehrt. Kurt Heiler: »Albert Schnez aber schaffte es in den Beirat der Deutschen Gesellschaft für Wehrtechnik. Er nimmt Teil an der Verteilung der 30 Prozent Schmiermittel, die nötig sind, um bestehende Widerstände und Widersprüche – so auch solche aus dem Bundestag – zu überwinden.«

Was bleibt da vom Primat der Politik?

2.
Von Seeckts Plan »Großes Heer« zu Strucks »Verteidigung am Hindukusch«

Militärs führen die Hand beim Verfassungsbruch

Vor über 80 Jahren, am 11. Januar 1923, besetzten französische und belgische Truppen den größten Teil des Ruhrgebietes. Die Nichteinhaltung von Reparationsverpflichtungen durch Deutschland bot dazu den Anlass. Es war in den Augen der Militärs ihre bis dahin schwerste Niederlage. 1918 fühlten sie sich bekanntlich siegreich, wenn auch verraten mittels »Dolchstoß« von hinten. Sie waren zwar in der Lage gewesen, zur Abwicklung der »Roten Ruhrarmee« 1920 mehr als tausend Arbeiter, welche Demokratie und Republik gegen die Kapp-Putschisten verteidigt hatten, zu ermorden, aber für einen Feldzug gegen die französischen Besatzer, die aus besonderer Niedertracht auch noch zahlreiche »Neger« aus der französischen Kolonie Senegal in ihre Uniformen gesteckt hatten, hätte die 100.000-Mann-Reichswehr allenfalls für eine Stunde Munition gehabt. In dieser Situation reifte der Plan der Generäle, zunächst in aller Stille und heimlich einen neuen Krieg vorzubereiten und dazu die Voraussetzungen zu schaffen.

Damit begann in der deutschen Militärpolitik erneut eine Ära, in der die Militärs die führende Rolle in Fragen von Krieg und Frieden übernahmen – das heißt, die Frage wurde zugunsten des Krieges entschieden. Ein Primat der Politik lag weder in der Nachkriegszeit nach 1918 noch nach 1945 vor. Immer wieder wurde von der militärischen Führung die Verfassung gebrochen – die republikanische von Weimar zugunsten des Dritten Reiches und die des Grundgesetzes, das deutsches Militär zunächst ausschloss und ab Mitte der fünfziger Jahre Truppen allenfalls zur Verteidigung des Territoriums der Bundesrepublik und des Bündnisses vorsah.

Die Generäle planten schon 1925 das »Große Heer« und lieferten damit eine Steilvorlage für den Zweiten Weltkrieg. Nur fünf Jahre nach dessen Ende begründeten ehemalige Hitlergeneräle mit der Himmerod-der-Denkschrift den deutschen Nachkriegsmilitarismus. Nach Ende des Kalten Krieges zwischen Ost und West legten wiederum Militärs mit den Verteidigungspolitischen Richtlinien von 1992 ihr Konzept für die Kriegsführung vor. Mit deren Abfassung ließen sie sich nach langen eigenen Vorarbeiten von den Ministern Gerhard Stoltenberg und Volker Rühe, Stoltenbergs Nachfolger, beauftragen. 2003 waren dann neue Verteidigungspolitische Richtlinien der Generäle fällig, die Minister Struck mit der schönen Parole von der »Verteidigung Deutschlands am Hindukusch« als seine eigenen präsentierte. Auch er hatte aber vorher die Militärs mit der Abfassung beauftragt.

Der Plan »Großes Heer« von 1925 blieb bis vor einigen Jahren der Öffentlichkeit verborgen. Hitler dagegen dürfte ihn gekannt haben, schon bevor ihm 1933 die Macht übertragen wurde. Die dpa verbreitete dazu am 5. März 1997 folgende Notiz: »Das deutsche Militär hat sich seit 1925 aktiv auf einen Zweiten Weltkrieg vorbereitet. Dies wird nach Informationen der Zeitung Die Zeit durch ein bislang geheimes Dokument belegt. Danach habe sich das deutsche Militär lange vor Hitler mit konkreten Aufrüstungsplänen für ein Kriegsheer beschäftigt. Das mehrere hundert Seiten umfassende Dokument habe über Jahre im Pentagon gelagert und sei von einem Hamburger Privatforscher im Nationalarchiv in Washington entdeckt worden.

Auf Betreiben des Chefs der Heeresleitung, General Hans von Seeckt, sei sieben Jahre nach dem verlorenen Ersten Weltkrieg mit der Planung für eine Kriegsarmee begonnen worden. Seeckt habe dem Truppenamt die Planungsaufgabe gestellt, ein Kriegsheer mit bis zu drei Millionen Mann aufzustellen. Die 102 Divisionen, die bei Kriegsbeginn 1939 bereitstanden, seien bereits damals detailliert geplant worden. Nur durch diese Vorbereitung habe Hitler binnen sechs Jahren die stärkste Landmacht des Kontinents bilden können. Einer der Verfasser, der ehemalige Generalleutnant Walter Behschnitt, habe die Arbeit später als das ›Geheimste vom Geheimen‹ eingestuft.« (nach FR 6.3.97)

Die Generäle planten also schon ab 1925 den Völkermord. Der Reichswehroberst und spätere Wehrmachtsgeneral v. Stülpnagel schrieb in dem genannten Dokument über die Art der geplanten grausamen

Kriegführung: »Hemmungen irgendwelcher Art darf es nicht geben. ... Die Meinung der Welt gilt wenig«... Ein aufs »äußerste zu steigernder Hass darf vor keinem Mittel der Sabotage, des Mordes und der Verseuchung zurückschrecken. ... Gas und Rauch, Bakterien, elektrische Fernlenkung und Zündung, Aviatik« (Flugwesen). Man plante den Staatsterrorismus.

Generalität und Offizierskorps der Reichswehr gehörten in ihrer erdrückenden Mehrheit zu jenen, die 1933 wollten, daß Hitler die Macht übertragen werde. Nicht nur die Mehrzahl der Konservativen und der Führung der Wirtschaft, auch höchste Militärkreise sahen in Hitler ihren Mann. Am 3. Februar 1933, vier Tage nach Beginn seiner Kanzlerschaft, suchte Hitler die Befehlshaber von Heer und Marine auf. Man plante gemeinsam die Ausrottung des Marxismus, den Kampf gegen die Ergebnisse des Ersten Weltkrieges, den Umbau der Reichswehr zur Wehrmacht sowie die Stärkung des »Wehrwillens mit allen Mitteln«. Kurz darauf traf sich Hitler mit den Herren der Rüstungsindustrie, nahm ihre Millionenspenden für die NSDAP entgegen und versprach Hochrüstung und »Wehrhaftigkeit«. Zur »Stärkung des Wehrwillens mit allen Mitteln« gehörte gnadenloser Terror gegen alle, die erkannt hatten: »Wer Hitler wählt, wählt den Krieg«.

Hatte Reichswehrchef General v. Seeckt 1925 in einem unbedachten Moment ausgesprochen, worum es bei der Schaffung des Großen Heeres ging: »Wir müssen Macht bekommen, und sobald wir diese Macht haben, holen wir uns selbstverständlich alles wieder, was wir verloren haben«, so fuhr Hitler an jenem 3. Februar 1933 fort: »Wie soll politische Macht, wenn sie gewonnen ist, gebraucht werden? Erkämpfung neuer Exportmöglichkeiten, vielleicht – wohl besser – Eroberung neuen Lebensraumes im Osten und dessen rücksichtslose Germanisierung.« Mit dieser Äußerung ging Hitler einen Schritt weiter als die Generäle, aber diese stimmten schweigend zu. Und weitere Versprechen Hitlers erfüllten ebenfalls die Wünsche der Heeresführung: Keine Duldung des Pazifismus, Todesstrafe für Landesverrat, Beseitigung des »Krebsschadens der Demokratie«, dann Wehrertüchtigung der Jugend, allgemeine Wehrpflicht, vor allem aber »die Wiederherstellung der deutschen Macht«.

»Krebsschaden Demokratie«, verächtlicher konnte man nicht über die Weimarer Republik sprechen, auf deren Verfassung die Generäle vereidigt waren – Eidestreue deutscher Offiziere!

Hitler weiter: Die Freiheit des Entschlusses habe man erst, wenn »im Geheimen wirtschaftlich und militärisch alle Vorbereitungen hundertprozentig« getroffen seien. (Ein Offizier hat die Äußerungen Hitlers vor den Generälen mitstenografiert; siehe C. Dirks und K.H. Janssen »Der Krieg der Generäle – Hitler als Werkzeug der Wehrmacht«, Ullstein Berlin 1999. In diesem Buch wird auch der Plan »Großes Heer« dokumentiert.) Ein Jahr später hat Hitler vor der Generalität seine Absicht bekräftigt, für den angeblichen Bevölkerungsüberschuß des Reiches Lebensraum zu schaffen, und zwar mit dem Zusatz: »Diesen werden uns aber die Westmächte nicht gönnen. Daher könnten kurze entscheidende Schläge nach Westen und dann nach Osten notwendig werden.«

So kam es. Als der Krieg im Sommer 1939 unmittelbar bevorstand, hieß es im Vorwort des Buches »Wehrmacht und Partei«, herausgegeben von Reichsamtsleiter Dr. Richard Donnevert vom »Stab des Stellvertreters des Führers«, Rudolf Hess: Jetzt »steht das deutsche Volk in einem harten Kampf um sein Lebensrecht gegen seine jüdischen und demokratischen Feinde.« Wehrmacht und NSDAP kämpften »Schulter an Schulter«. In diesem Buch, das mit der Behauptung heutiger Militärhistoriker aufräumt, die Wehrmacht und die Nazis seien weltenweit auseinander gewesen, wird dem Soldaten jedes Bedenken, ob sein Tun erlaubt sei, genommen. Es wird vom »Vorrecht des Stärkeren« berichtet: »Recht bekommt, wer sich im Daseinskampf durchzusetzen versteht.« Es gehe um »Forderungen an Siedlungsland, an Rohstoffquellen und Absatzmöglichkeiten« (Donnevert, S. 1 f.).

Zum Vergleich sei hier auf die Verteidigungspolitischen Richtlinien des Bundesverteidigungsministers von 1992 vorgeriffen. Dort heißt es zu den wichtigsten Aufgabe der »neuen« Bundeswehr: »Aufrechterhaltung des freien Welthandels und des ungehinderten Zugangs zu Märkten und Rohstoffen in aller Welt im Rahmen einer gerechten Weltwirtschaftsordnung.« Irgendwie mutet diese Formulierung nicht unvertraut an, hält man die zuletzt zitierte Passage aus dem Standardwerk von 1939 dagegen. Damals, so erfahren wir aus diesem Buch, war der Krieg von vornherein – und nicht erst mit der Goebbels-Rede von 1943 nach der Niederlage von Stalingrad – als »totaler Krieg« angelegt: »Ein kommender Waffengang wird jedoch nicht allein den Soldaten an der Front, sondern das ganze Volk erfassen. Aus einem solchen ›totalen Krieg‹ wird ein Volk nur dann siegreich hervorgehen können, wenn der vor dem Feind stehende Waffenträger und mit ihm das ganze Volk jene soldatische Grundhaltung besitzen, mit der allein diese Belastungsproben bestanden werden können.« (Donnevert, S. 56).

Und kein geringerer als Admiral Wilhelm Canaris, der später bei Hitler in Ungnade gefallene und im Januar 1945 erschossene Abwehrchef, fand in diesem Buch zu dem Bekenntnis, dass es selbstverständlich sei, »Nationalsozialist zu sein«, denn »wir sind als Soldaten glücklich, uns zu einer politischen Weltanschauung bekennen zu dürfen, die zutiefst soldatisch ist.« Von der Wehrmacht forderte Canaris »unbedingte politische Zuverlässigkeit«. Mehr noch: »Das Offizierskorps muss im gelebten und verwirklichten Nationalsozialismus vorangehen.« (Ebd., S. 49)

Schon in seinen Ausführungen vom 4. Februar 1933 bei seinem Treffen mit den Befehlshabern von Heer und Marine hatte der »Führer« die »Eroberung neuen Lebensraumes im Osten und dessen rücksichtslose Germanisierung« angekündigt. Die Militärs hatten keine Einwände. Und auch dies hörten sie gern: »Anders wie in Italien ist keine Verquickung von Heer und SA beabsichtigt.« Und keine Duldung des Pazifismus, hingegen »Aufbau der Wehrmacht«, die dann ab 1935 auch tatsächlich so hieß, nachdem der Name Reichswehr aufgegeben worden war.

Am 28. Februar 1934 trafen Hitler und die Spitzen von Heer, Marine wie auch SA zusammen. Hitler bekräftigte das Waffenträgermonopol der Reichswehr und lehnte die Volksmilizpläne wie die kapitalismuskritischen Phrasen der SA entschieden ab. Endgültig wurde die Reichswehr, später Wehrmacht, an die Spitze der bewaffneten Kräfte gestellt, indem Hitler in den Tagen vom 30. Juni bis 2. Juli 1934 Hunderte hohe SA-Führer, darunter SA-Chef Ernst Röhm verhaften und ermorden ließ. Von der Reichswehrführung sah sich Hitler vor die

Alternative gestellt: Wir oder sie, Reichswehr oder SA. Hitler entschied sich für die Militärs.

Im März 1935 forderte dann der Chemiekonzern IG Farben in einer Denkschrift für den Rüstungsbeirat des Reichswehrministeriums zur Vorbereitung auf den Krieg die Schaffung einer wehrwirtschaftlichen Organisation, »die den letzten Mann und die letzte Frau« in »einen straff militärisch geführten wirtschaftliche Organismus eingliedert.« (Chronik der Deutschen, Bertelsmann-Lexikon, S. 878) Am 16. März 1935 wurde die allgemeine Wehrpflicht wieder eingeführt. Ab 26. Juni 1935 verpflichtete das Reichsarbeitsdienstgesetz alle 18- bis 25-jährigen Deutschen beiderlei Geschlechts zu halbjährigem Arbeitsdienst. Am 7. März 1936 erfolgte – entgegen internationalen Verträgen – der Einmarsch des deutschen Heeres, der Wehrmacht, in das entmilitarisierte Rheinland.

Ein weiteres wichtiges Datum, das mit der Vorrangstellung der Wehrmacht im deutschen Faschismus verbunden ist, war der 5. November 1937 (siehe hierzu: Chronik der Deutschen. Bertelsmann-Lexikon; Bergschicker, »Deutsche Chronik«; Walther Hofer, »Der Nationalsozialismus. Dokumente 1933-1945«). Adolf Hitler lud die Spitzen von Heer, Marine und Luftwaffe zu einer Besprechung ein, die von einem Charakter war, der wie Hitler betonte, in allen anderen Ländern zu einer Behandlung im Kabinett, in der Regierung geführt hätte. Hitler wollte aber, so betonte er laut Hoßbach-Niederschrift, benannt nach dem Protokollanten und Adjutanten Oberst Friedrich Hoßbach, »gerade im Hinblick auf die Bedeutung der Materie« nur mit dem Kriegs- und Außenminister sowie den Oberbefehlshabern der drei Teilstreitkräfte darüber sprechen. Hitler nannte den Zeitraum 1943/45 als spätesten Termin für die Lösung der »deutschen Raumfrage«. Der Angriff im Osten müsse spätestens dann erfolgen – mit Hilfe von Wehrmacht und Rüstungsindustrie kam es bekanntlich zwei Jahre früher zum Vernichtungskrieg im Osten. Ziel sei die Gewinnung von Siedlungsraum und Rohstoffen. Die »Raumerweiterung« könne nur »durch Brechung von Widerstand und unter Risiko« vor sich gehen. »Zur Lösung der deutschen Frage könne es nur den Weg der Gewalt geben, dieser niemals risikolos sei.« Am Anfang dieser expansionistischen

Politik sollte die Niederwerfung Österreichs und der Tschechoslowakei stehen. Was die Militärs antworteten, ist im einzelnen nicht überliefert. Doch es wird berichtet: »Feldmarschall von Blomberg und Generaloberst Fritsch wiesen bei der Beurteilung der Lage wiederholt auf die Notwendigkeit hin, dass England und Frankreich nicht als unsere Gegner auftreten dürften.« Hitler antwortete, er glaube nicht an kriegerische Aktionen Englands und Frankreichs. Zaghafter Widerspruch der Militärs äußerte sich erst 1939, als es nicht sofort gen Osten ging und der Krieg im Westen drohte. Aber dieser »Wehrmachtswiderspruch« wurde von Hitler beiseite geschoben. Er machte sich selbst zum Oberbefehlshaber, und als es dann 1941 gegen die Sowjetunion ging, waren alle führenden Militärs mit Eifer bei der Sache. Die meisten bis zum bitteren Ende...

Dreizehn Jahre nach jenem 5. November 1937 – inzwischen waren durch ihre schwere Mitschuld 50 Millionen Menschen ums Leben gekommen – kamen führende ehemalige Offiziere der Wehrmacht dann im Eifelkloster Himmerod zum Abschluss ihrer Expertengespräche über die »Aufstellung eines deutschen Kontingents im Rahmen einer übernationalen Streitmacht zur Verteidigung Westeuropas« zusammen. Die dort bis Oktober 1950 erarbeiteten Überlegungen wurden als Denkschrift zur Vorlage für den Bundeskanzler Konrad Adenauer zusammengefasst.

Fünf Jahre nach Kriegsende planten Militärs wieder den »Ernstfall«. Der Kalte Krieg machte es möglich. Kriegsverbrecher wurden als Offiziere eingesetzt, um neues Unheil vorzubereiten. Sie verlangten und bekamen als Preis: Straffreiheit für Kriegsverbrecher aus der Wehrmacht und die Wiederherstellung der »Ehre« des deutschen Soldatentums. Das Dokument von Himmerod kann als Geburtsurkunde der Bundeswehr angesehen werden.

Die Amnestie der Kriegsverbrecher wurde auch von Kirchenvertretern beider Konfessionen, auch von Martin Niemöller, betrieben. So forderte der katholische Weihbischof Neuhäusler im Jahre 1951 die US-Regierung auf, Urteile gegen Kriegsverbrecher aufzuheben. Wenn die Bundesrepublik aufgerufen sei, sich »zu einem starken Verteidigungsblock gegen den Bolschewismus im Osten zu formieren«, sei diese

Amnestie notwendig. (Klee »Persilscheine und falsche Pässe«, Frankfurt/M. 1991)

In dem Buch »Vernichtungskrieg – Verbrechen der Wehrmacht 1941 bis 1944« (Hamburg 1995) stellt Alfred Streim, der inzwischen verstorbene Leiter der Zentralstelle der Landesjustizverwaltungen für die Aufklärung von NS-Verbrechen, fest, »dass die westlichen Alliierten auf die Deutschen keinen Druck zur Verfolgung der völkerrechtswidrigen Handlungen ausübten und im übrigen die von ihnen verurteilten Kriegs- und NS-Verbrecher Anfang der fünfziger Jahre begnadigten.« Denn: »Infolge der damaligen angespannten politischen Weltlage hatten sie ein großes Interesse an der Wiederaufstellung deutscher Streitkräfte. Die Verfolgung von Angehörigen der früheren Wehrmacht stand der Wiederbewaffnung jedoch entgegen, zumal der damalige Bundeskanzler den westlichen Alliierten immer wieder erklärte, es werde keine neue deutsche Armee geben, solange noch Prozesse gegen Angehörige der Wehrmacht geführt und deutsche Soldaten sich in alliierter Haft befinden würden.«

Heute kann bilanziert werden, dass sich aus 100.000 Ermittlungsverfahren gegen NS-Verbrecher nur 6.000 Verurteilungen ergaben, darunter nur wenige von Wehrmachtsangehörigen. Von den rund tausend Bundeswehrangehörigen, gegen die wegen Taten aus der Zeit ihres Dienstes in der Wehrmacht ermittelt wurde, ist niemand rechtskräftig verurteilt worden. Zum Vergleich: Im Gefolge des Verbots von FDJ und KPD wurde bis Ende der 60er Jahre gegen 500.000 Personen ermittelt – zumeist, weil sie die falsche Gesinnung, niemals weil sie etwas verbrochen hatten. 10.000 von ihnen wurden eingesperrt.

Bei Gründung der Bundeswehr lautete die NATO-Vorgabe: 500.000 Soldaten so schnell wie möglich. Die Verwirklichung dieser Forderung durfte nicht durch zuviel Skrupel hinsichtlich der Biographien der Soldaten gestört werden. Adenauer sagte zynisch: Wir haben eben nicht genügend 18jährige Generäle. Ohne Rückgriff auf die militärische Erfahrung ehemaliger Wehrmachtssoldaten war nichts zu machen. Und so drückten die Personalgutachterausschüsse in den fünfziger Jahren häufig beide Augen zu.

Offiziere mit erzkonservativem bis reaktionärem Staatsverständnis und bewährtem Feindbild wurden eingestellt. Darunter auch veritable Kriegsverbrecher. Das Konzept »Innere Führung« des Grafen Baudissin, das die Bundeswehr demokratiekompatibel machen sollte, empfand man als Hemmnis. Die Rolle der Wehrmacht als Instrument und Mitinitiator des größten Raub- und Vernichtungsfeldzugs der Geschichte wurde geleugnet. Das Dilemma war: Die Bundeswehr hatte einen militärischen Auftrag, dem die Verfassung Grenzen setzte. Sie hatte ein Konzept der Inneren Führung, das von den für Erziehung und Ausbildung verantwortlichen Vorgesetzten der Truppe allzu oft verletzt wurde.

Mit der Wende von 1989/90 hatte sich der »Verteidigungsblock gegen den Bolschewismus« erledigt. Der Westen hatte den Kalten Krieg gewonnen. Deutschland war von Freunden umgeben, und es war eine Friedensdividende, was sich die Menschen nun erhofften. Doch während sich die Völker im stabilen Frieden wähnten und auch die meisten Politiker zunächst alles mögliche, nur keine Militärkonzepte erörterten, da hatten die Militärs – auch die deutschen – schon wieder neue Feinde entdeckt.

Ihr Blick auf den neuen Feind war ihnen auch von ihren Kollegen in Übersee erleichtert worden. Die Militärs aus USA, die schon vor der Gründung der BRD die Nutzung des militärischen Potentials der Wehrmachtseliten im Kalten Krieg verlangt und durchgesetzt hatten, konnten auch angesichts der Wende von 1989 zufrieden sein. In »Wissenschaft und Frieden« (WuF 1/04) schrieb der frühere wissenschaftliche Direktor des Sozialwissenschaftlichen Instituts der Bundeswehr Dr. Detlef Bald: »Bekannt wurde der Wandel (in der Haltung der deutschen Militärs) durch eine Untersuchung der RAND Corporation, ob die deutschen Eliten die Umwandlung der NATO mit tragen würden. Das Ergebnis war signifikant. Hier einige Daten zur militärischen Elite: Die Generalität der Bundeswehr war 1994 zu 99 Prozent zu humanitären Einsätzen in Krisenregionen bereit und zu 80 Prozent zu Zwangsmaßnahmen sogar gegen den Willen der Konfliktpartner. Das Fazit für alle: ›Die deutsche Führungselite hat anscheinend gleich mehrere wichtige Schritte unternommen, um die (...) »Kultur der Zurückhaltung« abzulegen und die überholte Beschränkung als reine Zivilmacht aufzugeben.‹ Nun konnten die Amerikaner beruhigt werden, da man den Deutschen attestierte, auf dem Weg ›zu einem »normalen« Akteur in Europa‹ zu sein.«

Zur gleichen Zeit gaben Admiral Dieter Wellershoff und General Klaus Naumann die neue Marschrichtung für die Bundeswehr vor. Sie führten den »erweiterten Sicherheitsbegriff« hinsichtlich der »Konfliktpotentiale auf dem Balkan« und der Krisen in der Welt ein, die nicht mehr zuließen, »den Blick auf Europa zu verengen«; Wellershoff erfand im Jahr 1991 die zivil klingende Parole für militärische Einsätze im Ausland: »Schützen, helfen, retten!« Aber die Kehrseite dieser Medaille wurde offenbar, als zum gleichen Zeitpunkt der konkrete Maßstab intern – im veränderten Ziel der Ausbildung für die Offiziere – verkündet wurde: »Der Krieg ist der Ernstfall!« (Detlef Bald in WuF 1/04)

Schon zwei Jahre nach der Wende ersannen Militärkreise in der Tradition der Reichswehrführung und der Generalsrunde von Himmerod mit den »Verteidigungspolitischen Richtlinien«, mit deren Abfassung sie sich vom Minister beauftragen ließen, ein neues Feindbild und Kriegsführungskonzept. Wo alle Welt nur Friedensperspektiven sah, da bugsierte der Militärklüngel Deutschland näher an den Krieg heran als je zuvor seit 1945.

Dies geschah klammheimlich, aber nachhaltig. Die VPR aus der Generalsfeder wurden vom Bundesminister der Verteidigung, Volker Rühe, am 26. November 1992 ins Bundeskabinett eingebracht. Rühe sagte den Ministerkollegen: »Was früher Bedrohung war, heißt heute Instabilität.« (So erläuterte er es 1992 auch in seinem Papier »Streitkräfte 2010«) Die VPR wurden vom Bundeskabinett »zur Kenntnis genommen« – aber nie vom Bundestag beschlossen. Damit hatte sich ein faktischer neuer deutscher Generalstab, der den Deutschen 1945 in Potsdam von den Alliierten verboten worden war, ein politisches Programm gegeben, das nach und nach verwirklicht wurde. Es war Resultat eines militaristischen Verfassungsverrats – außerhalb der Verfassung angesiedelt und den Primat der Politik wie das Gerede von der »Parlamentsarmee« missachtend. Es erwies sich als das erfolgreichste politische Programm im Deutschland unserer Tage: Das Bundesverfassungsgericht ermächtigte die Militärs, Kriegseinsätze mit der Zustimmung der einfachen Regierungsmehrheit im Bundestag durchzuführen und sich nicht mehr auf den Verteidigungsauftrag der Verfassung zu beschränken. Die Generäle bekamen die verfassungswidrige Erlaubnis zur Kriegführung fern des deutschen Territoriums.

Damit rückte der deutsche Militarismus wieder ein großes Stück näher an eine Position heran, wie sie es ihm beispielsweise zwischen den beiden Weltkriegen erlaubte, immer mehr die Politik, ja auch ihr Personal zu bestimmen und dann unterm Hitlerfaschismus die Kriegsführungsfähigkeit zu erlangen. Das gipfelte im Unternehmen »Barbarossa«, in einem »sorgfältig vorbereiteten Vernichtungskrieg«, der als »Kreuzzug gegen den Bolschewismus« geführt wurde und in dem Streben Hitlers nach »Weltmachtstellung des Dritten Reiches kulminierte« (Quelle: »Das Deutsche Reich und der II. Weltkrieg«, Band 4, S. 1079, herausgegeben vom Militärgeschichtlichen Forschungsamt.)

Militarismus beinhaltet, dass »soldatische Werte« wie Mut, Treue, Kameradschaftlichkeit, Ehre, Tapferkeit aus jeglichem sozialen Wertebezug herausgenommen und isoliert als Ideale und Tugenden »an sich« für alle gesellschaftlichen Bereiche gültig werden. Dieses Herauslösen der »deutschen Wertvorstellungen« (Verteidigungspolitische Richtlinien) aus dem bisher üblichen Militärkonzept hat seine Ursache auch in dem Bestreben, die Rolle der deutschen Wehrmacht und des »Soldatentums« im Zweiten Weltkrieg und bei dessen Vorbereitung zu rechtfertigen. Der höchste General, Klaus Naumann, sagte vor den Gebirgsjägern von Wehrmacht und Bundeswehr zu Pfingsten 1992: Die Wehrmacht sei allenfalls »missbraucht« worden. Wehrmacht sei gleichzusetzen »mit jener vorzüglichen Truppe, die Unvorstellbares im Kriege zu leisten und zu erleiden hatte.« Wehrmacht stehe für »Bewährung in äußerster Not, für Erinnerung an und Verehrung von vorbildlichen Vorgesetzten, für Kameraden und Opfertod.«

Die Verteidigungspolitischen Richtlinien der Bundeswehr sind ein Programm, das die Rückkehr zur Zeit vor dem Briand-Kellogg-Pakt einschließt. Wenn Kriege wieder »erlaubt« sind, wie heutzutage, dann verstößt dies gegen den Briand-Kellogg-Pakt vom 27. August 1928. Seit dieser Zeit sind Kriege als Mittel der Politik geächtet. In Paris unterzeichneten damals 15 Staaten, darunter auch Deutschland, den Pakt, zu dem der französische Außenminister Briand gegenüber dem US-amerikanischen Staatssekretär Kellog die Initiative ergriffen hatte. Alle Staaten der Welt, voran die Unterzeichnerstaaten, verpflichten sich darin, das Mittel der Schiedsgerichtsbarkeit an die Stelle bewaffneter Auseinandersetzungen treten zu lassen. Dieser Pakt wurde von Hitler gebrochen. Heute wird er von der Nato und ihren Mitgliedsstaaten gebrochen.

Mit den VPR ist auch ein Verstoß gegen die Charta der Vereinten Nationen verbunden, die sich die gegen Deutschland und Japan siegreichen Völker 1945 gegeben haben, um »künftige Geschlechter vor der Geißel des Krieges zu bewahren, die zweimal zu unseren Lebzeiten unsagbares Leid über die Menschheit gebracht hat«, das bekanntlich von deutschem Boden ausging. Man beschloss, die »Kräfte zu vereinen, um den Weltfrieden und die internationale Sicherheit zu wahren.« In Artikel 107, der immer noch gültig ist, heißt es ausdrücklich: »Maßnahmen, welche die hierfür verantwortlichen Regierungen als Folge des Zweiten Weltkrieges in bezug auf einen Staat ergreifen oder genehmigen, der während dieses Krieges Feind eines Unterzeichnerstaats dieser Charta war, werden durch diese Charta weder außer Kraft gesetzt noch untersagt.«

Der heutige deutsche Militarismus stellt auch einen Verstoß gegen die antimilitaristischen Beschlüsse der Konferenz von Potsdam dar. Wobei besonders makaber ist, dass sich die Bundeswehr gern auf Mandate der UNO beruft, auf Aufträge der Weltgemeinschaft. Hingegen war in Beratungen der Militärzirkel Anfang der neunziger Jahre immer wieder zu hören, dass es allenfalls auf das UNO-Mandat ankommt und nicht auf die Kontrolle durch die UNO und dass auch andere Organisationen als Mandatserteiler als die UNO denkbar sind, nämlich die WEU (Westeuropäische Union) oder die NATO (Nordatlantikpakt), ja sogar die Europäische Union (EU) wurde erstmals als möglicher Militärpakt genannt.

Hohe und höchste Militärs und die Ultrarechten von heute sprechen eine gemeinsame Sprache. Während die Kriegseinsätze der Bundeswehr offiziell mit angeblichen Verpflichtungen im Rahmen der NATO und der UNO begründet werden, redete Generalinspekteur Klaus Naumann schon früh den Klartext der Rechten: Die Bundeswehr habe für Einsätze »auch außerhalb des Bündnisgebietes zur Verfügung zu stehen, soweit es deutsche Interessen (!) gebieten.« (Information für die Truppe, 11/91) Wo es einst hieß: »Diesmal geht es um wichtigere Dinge, und zwar um Dinge, die uns alle angehen, um Kohle, Eisen, Öl und vor allem um Weizen« (Goebbels in einer Rede vom 18. Oktober 1942), definieren die Verteidigungspolitischen Richtlinien von 1992 die »deutschen Interessen« so: »Aufrechterhaltung des freien Welthandels und des ungehinderten Zugangs zu Märkten und Rohstoffen in aller Welt«.

Weiter heißt es in den Richtlinien: Ein »Teil der deutschen Streitkräfte muss daher zum Einsatz außerhalb Deutschlands befähigt sein.« Und: Die Richtlinien sind »verbindliche Grundlage« für die »deutsche militärische Interessenvertretung nach außen.« An Stelle der Verteidigung Deutschlands und des NATO-Territoriums wird die Aufgabe gestellt: »Sicherheits- und Verteidigunspolitik ist ein ganzheitlicher Ansatz von Schützen und Gestalten.« Und während einst »ab 5 Uhr 45« ganz plump nur »zurückgeschossen« wurde, »gestaltet« man heute durch »Vorbeugung, Eindämmung und Beendigung von Krisen und Konflikten, die Deutschlands Unversehrtheit und Stabilität beeinträchtigen können.«

Das ist »ius ad bellum«, das »Recht auf Krieg«, das zu 1914/18 führte, dann völkerrechtlich geächtet war, um von Hitler 1939/45 wieder zum Grundsatz gemacht zu werden. 1945 sollte es den endgültigen Bruch mit dem »Recht auf Krieg« geben – dieser Bruch wurde mit den Verteidigungspolitischen Richtlinien von 1992 wieder aufgehoben.

Sogar die nur im ersten Entwurf der Verteidigungspolitischen Richtlinien enthaltene Forderung: »Erhaltung des nuklearen Schutzes und Einflussnahme auf die Entscheidungen der Nuklearmächte« tauchte 1995 wieder auf, und zwar mit dem Angebot der französischen Regierung, Deutschland unter den atomaren Schutzschirm zu nehmen, und mit der Zustimmung von CDU-Politikern dazu.

Die »Information für die Truppe« (11/93) erläutert: Die Souveränität anderer Länder und das Nicht-Einmischungsprinzip müssten »in Frage gestellt« werden. Grundlegende Prinzipien des Völkerrechts und der UN-Satzung »wie das Souveränitätsprinzip, Nichteinmischungsgebot und das Selbstbestimmungsrecht« bedürfen einer »Fortentwicklung«.

Wo Militärs sich so offen ausdrücken, da durften die Herren des großen Geldes nicht fehlen. Im »Kurz-Nachrichtendienst der Arbeitgeberverbände« (KND Nr. 89/93) werden die Kriegseinsätze eindeutig gegen die Wanderungsbewegungen gerichtet. Man müsse die Flüchtlinge in den Herkunftsländern halten, und zwar indem »militärische Einsätze wie in Somalia nicht ausgeschlossen werden«.

In dieser Logik sind sogar Einsätze im eigenen Land nicht mehr ausgeschlossen: »Im Zeitalter weltweiter Wanderbewegungen und internationalen Terrorismus'« verwischten zunehmend die Grenzen zwischen innerer und äußerer Sicherheit. Das schrieb Fraktionsvorsitzender Wolfgang Schäuble (CDU) laut »Spiegel« vom 3.1.94, um zu fordern, dass die Bundeswehr auch bei größeren Sicherheitsbedrohungen im Innern »notfalls zur Verfügung stehen sollte«.

Als Peter Struck im Sommer 2002 Nachfolger von Rudolf Scharping wurde, übernahm er ein Ministerium und eine Bundeswehr, die mit Verteidigung nicht mehr viel zu tun hatten. Erstmals waren deutsche Soldaten wieder in den Krieg gezogen, 1999 gegen Jugoslawien und 2001 in Afghanistan. Nach einer Reform der Bundeswehr gemäß den VPR von 1992 gab es jetzt 150.000 für Kriege zur Verfügung stehende Einsatzkräfte, die ständig für Auslandseinsätze bereit gehalten werden. 10.000 Bundeswehrsoldaten waren an zehn Kriegen und anderen Einsätzen weltweit beteiligt. Die Einsatzkräfte hatten nun eine Eins-FüKdoBW in Potsdam an ihrer Spitze.

Das ist das Kürzel für das neue Einsatzführungskommando. »Erstmalig in der Geschichte der Bundeswehr besitzen wir mit dem Einsatzführungskommando eine nationale teilstreitkraft-gemeinsame Führungsfähigkeit.« So der damalige Generalinspekteur Harald Kujat. Erstmalig in der Geschichte der Bundeswehr heißt nicht: erstmalig in der Geschichte überhaupt. Das Einsatzführungskommando gab es schon früher, nur hieß es damals Generalstab. Ein deutscher Generalstab wurde 1945 von den Siegern in Potsdam verboten. Nun wurde er wieder eingeführt, um 150.000 für Kriege bereitgehaltene Einsatzkräfte zu befehligen. »Das Einsatzführungskommando der Bundeswehr nimmt die Aufgaben eines Generalstabes wahr«, zitierte die Initiative Militärinformation (IMI) aus Tübingen die FAZ. Auch die fast fertig aufgebaute EU-Interventionstruppe mit 60.000 Mann kann vom Einsatzführungskommando aus befehligt werden, denn das EinsFüKdoBW ist auch »Kern eines Operation Headquaters der Europäischen Union (EU)«, sagte Minister Rudolf Scharping vor seinem Abschied. In Potsdam-Geltow befindet sich also zugleich die europäische Einsatzzentrale für die künftige Kriegsführung.

»Die Sicherheit der Bundesrepublik Deutschland wird auch am Hindukusch verteidigt.« So kündigte Struck (ZDF-heute, 4.12.02, 19 Uhr) neue Verteidigungspolitische Richtlinien an. Diese aggressive Wortwahl stammt aus dem Vokabular der Generalität. Und dieses ist dem der Wehrmacht verhaftet. Doch das wäre der Wehrmacht vielleicht nicht eingefallen, wie Struck und seine Generäle zu sagen, Verteidigung lasse sich geographisch nicht mehr eingrenzen.

Harald Rettelbach, früher Direktor des Nato-Pressezentrums in Brüssel und heute hoher Reserveoffizier, stellt gern die rhetorische Frage: »Soll ich etwa die verdammen, die mir das Handwerkszeug beigebracht haben? Sie sind ja gerichtlich nicht verurteilt worden.« Ausgerüstet mit dieser Tradition und diesem Handwerkszeug geht die Bundeswehr in ihre Auslandseinsätze. Und ihre Veteranen mischen mit ihren Reinwaschungsversuchen nicht nur in der Geschichtsdebatte mit, sondern machen auch gemeinsam mit dem Verband Deutscher Soldaten, Fallschirmjäger-Reservisten und dem Verband der Reservisten handfeste Militärpolitik. Sie wollen nicht nur die Vergangenheit verklären, sondern auch unsere Zukunft militärisch gestalten.

Diese Verbände mischten sich massiv in die Diskussion neuer Verteidigungspolitischer Richtlinien ein, deren Veröffentlichung Minister Struck für Frühjahr 2003 angekündigt hatte. Sie gaben die Richtung vor, und der Minister hat ihr altes Prinzip aufgegriffen: Deutschland wird weit außerhalb seiner Grenzen »verteidigt«.

»Die Bundeswehr und die Herausforderungen beim Kampf gegen den internationalen Terrorismus« war das Thema einer »vorwärtsweisenden« Beratung, deren Ergebnis die Zeitschrift »Gebirgstruppe« veröffentlichte. Neben dem bayerischen Innenminister Günter Beckstein und Kurt Rossmanith, Obmann für Sicherheits- und Verteidigungspolitik der CDU/CSU-Bundestagsfraktion, war auch General a.D. Dr.

Klaus Reinhardt dabei. Sie forderten: »Mehr Geld für die Innere und Äußere Sicherheit«.

So ähnlich tönt es auch aus Industriellenkreisen. Der Bundesverband der Deutschen Industrie (BDI) machte vor und nach der Bundestagswahl von 2002 Druck und forderte eine Erhöhung der Rüstungsausgaben um drei Mrd. Euro pro Jahr zur »Modernisierung« der Bundeswehr. Mindestens eine Milliarde mehr pro Jahr wurde dann sofort in die mittelfristige Haushaltsplanung zugunsten der Bundeswehr aufgenommen, während andere Teilhaushalte (Renten, Gesundheit) zusammengestrichen werden.

Der »deutsche Weg« hinein in die NATO war von Wehrmachtsoffizieren geebnet worden. Ihre Nachfolger versuchen, die Verbrechen deutscher Militärs im Zweiten Weltkrieg zu rechtfertigen, damit die Bundeswehr, geprägt von ihrer Vorläuferin, der Wehrmacht, nationalen deutschen Kriegskurs hält.

3.
Der Weg von der Wolfsschanze nach Himmerod

Hitlers Generäle dürfen wieder ganz vorn mitmachen

In der Bundeswehr wurde und wird der »Respekt« vor der »sauberen« Wehrmacht und dem »anständigen Soldatentum« am Leben gehalten. Der letzte Tagesbefehl des Oberkommandos der Wehrmacht vom 9. Mai 1945 klang für viele Offiziere und Berufssoldaten der Bundeswehr wie der Auftrag zu Neuem: Nachdem »ein fast sechsjähriges heldenhaftes Ringen zu Ende« gegangen ist, wird »die einmalige Leistung von Front und Heimat ... in einem späteren gerechten Urteil der Geschichte ihre endgültige Würdigung finden.« Zuvor, am 1. Mai 1945, hatte der Hitler-Nachfolger Großadmiral Karl Dönitz am Sitz seiner »Regierung« in einem Tagesbefehl angedeutet, wo der künftige Feind deutschen Militärs zu suchen sei. Er erklärte: »Gegen Engländer und Amerikaner muss ich den Krieg so weit und so lange fortsetzen, wie sie mich in der Durchführung des Kampfes gegen die Bolschewisten hindern.«

Wenige Monate später begannen ehemalige Hitlergeneräle, auch solche, die nach dem Attentat vom 20. Juli bedingungslos und fanatisch an der Seite des Führers geblieben waren, ihre Erfahrungen bei »der Durchführung des Kampfes gegen die Bolschewisten« an US-Dienststellen zu vermitteln.

Einer aus dieser Kaste unbelehrbarer, aber den Nachwuchs schon wieder belehrender Militärs, der Generaloberst Heinz Guderian, Hitlers führender militärischer Rächer an den Männern des 20. Juli, schrieb 1950 in seinen »Erinnerungen eines Soldaten«: »Wir wurden Soldaten, um unser Vaterland zu verteidigen und um unsere Jugend zu anständigen und wehrhaften Männern zu erziehen, und wir wurden und waren es gerne. Wir werden uns durch das Gejammer einer schwachen Gegenwart über den sogenannten ›Nationalsozialismus‹ darin nicht beirren lassen. Wir wollen und werden Deutsche bleiben. ... Richtet Euch auf, meine Kameraden, und tragt den Kopf hoch, wie einst zur Parade! Ihr braucht Euch Eurer Taten wahrlich nicht zu schämen. Ihr waret die besten Soldaten.« Dieser General Heinz Guderian wurde unmittelbar nach der Kapitulation der Hitler-Wehrmacht gemeinsam mit 120 ehemaligen Kollegen aus den deutschen Stäben in den Sold der USA genommen und gut versorgt, während Hunderttausende deutscher Kriegsgefangener ebenso wie die Bombenopfer hungernd und frierend unter freiem Himmel campierten.

Als Minister Peter Struck dem Bundestagspräsidium, das eine Ausstellung über die Wehrgerichtsbarkeit der Wehrmacht sponsern wollte, einen finanziellen Zuschuß des Bundesverteidigungsministeriums in Höhe von 40.000 Euro verweigerte, weil die Wehrgerichtsbarkeit der Wehrmacht nicht in die Traditionsarbeit der Bundeswehr gehöre, wurde die ganze Verlogenheit der Arbeit an der Militärgeschichte deutlich. Die Wehrgerichte Hitlers mordeten die Deserteure, die kleinen Widerständler in der Truppe. Doch deren Andenken wird in der Bundeswehr noch immer nicht gepflegt. Gewürdigt werden nur die Männer des 20. Juli, die dank Guderian gar nicht erst vor Militärgerichte gestellt wurden. Guderian stand dem »Ehrenhof« der Wehrmacht vor, dem höchsten Wehrgericht, das auf Betreiben Hitlers die am 20. Juli Beteiligten aus der Wehrmacht ausgestoßen hat, damit sie dem Freislerschen Volksgerichtshof übergeben werden konnten. Von den Wehrgerichten und ihren Opfern aus den Reihen der Wehrmacht, den Deserteuren nämlich, distanziert sich die Bundeswehr. Doch die Männer des 20. Juli einerseits und den Soldatenhenker Heinz Guderian andererseits ehrt sie durchaus.

Bevor die Kameraden »sich aufrichten« konnten, um sich wieder zu formieren, vergingen nur einige Jahre intensiver Annäherung wichtiger deutscher Generäle besonders an die US-Army. Deren Antworten an die ehemaligen Feinde waren unzweideutig. Sie bestanden vor allem in der Schonung dieser Militärs, die eigentlich vor Gericht und für sehr lange hinter Gitter gehört hätten. Im Juli 1950 haben dann ehemalige Generäle und Generalstabsoffiziere der Wehrmacht, die in der Historischen Abteilung beim Hauptquartier der Streitkräfte der USA in Europa tätig waren, der Bundesregierung und dem amerikanischen Oberkommando einen detaillierten Plan zur Wiederaufrüstung von Deutschland-West vorgelegt. Der Plan beruhte auf dem Konzept des ehemaligen Generals Franz Halder, hieß »Halder-Plan« und sah vor, 27 westdeutsche Divisionsverbände aufzustellen.

Franz Halder, 1884-1972, war von 1938 bis 1942 als Generaloberst Chef des Generalstabes des Heeres. Er hatte taktische Differenzen mit Hitler. Sollte man zuerst auf Moskau marschieren, das wollte Halder, oder die sowjetische Hauptstadt zunächst umgehen, das wollte und machte Hitler. Im Juli 1944 wurde Halder verdächtigt, in die Verschwörung vom 20. Juli einbezogen gewesen zu sein. Deshalb kam er bis Kriegsende ins KZ. Halder gab mit seinem 1949 veröffentlichten Buch »Hitler als Feldherr« die Richtung an für eine Flut von Veröffentlichungen ehemaliger Hitlergeneräle, in denen die faschistischen Militärs entlastet werden und alle Schuld für den Krieg und die Kriegsverbrechen auf Hitler abgewälzt wird. Heute wird Halder als eine Art Widerstandskämpfer dargestellt. Doch er hat die operative Planung für die faschistischen Aggressionen gegen Polen, Frankreich, Jugoslawien, Griechenland und die Sowjetunion geleitet. Und als es in der Historischen Abteilung der US-Armee wieder einen Krieg gegen die Sowjetunion zu planen gab, war er wieder führend dabei. Karl Heinz Janssen schildert in seinem Geschichtsbuch »Und morgen die ganze Welt« (Bremen 2003, S. 360/361) Halders Eifer, als es 1941 galt, gegen die Sowjetunion loszuschlagen. »Noch ehe sich Hitlers Gedanken über seine strategischen Optionen zu Plänen verfestigt hatten, waren seine ehrgeizigen militärischen Berater in der Heeresleitung von sich aus tätig geworden: Sie ließen sich von Generalstäblern Studien für einen Feldzug gegen Russland ausarbeiten. Generalstabschef Halder hatte sich innerlich schon mehr auf den Ost- als auf den Westkrieg festgelegt. Er wollte eine ›Schlagkraft‹ im Osten aufbauen, stark genug, um der Weltmacht Russland ›die Anerkennung der beherrschenden Rolle Deutschlands in Europa abzunötigen‹. Als Hitler am 21. Juli 1940 mit den Spitzen der drei Wehrmachtsteile über die künftigen Operationen konferierte und dabei auch die russische Frage aufrollte, konnte der Oberbefehlshaber des Heeres, Generalfeldmarschall von Brauchitsch, bereits mit detaillierten Studien für eine begrenzte Offensive gegen die Sowjetunion aufwarten. (...) Diese selbständige Aktion von Brauchitschs und Halders ist um so überraschender, als doch Halder noch 1938/39 gegen Kriegs- und Feldzugspläne Hitlers konspiriert hatte – zum Teil mit Wissen seines Dienstvorgesetzten Brauchitsch. Beide hatten sich den ganzen Winter 1939/40 über bemüht, Angriffspläne im Westen hinauszuzögern.« Im Falle der Sowjetunion waren die Generale »zu Drängern geworden«. Janssen: »So hatte sich Hitler seine Generale immer gewünscht.« Die Generale drängten Hitler. Und nach 1945 drängten sie mit, als es für die deutsche und US-amerikanische Führung wieder gegen den Osten ging.

Die Militarisierung gegen den Osten wird später als Haupttriebkraft für die westdeutsche Staatsgründung, welche die Spaltung Deutschlands betonierte, eingeschätzt werden. »Die neue deutsche Armee wurde nicht gegründet, um den Bonner Staat zu schützen, sondern der neue Staat wurde gegründet, um eine Armee gegen die Sowjets ins Feld zu stellen – mag diese Ratio den Paten im In- und Ausland auch nicht voll bewusst gewesen sein.« (Rudolf Augstein, »Bilanz der Bundesrepublik«, Köln 1961)

Schon 1948 und 1949 hatten die ehemaligen Generale der Wehrmacht Dr. Hans Speidel (ihm wurden Kriegsverbrechen in Frankreich nachgesagt) sowie Hasso von Manteuffel (er sagte in dem Blatt »Panzerfunk« im November 1944: »Wir kämpfen für die Ewigkeitswerte der Deutschen«) und Friedrich Hoßbach (der Hitleradjutant und Verfasser des Aggressionsplanes »Hoßbach-Niederschrift« von 1937) Denkschriften angefertigt, in denen die technische Durchführbarkeit der Wiederaufrüstung behandelt wurde. Diese Denkschriften ließ sich Dr. Konrad Adenauer, ab 1949 Bundeskanzler, vorlegen. Darüber berichtet Otto Köhler in seiner Augstein-Biographie (»Rudolf Augstein – Ein Leben für Deutschland«, München 2003, S. 69): Der CDU-Vorsitzende und spätere Kanzler Adenauer erhielt im November 1948 den Besuch des jungen Rudolf Augstein, der sich als Kurier der Generäle und erster Propagandist der Wiederaufrüstung erwies. »Augstein brachte von einer langen Rundreise in Sachen Remilitarisierung die besten Empfehlungen der Herren Hasso von Manteuffel und Friedrich Hoßbach mit, beide vor dreieinhalb Jahren noch Generale Hitlers, der zweite zuvor auch noch des Führers Adjutant, als der er schon 1937 dessen Verschwörung mit der Wehrmachtsführung zur Erweiterung des deutschen Lebensraumes protokollieren durfte.« Damals konnte Adenauer weder mit »solchen Leuten« öffentlich Fühlung aufnehmen, noch für deren Pläne werben. Das überließ er Augstein. Als Jens Daniel fragte dieser im »Spiegel« dann »Soll man die Deutschen bewaffnen?« Augstein sagte Adenauer, die von ihm konsultierten deutschen Militärs seien übereinstimmend der Meinung, dass dreißig deutsche Divisionen nötig seien. Adenauer: »Sie als Journalist dürfen vieles sagen, was ich als Politiker nicht sagen darf. Nehmen Sie die Frage deutscher Divisionen. Wir müssen sie erst einmal ins Gespräch bringen und dann das Weitere abwarten.«

Das Weitere, das war auch das, was die Herren Generäle vorhatten. Manteuffel, der gerne Oberbefehlshaber der neuen deutschen Wehr werden wollte, hat dieses Ziel nicht erreicht. Er wurde aber Leiter einer Kommission für die Wiederzulassung der Orden und Ehrenzeichen in der Bundesrepublik, ferner Prokurist einer Metallwarenfabrik in Neuss und von 1953 bis 1957 FDP-Mitglied des Bundestages, Vorsitzender des Sicherheitsausschusses. Ernst Klee schreibt (in: »Das Personenlexikon zum Dritten Reich«, Frankfurt/Main 2003): Manteuffel hatte »laut brit. Geheimdienst 1950 Kontakt zur ›Bruderschaft‹, einem am 22.7.1949 in Hamburg gegründeten Geheimbund von Krypto-Nazis um Ex-Gauleiter Kaufmann«, und war »Leiter der Traditionsgemeinschaft ›Großdeutschland‹«. Über Hoßbach berichtet Ernst Klee, er sei zuletzt Oberbefehlshaber der 4. Armee gewesen und von Hitler mit einer Dotation (Schenkung) von 50.000 Reichsmark ausgezeichnet geworden. Als Adjutant bei Hitler hat er die dominierende Stellung der Wehrmacht ausgebaut: »Goebbels am 11.10.1937 im Tagebuch: ›Hoßbach operiert sehr geschickt beim Führer. Wir müssen uns dagegen wehren.‹« Vier Wochen nach dieser Eintragung fertigte Hoßbach seine »Hoßbach-Niederschrift« von der kriegstreiberischen Tagung Hitlers mit seinen Generälen an. Minister wie Goebbels durften nicht teilnehmen. Der hohe Ex-Bundeswehrgeneral Gerd Schultze-Rhondorff, rechtsextremistischer Propagandist, versuchte später in seinem Buch mit dem bezeichnenden Titel »1939 – Der Krieg der viele Väter hatte« (München 2003) die Kriegsschuld Deutschlands und seiner Militärs zu verwischen:

Die Hoßbach-Aufzeichnungen seien möglicherweise doch eine Fälschung. (lt. Rezension in FAZ, 26.11.03) Der Ex-General: »Kurz nach dem deutschen Einmarsch in die Rest-Tschechei fängt England an, den nächsten Weltkrieg einzufädeln.«

Die Nachkriegsaktivitäten der Hitlergeneräle geschahen entgegen dem Völkerrecht, wie es in Potsdam 1945 beschlossen worden war. Nach der Niederlage Hitlerdeutschlands hatten die führenden Politiker der Anti-Hitler-Koalition ihre schon während des Krieges getroffenen Vereinbarungen bekräftigt, den deutschen Militarismus auszurotten und die Grundlagen seiner Macht für immer zu zerstören. Das Potsdamer Abkommen der Siegermächte enthält hierüber klare und eindeutige Bestimmungen. Sie reichen bis in das bis heute gültige Grundgesetz hinein. Dessen Artikel 139 hat ausdrücklich die Fortgeltung der »zur Befreiung des deutschen Volkes vom Nationalsozialismus und Militarismus erlassenen Rechtsvorschriften« zum Inhalt.

Die hohen Militärs a.D. setzten sich sowohl über Potsdam als auch über das Grundgesetz hinweg, das seit 1949 in Kraft war. Es war – wie wir am Beispiel des Artikels 139 sehen – ein zunächst antimilitaristisches Grundgesetz. Die Generäle a.D. jedoch formulierten: »Die Wehrkraft zur Ausfüllung der großen Lücke in der europäisch-atlantischen Verteidigung ist im deutschen Volke wohl vorhanden, doch fehlt in weiten Kreisen noch der Wehrwille. Das deutsche Volk hat sich zu den freiheitlichen Idealen des Westens bekannt, ist aber vielfach innerlich noch nicht bereit, dafür Opfer zu bringen. Durch die Diffamierung der letzten fünf Jahre auf vielen Gebieten menschlichen und staatlichen Seins ist der Behauptungswille und damit auch der Gedanke der Landesverteidigung systematisch untergraben worden.« So steht es in der lange Zeit geheim gehaltenen Himmeroder Denkschrift, 1950 von einer Anzahl von Wehrmachtsobersten und -Generälen verfasst unter dem Namen: »Denkschrift über die Aufstellung eines deutschen Kontingents im Rahmen einer übernationalen Streitmacht zur Verteidigung Westeuropas«.

Die Denkschrift enthielt die Forderungen:

➲ »Anstreben der vollen Souveränität der westdeutschen Bundesrepublik.«

- »Aufhebung der Kontrollrats-Gesetze und anderer Verordnungen über die Entmilitarisierung, soweit sie Fragen der Landesverteidigung betreffen.«
- »Militärische Gleichberechtigung der westdeutschen Bundesrepublik im Rahmen der europäisch-atlantischen Gemeinschaft.«

Teilnehmer in Himmerod waren Generäle wie jener Hans Röttiger, der nach Kriegsende zugab, er sei zu der Erkenntnis gekommen, »dass die Bandenbekämpfung, die wir führten, im Endziel den Zweck hatte, den militärischen Bandenkampf des Heeres dazu auszunutzen, um die rücksichtslose Liquidierung des Judentums und anderer unerwünschter Elemente zu ermöglichen.« (U. Sander, »Szenen einer Nähe«, Bonn 1998, S. 30ff.)

Röttigers Chef bei der Bundeswehr und in der Wehrmacht war Adolf Heusinger. Auch er führte in Himmerod wieder das große Wort. Er hat dem Nürnberger Kriegsverbrechertribunal 1945 eine eidesstattliche Erklärung abgegeben, mit der die Teilnahme der Wehrmacht am Holocaust bestätigt wurde. Heusinger war besonderer Vertrauter Hitlers und als Leiter der Operationsabteilung des Heeres an der Planung und Durchführung der Überfälle auf verschiedene Länder, darunter am Aggressionsplan »Barbarossa« gegen die Sowjetunion, führend beteiligt. Ralph Giordano berichtet in »Die zweite Schuld«: »Am 17. März (1941) erklärte Hitler im Beisein von Generalmajor Adolf Heusinger und Generalstabschef Franz Halder nach Notizen des letzteren: ›Die von Stalin eingesetzte Intelligenz muss vernichtet werden. Die Führermaschinerie des russischen Reiches muss zerschlagen werden. Im großrussischen Reich ist Anwendung brutalster Gewalt notwendig. ...‹«

Giordano: »Das war offener Aufruf zum Massenmord«. Und er schrieb weiter: »Die Generalstäbler Franz Halder und Adolf Heusinger gingen davon aus, dass große Kesselschlachten mit riesigen Gefangenenzahlen den Ostkrieg bis August 1941 entscheiden würden. Dieser Glaube war allenthalben verbreitet und ließ völkerrechtliche und kriegsvölkerrechtliche Überlegungen nur im Zusammenhang ihrer Mißachtung sichtbar werden.«

Heusinger, dem also schwerste Kriegsverbrechen vorzuwerfen waren, wurde dennoch nach 1945 Berater der US-Armee, die sich auf die Konfrontation mit der UdSSR vorbereitete und »Russlandexperten« wie ihn suchte.

Die »Himmeroder Denkschrift« Heusingers und anderer aus dem Jahre 1950 war die eigentliche Geburtsurkunde der Bundeswehr. Die Autoren machten deutlich, dass sie an der von den USA gewünschten Schaffung der Bundeswehr nur teilnehmen würden, wenn ihre Forderungen erfüllt würden – und sie wurden allesamt erfüllt:

1. »Freilassung der als ›Kriegsverbrecher‹ verurteilten Deutschen« und
2. »Einstellung jeder Diffamierung des deutschen Soldaten (einschließlich der im Rahmen der Wehrmacht seinerzeit eingesetzten Waffen-SS)« und
3. »Maßnahmen zur Umstellung der öffentlichen Meinung im In- und Ausland.« Ferner wurde gefordert:
4. »Ehrenerklärung für den deutschen Soldaten von Seiten der Bundesregierung und der Volksvertretung. Gerechte Regelung der Versorgung der früheren und zukünftigen Soldaten und ihrer Hinterbliebenen.«

Teilnehmer an der Himmeroder Tagung, die da ihre eigene Amnestie und die ihrer Kameraden betrieben, waren außer Heusinger und Röttiger die späteren Bundeswehrgenerale Dr. Speidel, Graf von Baudissin und Graf Kielmansegg.

Die antimilitaristischen Gesetze des alliierten Kontrollrats von 1945/46 wurden von ihnen als »Diffamierungen« bezeichnet, die »Rehabilitierung« des deutschen Wehrmachtsoldaten und der Waffen-SS wurde gefordert. Nicht nur die als Kriegsverbrecher verurteilten Offiziere seien freizulassen, sondern auch »die Frage der Verurteilten in Spandau«, d.h. die in Nürnberg als Hauptkriegsverbrecher verurteilten Nazis, »ist aufzugreifen«.

Die Generäle und Obersten bekennen sich zur »kraftvollen Bekämpfung aller die Demokratie zersetzenden Elemente«, sind aber schon gleich wieder beim Thema Militarisierung – nun auch nach Innen: »Innerer Schutz der anlaufenden Aufbauarbeit.« Jedoch soll es eine »klare Trennung des Aufbaus von Wehrmacht (für äußere Sicherheit) und Polizei (für innere Sicherheit)« geben.

Aber auch die Polizei wurde militärisch aufbaut. In der Zeit von

»Himmerod« wurde der Bundesgrenzschutz geschaffen, der bis 1954 so dastand, dass resümiert werden kann: Es »wurden mit dem Bundesgrenzschutz und der Bereitschaftspolizei der Länder zwei Truppenpolizeiapparate mit einer Gesamtstärke von ca. 30.000 Mann aufgebaut, die von Organisation, Ausrüstung und Ausbildung her am klassischen Bürgerkrieg orientiert waren.« (Ulrich Albrecht u.a., Geschichte der Bundesrepublik. Beiträge, Köln 1979, S. 332) Diese Bundesgrenzschutztruppe verfügte immerhin über leichte Kanonen vom Kaliber 7,6 cm, Granatwerfer verschiedener Kaliber, schwere Maschinengewehre und andere polizeiunübliche Waffen.

Streit gab es in Himmerod und auch später immer wieder um die Innere Führung. »Das Deutsche Kontingent darf nicht ein ›Staat im Staate‹ werden. Das Ganze wie der Einzelne haben aus innerer Überzeugung die demokratische Staats- und Lebensform zu bejahen.« Solche Sätze wurden in die Denkschrift auf Drängen des Obersten a.D. Graf Wolf von Baudissin hineingeschrieben. Er wird später der »Vater der Inneren Führung« genannt werden, der den preußisch-deutschen Militarismus verbannt habe. Etwas nüchterner ist daran zu erinnern: Baudissin war auch zuständig für die Öffentlichkeitsarbeit der Himmeroder und später der Bundeswehrgründer. Er musste die Pläne zur Rüstung gegen den Osten und zur Revision der Ergebnisse des Zweiten Weltkrieges in der Öffentlichkeit »verkaufen«. Bedenken mussten zerstreut werden, denn 75 Prozent der Bevölkerung waren strikt gegen einen deutschen Wehrbeitrag. Konrad Adenauer sagte es zwei Jahre später laut »Bulletin der Bundesregierung« (zitiert in: Albrecht u.a., Geschichte der Bundesrepublik. Beiträge, S. 321) ganz offen: Es gehe nicht nur um Deutschland in den Grenzen von 1937, sondern um die »Neuordnung des Ostens«.

Die Militärs im Kloster Himmerod stritten sich um die Innere Führung. Sie fürchteten, die Soldaten könnten sich unter Bezugnahme auf ihre demokratischen Grundrechte und auf die Ordnung des Grundgesetzes, das bekanntlich in Artikel 26 Handlungen zur Vorbereitung eines Angriffskrieges als verfassungswidrig und strafwürdig einstuft, der aggressiven Handlungsweise verweigern. Als Baudissin auf demokratischen Formulierungen bestand und die Anwesenden ihm nicht folgen wollten, da soll er die Runde verlassen haben. General a.D. – damals noch a.D., später Gründungsgeneral der Bundeswehr – Adolf Heusinger, der informelle Chef der Runde, musste ihn zurückholen. Später gab Heusinger im zuständigen Bundestagssausschuss zu Protokoll: »Der künftige westdeutsche Soldat sollte drei Eigenschaften in sich vereinen: Er sollte ein freier Mensch, ein guter Staatsbürger und ein vollwertiger Soldat sein.« Der Soldat solle zum Mitdenken und zur Mitverantwortung erzogen werden.

Das hörte sich später immer wieder ganz anders an. Baudissins Stellvertreter in der Abteilung Innere Führung, Heinz Karst, der es bis zum »General des Erziehungs- und Bildungswesens im Heer« brachte, vertrat das Konzept, dass die Bundeswehr »Kriegstüchtigkeit anstreben« müsse. Sie müsse sich »in Ausbildung und Erziehung, Führung und Bildung primär von den unerbittlichen Forderungen der ... noch möglichen Kriegsbilder leiten lassen.« In seinem Buch »Die Bundeswehr in der Krise« nannte Karst auch gleich die Vorbilder für die Kriegstüchtigkeit: »Nie hätte man nach 1918 daran geglaubt, dass das entwaffnete und gedemütigte, innerlich zerrissene und verkleinerte Deutschland 20 Jahre später mit einer imponierenden Wehrmacht fast ganz Europa erobern würde.«

Solche Äußerungen müssen denjenigen verwundern, der die feierlichen Reden bei Gelöbniszeremonien vernimmt, in denen das missglückte Attentat vom 20. Juli 1944 quasi als Geburtsstunde einer demokratischen Bundeswehr dargestellt und die Bundeswehr als Erbin des deutschen Widerstandes ausgegeben wird. Als es darauf ankam, bei der Konzipierung der Bundeswehr, oder der neuen »Wehrmacht«, wie man in Himmerod sagte, waren die Männer des 20. Juli nicht erwünscht. Keiner der Überlebenden aus dieser Gruppe gelangte auf eine nennenswerte Position in der neuen Wehr. Im Untersuchungsausschuss des Bundestages zu den rechtsextremistischen Vorgängen 1998 erinnerte der Experte und Autor Dr. Detlef Bald daran, wie es in den 50er und 60er Jahren klar gewesen sei: »Dass der 20. Juli 1944 kein Vorbild gewesen« sei, das seien Verräter gewesen. Er fürchte, heute kehre die Bundeswehr zum Soldatenbild von vor dem 20. Juli 1944 zurück, aber gleichzeitig werde der 20. Juli »gewürdigt«.

Wen würdigte die Bundeswehr in ihren ersten Jahrzehnten? Sie würdigte den höchstdekorierten Nazioffizier des Zweiten Weltkrieges, den Stuka-Oberst Hans-Ulrich Rudel. Als er 1982 starb, ehrten ihn die Flieger der Immelmann-Kaserne in Manching, seinem früheren Standort, mit einem Formationsflug. Als der Hitler-Nachfolger Großadmiral Karl Dönitz im Dezember 1980 starb, vertrat die Bundeswehr der Vizeadmiral Edward Wegener bei der Trauerfeier in Aumühle. Er war unter Dönitz Kapitän und Spezialist im Flottenführungskommando für Seekriegsoperationen. Nach 1945 brachte er es zum Befehlshaber der NATO-Streitkräfte Ostsee. Am Grabe von Dönitz, des »letzten Staatsoberhauptes des Deutschen Reiches«, wie er sagte, rühmte er dessen »zu Unrecht geschmähte Tugenden: Ehrenhaftigkeit, aufopferungsvolle Hingabe an die Aufgabe, Vaterlandsliebe und unwandelbare Treue zur Staatsführung«.

In Himmerod hatten die Wehrmachtsgenerale die Rehabilitierung des deutschen Soldaten verlangt. Sie hatten offenbar sogar die »Staatsführung« Adolf Hitlers in diese Rehabilitierung einbezogen, wie an der Rede des Admirals erkennbar.

Rehabilitiert wurden in der Bundesrepublik Deutschlands auch Kriegsverbrecher des Ersten Weltkrieges. Dies geschah über den Umweg einer Neuauflage von Hitlers Traditionsoffensive. Bei der Aufrüstung der Wehrmacht wurden etwa 200 neue Kasernen gebaut. Ihre Namen suchte Hitler persönlich aus. Im Gefolge dieser »Traditionsoffensive« in den Jahren 1937/38 wurden diese Liegenschaften und neue Straßen nach den Helden (z.B. Mackensen-Straßen) und Schlachten (z.B. Isonzo-Straße in Regensburg) des Großen Krieges 1914/18 benannt. Mackensen-Kasernen behielten ihre Namen dann auch in der Nachkriegsrepublik. Auch eine »Krafft-von-Dellmensingen-Kaserne« in Garmisch-Partenkirchen, benannt nach dem General der Isonzo-Schlacht, gab es seit dem 9. Juli 1975 wieder. Ob es wohl mehr der Giftgas-Massenmörder Dellmensingen war oder mehr der Kapp-Putschist, der er auch war, was den Ausschlag gab für diese Ehrung?

4.
SS und Kriegsverbrecher in der neuen Bundeswehr

Alte Orden und Kasernennamen waren wieder da

Im Dezember 1990, zwei Monate nach dem Beitritt der DDR zur BRD und der Übernahme der Nationalen Volksarmee durch die Bundeswehr, schrieb ich allen Kasernenkommandeuren der Bundeswehr einen Brief, deren Kasernen nach einem preußischen General oder nach Personen aus der Wehrmacht benannt oder mit politisch belasteten Namen versehen waren. Ich wies auf die Tatsache hin, dass der letzte Verteidigungsminister der DDR, Pfarrer Rainer Eppelmann (CDU), schon vor der Wende sämtliche Kasernen und Schiffe der DDR von ihren bisherigen Namen befreit hatte, und fragte an, ob ähnliches auch im Westen vorgesehen sei, denn offenbar sei ja ein Neuanfang durchaus sinnvoll.

Ich bekam zunächst heraus: Von den rund 400 Kasernen der Bundeswehr in Westdeutschland waren nur elf nach Persönlichkeiten benannt, die in der Bundeswehr dem militärischen Widerstand gegen Hitler zugerechnet wurden. Dagegen waren 37 Kasernen nach Helden der Hitlerwehrmacht, vor allem Ritterkreuzträgern, weitere rund 40 nach kriegerischen Eroberern benannt. Andere Namen gaben Ansprüche auf fremde Territorien kund: PommernKaserne, OstpreußenKaserne, OstmarkKaserne, TannenbergKaserne, DeutschordenKaserne, PreußenKaserne. Der Rest hat landschaftliche und lokale Namen oder solche, die auf bundesdeutsche Politiker Bezug nehmen.

In dem noch immer gültigen Traditionserlaß der Bundeswehr von 1982 heißt es: »Ein Unrechtsregime wie das Dritte Reich kann Tradition nicht begründen.« Warum dann die Ehrung der Helden des NS-Unrechts? Mit dem Ende der Ost-West-Konfrontation wurden Deutschlands Grenzen endgültig verankert. Warum dennoch Namen, die an ehemalige Eroberungen erinnern oder neue begründen? Warum noch immer Kasernennamen, die auf Täter im Vernichtungskrieg der Wehrmacht gegen die Sowjetunion verweisen: Hüttner (Hof), Schulz-Lutz (Munster), Lilienthal (Delmenhorst), Konrad (Bad Reichenhall), Röttiger (Hamburg), Fahnert (Karlsruhe), von Seidel (Trier), Mölders (Visselhövede und Braunschweig), Schreiber (Immendingen), Heusinger (Hammelburg).

Allerdings muss darauf hingewiesen werden, dass der gültige Traditionserlass kein Wort zur Wehrmacht verliert. Ein Unrechtsregime wie das Dritte Reich kann Tradition nicht begründen – aber seine Armee durchaus? Offenbar wird dementsprechend in der Bundeswehr gehandelt.

Nachfolgend werden Bundeswehrnamen analysiert, die bis heute beibehalten wurden. Änderungen gab es nach 1990 nur im Fall der Generaloberst-Dietl-Kaserne in Füssen, der General-Kübler-Kaserne in Mittenwald und der Rüdel-Kaserne in Rendsburg. Die Kriegsverbrecher Dietl und Kübler wurden nach jahrelangen Enthüllungen und Auseinandersetzungen gegen den Widerstand vor allem der örtlichen Kommunalpolitik und der militaristischen Traditionsverbände schließlich als nicht mehr traditionswürdig erachtet.

Noch Ende 1990 bekam ich Bescheid aus Füssen. Gefragt, warum die Füssener Kaserne Jahr für Jahr den Namen des besten Hitler-Kameraden behielt – Hitler verehrte Dietl, weil dieser ihm Zugang zur Reichswehr verschafft und den »Führer« bei seinem Putschversuch von 1923 unterstützt hatte –, antwortete Presseoffizier Oberleutnant Kalla: »Eine Namensänderung ist nicht erfolgt. Für die Bundesregierung stellt sich die Frage der Umbenennung aufgrund des eindeutigen Votums der Stadt Füssen und der betroffenen Truppenteile derzeit nicht.«

Minister Volker Rühes Fraktionskollege Kurt Rossmanith bezeichnete Eduard Dietl immer wieder als »Vorbild in menschlichem und soldatischem Handeln«. Und Kübler, der »Adria-Schlächter«, galt lange Zeit, so berichtete einmal »Monitor«, in der Bundeswehr als »beispielgebend für unsere Zeit«.

Die Rüdel-Kaserne – ursprünglich nach einem General und Richter am Volksgerichtshof benannt – wurde in Feldwebel-Schmid-Kaserne umbenannt. Mit Feldwebel Schmid wurde zum ersten und einzigen Mal ein Befehlsverweigerer geehrt, der Juden geholfen und sie vor der Ermordung bewahrt hatte. Feldwebel Schmid bezahlte das mit dem Leben. Die Ehrung Schmids wurde von Minister Rudolf Scharping vorgenommen. Die Umbenennung der Dietl- und Kübler-Kaserne in Allgäu- und Karwendel-Kaserne erfolgte zu Zeiten des Ministers Volker Rühe (CDU). Wenn es heute nicht mehr so viele zweifelhafte, ja kriminelle Kasernenpatrone gibt wie 1990, dann liegt es jedoch nicht an höherer Einsicht, sondern daran, dass viele der betreffenden Liegenschaften im Rahmen der Bundeswehrreform aufgegeben wurden.

Die verbliebenen wie die inzwischen gestrichenen Kasernennamen verdeutlichen eine ganze politische und militärische Programmatik und Tradition. Es ist mehr als nur Symbolik, sondern politische Absicht, ja aggressive Aufgabenstellung für die Gegenwart, wenn auf bestimmte Namen zurückgegriffen wird. Das verdeutlichte beispielsweise ein Major Niebaum von der 4. Panzergrenadierdivision, der für die Kaiser-Wilhelm-Kaserne in Amberg/Nordbayern antwortete: »Zu einer Namensänderung dieser traditionsreichen Kaserne besteht auch im Hinblick auf die am 3. Oktober 1990 vollzogene deutsche Einheit keine Veranlassung. War es doch gerade Kaiser Wilhelm I., unter dessen Regentschaft 1871 das Deutsche Reich aus 25 Bundesstaaten und dem Reichsland Elsass-Lothringen vereinigt wurde.« Da konnten die Franzosen ja zufrieden sein, dass 1990 nur der Anschluss der DDR erfolgte, nicht aber auch erneut der von Elsass-Lothringen.

Eine *Krafft-von-Dellmensingen*-Kaserne der Gebirgstruppe und des Gebirgsmusikkorps existiert nach wie vor in Garmisch-Partenkirchen, benannt nach dem General der Isonzo-Schlacht. Jakob Knab schreibt: »Am 24. Oktober 1917 begann diese legendäre zwölfte Isonzo-Schlacht. Die neuen Kampfstoffe ›Blaukreuz‹ und das hochgiftige ›Grünkreuz‹ sollten die italienischen Stellungen lahmlegen. Nach drei Tagen eines mörderischen Kampfes durchbrachen die deutschen und österreichischen k.u.k.-Truppen die italienischen Stellungen bei Karfreit und stießen zum Fluß Tagliamento vor. Dieser Durchbruch ging als das ›Wunder von Karfreit‹ in die Kriegsgeschichte ein. Der Giftgas-Krieger General Krafft von Dellmensingen war Chef des Stabes in der zwölften Isonzo-Schlacht gewesen. Nach dem Ersten Weltkrieg war General Krafft von Dellmensingen die entscheidende Anlaufstelle für republikfeindliche Kräfte in Bayern. Ab Januar 1920 wurde ein geheimer Verschwörerkreis aufgebaut, um den Kapp-Putsch (März 1920) zu planen. Nach einem geglückten Putsch sollte Krafft von Dellmensingen als Diktator von Bayern ausgerufen werden. Im Frühjahr 1937 erhielt die neue Kaserne in Garmisch den Namen ›General-von-Dellmensingen-Kaserne‹. Am 25. Juni 1945 ordnete die US-Militärregierung in Bayern an, daß alle Straßen, Plätze und Gebäude mit nationalsozialistisch belasteten Namen umzubenennen seien. In Garmisch wurden u.a. die Namen ›Ritter-von-Epp-Kaserne‹ und ›Krafft-von-Dellmensingen-Kaserne‹ getilgt. Indes: Am 9. Juli 1975 erhielt die letztgenannte Liegenschaft erneut den Namen Krafft-von-Dellmensingen-Kaserne.«

Noch heute gibt es *Fritsch*-Kasernen in Breitenburg, Celle, Hannover und Koblenz. Die Stabsabteilung 1 in der Freiherr-von-Fritsch-Kaserne in Breitenburg-Nordoe teilte mit, es würden die neu hinzu versetzten Soldaten über von Fritsch informiert. Dazu gehört die Information, dass »er Hitler für seine Expansionspolitik im Wege war«. Kasernenoffizier und Oberleutnant Achmüller vom Panzerbataillon 333 in Celle sandte eine Festschrift und einen Lebenslauf von Fritschs, worin dieser als »unpolitischer« Offizier bezeichnet wird. In der Festschrift wird von einem »Bruch zwischen ihm und Hitler« im Jahre 1937 berichtet, und zwar »wegen gegensätzlicher Auffassung über den bevorstehenden Krieg«. Das Artillerieregiment 1 aus Hannover verwies auf eine Broschüre über von Fritsch, in der einer von dessen Kriegskameraden zitiert wird: »Er fiel am 22. 9. 1939 in vorderster Linie vor Warschau, nicht, weil er den Tod suchte, sondern weil er – ohne führungsmäßige Verantwortung – aus soldatischer Passion gern ›vorn‹ war. Trotzdem war er dem Krieg als solchem gegenüber ablehnend eingestellt, in seinem letzten Brief an mich vom 10. 9. 1939 schrieb er: ›Die ganze Lage, in der ich mich befinde, ist für mich nur sehr schwer erträglich. Aber zu Hause zu sein, wäre noch viel unerträglicher, so kann ich auch der unbestreitbar großen Erfolge nicht froh werden.‹«

Generaloberst Werner Freiherr von Fritsch war Oberbefehlshaber des Heeres von 1935 bis 1938, er wird in der Bundeswehr wie ein Widerstandskämpfer verehrt. Nicht mitgeteilt werden folgende Fakten:

Am 11. Dezember 1938 hatte Fritsch geschrieben: »Bald nach dem Krieg (von 1914 bis 1918 – U.S.) kam ich zur Ansicht, dass drei Schlachten siegreich zu schlagen seien, wenn Deutschland wieder mächtig werden sollte: die Schlacht gegen die Arbeiterschaft, gegen die katholische Kirche und gegen die Juden. Und der Kampf gegen die Juden ist der schwerste.« Infolge einer Intrige wurde Fritsch als Oberbefehlshaber abgelöst, dennoch schrieb er bei Kriegsbeginn 1939: »Ich habe mir eingebildet, ein guter Nationalsozialist gewesen und noch zu sein.«

Die Bundeswehr, Abt. Fü S 14 Bundesverteidigungsministerium Bonn, bestätigte im September 2003, dass noch immer die *Haeseler*-Kaserne in Lebach existiert. Wer war Gottlieb Graf von Haeseler? Die Kaserne trägt seit 1966 diesen Namen. Bis 1903 sei er der »volkstümlichste General des Heeres« gewesen, der 1914 78jährig als Kriegsfreiwilliger am Weltkrieg I teilnahm. So wurde 1990 von der Bundeswehr aus Kassel berichtet, wo damals auch eine Haeseler-Kaserne existierte. 1893 rief Haeseler seinen Truppen im Elsaß zu: »Es ist notwendig, dass unsere Zivilisation ihren Tempel auf Bergen von Leichen, auf einem Ozean von Tränen und auf dem Röcheln von unzähligen Sterbenden errichtet.« Vierzig Jahre vor 1933 nahm der Graf die »Zivilisation« des Faschismus vorweg. Doch warum muss heute noch eine Kaserne nach ihm benannt sein?

Auch die *General-Heusinger*-Kaserne in Hammelburg gibt es noch. Heusinger, so ein Sprecher des Verteidigungsministeriums, war »unter die Gründerväter der Bundeswehr zu rechnen ... Diese haben die Bundeswehr als parlamentarisch kontrollierte Streitkräfte in der Demokratie zum Schutz von Frieden und Freiheit mit aufgebaut.« Eine verharmlosende Darstellung. Heusinger war ein enger persönlicher Mitarbeiter Hitlers. Über Heusinger ist an anderer Stelle in diesem Buch ausführlicher die Rede. Zusammenfassend schreibt Lorenz Knorr über ihn – und in einem Prozeß konnte der Nachweis über diese Aussage angetreten werden –: »Heusinger zeichnete als enger Vertrauter Hitlers nicht nur für die kriminelle ›Bandenbekämpfung‹ verantwortlich, er arbeitete auch die ›Richtlinie‹ dafür aus. Nach Dokumentenlage sollten 30 Millionen ›Juden und Kommunisten‹ im Rahmen der ›Technik der Entvölkerung‹ liquidiert werden.«

Es gibt noch immer *Hindenburg*-Kasernen in Munster, Neumünster und Ulm. Die Gebäude sind benannt nach dem Feldherrn, dem der »Krieg wie eine Badekur« bekam, wie er einmal im Ersten Weltkrieg bemerkte, und vor dem vor 1933 zu Recht gewarnt wurde: Wer Hindenburg wählt, wählt Hitler, wer Hitler wählt, wählt den Krieg. Der Divisionsstab in der Hindenburg-Kaserne in Neumünster verweist in einer Divisionschronik stolz darauf, dass einer der höchsten NATO-Generäle, Hans-Joachim Mack, dereinst dort residierte und dass man der Sturmflut in Hamburg wie den Tätlichkeiten von Demonstranten getrotzt habe. Im Tagesbefehl Nr. 1/84 des Kommandeurs der Hindenburg-Kaserne Neumünster wird Hindenburg anlässlich seines 50. Todestages als »ausgezeichneter Militär, auf den wir stolz sein können« ausgewiesen. Und weiter: »Am 30. Januar 1933 ernennt Hindenburg Hitler zum Reichskanzler, der nach dem Tod Hindenburgs seine Diktatur aufbaute.« Und vorher? Die Mitschuld der Militärs an der Machtübertragung auf Hitler wird verschwiegen.

In Hof gibt es weiterhin die *General-Hüttner*-Kaserne. Hans Hüttner war Offizier seit 1918. Kommandeur der Infanterie bei der Aggression gegen die Sowjetunion, zuletzt eingesetzt in den Niederlanden. Sogar seine Freunde sagten von ihm, er habe seine Gegner bis auf den letzten Mann niedergemetzelt (so wusste Monitor, WDR, einmal zu berichten), so dass daraus auch geschlossen wurde, Hüttner habe Gefangene erschießen lassen. In jedem Fall gilt er als eine Art Nazi-Rambo. Jakob Knab, der sich intensiv mit den Wehrmachtstraditionen in der Bundeswehr beschäftigt hat, schrieb über Hüttner: »An Generalmajor Hans Hüttner lässt sich die arbeitsteilige Täterschaft von Wehrmacht und Einsatzgruppen aufzeigen. Bei der Eroberung von Shitomir (Ukraine) kämpfte Hüttner an vorderster Front. Auf den Fersen folgten die Mordgesellen der Einsatzgruppe C, die in Shitomir ein Blutbad anrichteten.

In den dienstlichen Beurteilungen gilt Hüttner als ›überzeugter Nationalsozialist‹ und als ein soldatischer Führer, der ›vom Nationalsozialismus erfüllt ist‹. Am 20. April 1943, an ›Führers‹ Geburtstag, hielt Hüttner in Hof eine Durchhalterede: ›Einmal wird auch dieser Krieg siegreich zu Ende gehen und dazu wollen wir alle unserem Führer helfen!‹ Es gibt wohl beziehungsreiche Zufälle: Am 30. April 1985, dem 40. Todestag von Adolf Hitler, wurde die ›General-Hüttner-Kaserne‹ in Hof an der Saale eingeweiht.«

Eine *Max-Immelmann*-Kaserne existiert in Manching. »Wie es zur Wahl des Namens der Max-Immelmann-Kaserne kam, ist aus den mir verfügbaren Unterlagen nicht ersichtlich«, teilt Leutnant Just aus Manching mit. Wir wissen: Immelmann war ein erfolgreicher, aber 1916 abgestürzter deutscher Jagdflieger, der die deutsche »Luftkampftechnik« mitgeschaffen hat (lt. Brockhaus). Mit dem Namen Immelmann ist die Rudel-Affäre verbunden. Das Geschwader Immelmann der Bundeswehr hatte den höchst dekorierten Nazi-Flieger-Helden Hans Ulrich Rudel, Idol der Neonazis, anlässlich seiner Beerdigung im Dezember 1982 mit einem Formationsflug geehrt.

Der Name der *General-Konrad*-Kaserne in Bad Reichenhall wurde im Mai 1966 verliehen und gilt bis heute. Die Schrift »Dein Standort« teilt nichts über die Person des Gebirgsjäger-Generals mit. Der Presseoffizier der Gebirgsjägerbrigade 23, ein Hauptmann mit unleserlicher Unterschrift, teilte mit: »Die Ehrung unseres Namenspatrons spielte keine Rolle.« Oberst Konrad war Kommandeur des Gebirgsjägerregiments 100, das 1935 aufgestellt wurde. Von Konrad stammt der Ausspruch im Tagesbefehl vom 3. Januar 1942: »Dem Führer und seinem Werk gehört unsere ganze Hingabe. Wir wollen es hüten und siegreich tragen durch das neue Jahr zum Heile Deutschlands.« (Siehe auch: Ralph Giordano, Die Traditionslüge, Seite 40)

Die *Lent*-Kaserne in Rotenburg an der Wümme ist benannt nach einem Ritterkreuzträger, so heißt es in einer Bundeswehrbroschüre und etwas merkwürdigem Deutsch: Er »war mit 110 Abschüssen und ca. 300 Feindflügen Inhaber der höchsten Tapferkeitsauszeichnungen, des Ritterkreuzes mit Eichenlaub, Schwertern und Brillanten. Er war als Nachtjäger das, was Oberst Mölders für die Tagjagd war, ein Leitbild für die gesamten Nachtjäger.«

In Bad Segeberg und Leer gibt es noch immer *Lettow-Vorbeck*-Kasernen. General Paul von Lettow-Vorbeck (1870 bis 1964) entwarf als Adjutant des Generals Lothar von Trotha den Plan für die Vernichtung der Hereros in »Deutsch-Südwest« und war selbst an dem Massenmord von 1904 beteiligt. 1914 begann seine ganz große Zeit: der Weltkrieg, die militärische Verteidigung Deutsch-Ostafrikas als Schutztruppenkommandeur gegen die Briten. Die Bilanz für das Land: 750.000 Menschen kamen durch direkte oder indirekte Kriegsfolgen ums Leben. »Pardon wird nicht gegeben, Gefangene werden nicht gemacht« war die Devise, unter der Lettow-Vorbeck schon 1900 in China gegen die »Boxer« angetreten war. Gegen den»inneren Feind« ging der General 1919 in Hamburg vor. Hungerunruhen dienten als Vorwand, Lettow-Vorbeck brachte mit einer ganzen Armee die »Tollköpfe« (Noske) zur Räson. Beim Kapp-Putsch im März 1920 hat sich Lettow-Vorbeck dann zum Militärdiktator von Mecklenburg erklärt. Er beging damit Hochverrat – und blieb unbestraft. Lettow-Vorbeck wurden auch im »Dritten Reich« viele Ehrungen zuteil. Am 27. August 1939 verlieh ihm Adolf Hitler den Titel eines Generals der Infanterie z.V. Als er im März 1964 starb, hob Verteidigungsminister Kai Uwe v. Hassel (CDU) nach Presseberichten hervor, »daß der Verstorbene wie kaum ein anderer wert sei, uns allen, insbesondere den jungen Soldaten in der Bundeswehr, als leuchtendes Beispiel zu dienen«. – Im Januar 2004 erhielt ich einen Brief eines Soldaten aus der Lettow-Vorbeck-Kaserne in Bad Segeberg. Es war eine Bundeswehrzeitschrift aufgetaucht mit der Überschrift »Melden macht frei« – eine, wie der Soldat schrieb, klare Anlehnung an die Parole von Auschwitz »Arbeit macht frei«.

Die *Feldwebel-Lilienthal*-Kaserne in Delmenhorst symbolisiert, so heißt es in der Schrift »30 Jahre Bundeswehrstandort Delmenhorst«, übersandt vom Standortältesten Oberstleutnant Philipp, »die Verbundenheit des Standortes mit der ehemaligen 290. Infanteriedivision.« Die ganze Wehrmachtsdivision wird also geehrt; über den Feldwebel der Panzerjäger heißt es: »Lilienthal, an der Ostfront gefallen, wurde Ritterkreuzträger dieser Division, nachdem er 18 russische Panzer mit seiner 7,5 cm-Pak abgeschossen hatte.«

Ein besonderer Skandal ist das Festhalten am Namen *Mackensen*-Kaserne in Hildesheim. Jakob Knab schreibt: »Bei Hitlers Traditionsoffensive 1937/38 – Hitler benannte aus Gründen der Kriegsvorbereitung zahlreiche Kasernen neu – war auch Mackensen zum traditionswürdigen Kasernenpatron gekürt worden. Hier ein Auszug aus seinem

Sündenregister: In der Schlacht von Gumbinnen im Ersten Weltkrieg hatte Mackensen in nur zwei Stunden 9.000 (in Worten: neuntausend) seiner Männer in Tod und Verderben gehetzt. Er selbst sprach von ›Massenmord‹ und ›Massenschlächterei‹. Den Durchbruch von Gorlice-Tarnow erzwang Mackensen mit Giftgas. Mackensen empfand Genugtuung angesichts der Ermordung Erzbergers, des Außenministers in der Weimarer Republik: ›Den Schädling sind wir los...‹. Mackensen verdammte Stauffenbergs Tat am 20. Juli 1944 als ›fluchwürdiges Attentat‹. Mitte November 1944 richtete Mackensen einen Aufruf an die Jugend, um vierzehn- bis siebzehnjährige Knaben zu ›Opferbereitschaft und Fanatismus‹ zu ermahnen. Mackensen hielt bis zuletzt an Adolf Hitler als ›Retter‹ fest.«

Die *Marseille*-Kaserne existiert noch immer in Appen/Uetersen. Für das Flieger-As, den Hauptmann und Ritterkreuzträger Hans-Joachim Marseille vom Afrika-Korps, »den wohl begabtesten Jagdflieger des Zweiten Weltkrieges«, bemühten die Propagandisten der Wiederaufrüstung den Film »Stern von Afrika« und die Bundeswehr in einer Festschrift den ehemaligen Bundespräsidenten Walter Scheel. Der schrieb: »Darf nun der Soldat der Bundeswehr Mut, Tapferkeit, Kameradschaft, Ritterlichkeit des Soldaten des Zweiten Weltkrieges nicht ehren? Er darf es – mit Trauer darüber, dass all das, was die Ehre seines Berufes im Kriege ausmacht, auf schändliche Weise missbraucht wurde.«

Zur *General-Martini*-Kaserne in Osnabrück fiel einem Bundeswehrsprecher ein: Major Wolfgang Martini war Leiter des Nachrichtenwesens in Görings Reichsluftfahrtministerium und hat die Flugsicherung und Funknavigation sowie den Horchdienst zur Aufklärung mit aufgebaut. So geht es aus Informationen hervor, die Hauptmann Beie vom Fernmeldebereich 71 übersandte. Als General wurde Martini Chef der Luftnachrichtentruppe in Hitlers Luftwaffe; dabei gab es auch »sporadische Einsätze« in Spanien 1936/39.

Es gibt noch immer *Mölders*-Kasernen in Visselhövede und Braunschweig. Hauptmann Rohr bekundet auf Anfrage, dass erst 1969 jenes Gebäude in Braunschweig, das neben der Bundeswehrverwaltung auch eine Gesamtschule, das Kleine Staatstheater und eine öffentliche Bücherei beherbergt, den Namen des Nazi-Fliegeridols Mölders erhalten hat. Mölders gehörte den Truppen an, die halfen, in Spanien den Franco-Faschismus an die Macht zu bringen.

Zur *Moltke*-Kaserne in Schleswig/Dabel: Die Moltkes waren Generalstabschefs Preußens und des kaiserlichen Deutschlands, militaristische Scharfmacher. Der ältere Moltke, Helmuth Carl Bernhard, führte den Krieg 1870/71 gegen Frankreich. Der Jüngere, Generalstabschef Helmuth von Moltke, plante den Ersten Weltkrieg, obgleich er wusste, dass dieser »die Kultur fast des ganzen Europas auf Jahrzehnte hinaus vernichten wird.«

Ostmark-Kaserne heißt die Kaserne in Weiden/Oberpfalz. Ihre Leitung in Weiden ließ mitteilen – über die Hardthöhe in Bonn, denn in Weiden wollte man sich nicht äußern –, dass dieser Name eine »in dieser Region häufig anzutreffende Gebietsbezeichnung« sei. Ostmark war im ganzen Dritten Reich – und nicht nur in der Region – die Bezeichnung für Österreich, das Hitler Deutschland angeschlossen hatte. Der Begriff ist ein Naziterminus.

Auch die *Ostpreußen*-Kaserne in Homberg drückt Gebietsansprüche aus – an Polen.

Ebenso die *Pommern*-Kasernen in Wolfhagen und Fürstenau. Glaubt man der Festschrift des Panzerbataillons 64/54, dann kam die Stadt Wolfhagen 1963 deshalb zu einer Pommern-Kaserne, weil Kommandeur Oberstleutnant Siegfried Vehlow, »ein gebürtiger Pommer, darüber sehr erfreut« war. Gefreut hat sich auch der Vorsitzende der pommerschen Landsmannschaft in Hessen, Rendel, der die Patenschaft übernahm. Damit auch andere ehemalige deutsche Ostgebiete nicht zu kurz kommen, übernahm die Pommern-Kaserne auch die Tradition der schlesischen 11. Panzerdivision, zu der das Panzerregiment 15 zählte, das wiederum zu Bundeswehrzeiten zum Wolfhagener Panzerbataillon 64 gehört. Der letzte schlesische Kommandeur, Wehrmachtsgeneral v. Wietersheim, übertrug seinem einstigen Generalstabsoffizier Major Drews die »Übernahme der Tradition«, als dieser in der Bundeswehr die 5. Division und die Pommern-Kaserne befehligte.

Die *Röttiger*-Kaserne gibt es in Hamburg. Wehrmachts- und Bundeswehrgeneral Hans Röttiger hat nach Kriegsende seine Teilnahme am Völkermord zugegeben, es sei darum gegangen, »die rücksichtslose Liquidierung des Judentums und anderer unerwünschter Elemente zu ermöglichen«. (Vgl. Frankfurter Rundschau 23.5.97) Röttiger war nicht nur Stabschef einer Heeresgruppe in der Ukraine, sondern auch in Italien, wo er den Tod zahlreicher Antifaschisten zu verantworten hatte. Er war Mitbegründer der Bundeswehr.

Rommel-Kasernen gibt es in Osterode, Augustdorf und Dornstadt. Major Pursche von der Panzerbrigade 28 in Dornstadt schrieb dem um Auskunft nach dem Namen Erwin Rommel Nachsuchenden, er könne das Gewünschte aus einer beigefügten Broschüre entnehmen. Die Standortbroschüre »30 Jahre 10. Panzerdivision« gab dann Auskunft, wie die Division dem »Schutz des freien Westens« diente, den der damalige Ministerpräsident Streibl (CSU) attestierte. Ein Sprecher der Bundeswehr teilt über die Rommel-Kaserne in Dornstadt mit, welche Truppen in ihr untergebracht sind. Wir erfahren nicht, warum Rommel eigentlich Namenspatron wurde – wie ja auch unklar ist, warum Rommel überhaupt zu den Männern des 20. Juli gezählt wird. Der von Hitler Hochgeschätzte und ihm stets treu Dienende soll etwas von dem Attentat gewusst haben, ohne Hitler zu warnen, wird gesagt. Daraufhin sei Rommel zum Selbstmord gezwungen worden. Seine kriegsverbrecherischen Befehle in Italien ab 1943 werden nicht erwähnt. Jakob Knab berichtet: Rommel war vom 20. Mai bis zum 12. Juli 1943 Leiter des »Arbeitsstabes Rommel« und mit den Vorbereitungen für die deutschen Gegenmaßnahmen beim erwarteten Kriegsaustritt Italiens befaßt. Er wurde am 13. Juli 1943 Oberbefehlshaber der Heeresgruppe B. Ab Herbst 1943 führte die Wehrmacht in Italien einen schmutzigen Krieg. Durch Rommels völkerrechtswidrige Befehle wurde der deutsche Vergeltungsterror angeheizt. Ein schlimmes Beispiel für die enge Verquickung der Partisanenbekämpfung mit Verbrechen gegenüber der unschuldigen Zivilbevölkerung ist das Massaker von Boves vom 19. September 1943. Die männliche Bevölkerung von Boves war unter Mitnahme von Handfeuerwaffen und Handgranaten in die Berge geflüchtet. Die Opfer der deutschen Soldateska waren vor allem Körperbehinderte, Alte und Kranke, deren kaltblütige und scheußliche Ermordung von den wenigen überlebenden italienischen Augenzeugen überliefert ist.

Der Name der *Oberfeldwebel-Schreiber*-Kaserne in Immendingen wird so begründet: Oberfeldwebel Joseph Schreiber »ist zum Vorbild für alle deutschen Soldaten geworden«, heißt es in der Schrift der Bundeswehr »30 Jahre Garnison Immendingen«. 1943 wurde Schreiber Ritterkreuzträger. Es gelang ihm, »die Sowjetrussen weit zurückzuwerfen«, er kämpft den »Gegner nieder«, bekommt Eichenlaub für »dreißig Nahkämpfe«, so wörtlich in dem Heft. Seit Februar 1945 vermisst. »Die Kaserne erhielt am 27. Mai 1967 den Namen dieses verdienten Soldaten.«

Die General *Dr.-Speidel*-Kaserne steht in Bruchsal. Hans Speidel, galt, so weist Lorenz Knorr nach und konnte auch vor Gericht damit nicht widerlegt werden, als »Geiselmörder«. Er war nicht nur für die Erschießung von 300 Geiseln in Frankreich verantwortlich, sondern auch für die Deportation von 5.000 »Juden und Kommunisten« in Vernichtungslager. Nach dem Krieg wurde er hoher General der Bundeswehr wie der NATO. Er musste vorzeitig seinen Posten bei der NATO räumen und wurde ziviler Militärberater der CDU. (Vgl. Giordano, Die Traditionslüge, S. 95)

Nach dem Luftwaffen-Oberst der Wehrmacht und Inspekteur der Bundesluftwaffe ist 1944 die *Johannes Steinhoff*-Kaserne in Berlin-Wedding benannt worden. Er genoß das besondere Wohlwollen Hitlers wie Görings. 1944 erhielt er das »Eichenlaub mit Schwertern zum Ritterkreuz des Eisernen Kreuzes«. Er war kurz vor Kriegsende Kommodore des weltweit ersten Düsenjagdgeschwaders, Typ Me262.

Die *Waldersee*-Kaserne in Hohenlockstedt/Itzehoe. In den Informationen des Heeresfliegerregiments 6, von Hauptmann Ungelenk übersandt, wird nur erwähnt, dass Waldersee Chef des Generalstabes und Nachfolger Moltkes war, zuletzt Ehrenkommandeur des Artillerieregiments 9 in Itzehoe. Waldersee war preußisch-deutscher General. Er führte die internationale Truppe, die 1900 den »Boxeraufstand« in China grausam niederschlug.

Die Namensgebung für die *Generaloberst-Weise*-Kaserne in Rottenburg a.d.Laabe wird so begründet: Während des Krieges war Weise General der Flak-Artillerie mit 200 Flugzeugabschüssen. Der Ritterkreuzträger war bei Kriegsende Sonderbevollmächtigter des Oberbefehlshabers der Luftwaffe zur Abwehr feindlicher Fernkampfwaffen (aus der Bundeswehrbroschüre »Deine Garnison«, übersandt von Oberleutnant von der Kammer).

Die *Graf-Werder*-Kaserne in Saarlouis ist benannt nach dem General der Infanterie Karl August Graf v. Werder. Der war preußischer General im Saarland, kämpfte 1866 gegen Österreich und 1870/71 gegen Frankreich.

Die *General-Walter-von-Wewer*-Kaserne in Rheine ist benannt nach dem General der Wehrmacht, der schon 1935 ein viermotoriges schweres Kampfflugzeug größter Reichweite mit dem beziehungsreichen Namen »Uralbomber« einführte.

Über die *General-Friedrich-Fahnert*-Kaserne in Neureuth ist nur bekannt, dass damit ein Teilnehmer am Vernichtungskrieg im Osten geehrt wird. Für die *General-Hans-Georg-von-Seidel*-Kaserne in Trier gilt das ebenfalls.

Über die *Generalmajor-Schulz-Lutz*-Kaserne in Munster ist Dank Jakob Knab mehr bekannt. Er berichtet: »Eine Kaserne der Bundeswehr in Munster wurde 1964 nach Generalmajor Schulz benannt. Im Ehrenhain der Panzertruppe in Munster finden sich Ehrenmale für alle Panzerdivisionen der Wehrmacht, auch für die Panzerkorps ›Großdeutschland‹ und ›Feldherrnhalle‹. Dieser Ehrenhain wurde am 1. Juli 1961 im Beisein des Generalfeldmarschalls a. D. Erich von Manstein eingeweiht. In der Mitte wurde ein Obelisk errichtet. Standarten von Regimentern Friedrichs des Großen sind um den Obelisken aufgepflanzt; sie waren im Tannenberg-Denkmal (Hindenburgs Siegesdenkmal, in Polen befindlich) aufbewahrt. Sie gelten als ›sinnfällige Zeichen zeitloser Pflichterfüllung der Soldaten im Dienst des Vaterlandes über die Jahrhunderte hinweg‹. Und ein alter Panzergeneral der Wehrmacht: ›Wir ehemaligen Soldaten können der Bundeswehr und den Schöpfern des Ehrenhains nur aus tiefstem Herzen dafür danken, daß sich die jungen Soldaten durch diese Ehrung für alle Zeiten des Heldenmuts, der Einsatzbereitschaft und der ruhmvollen Taten der alten Panzertruppe erinnern wollen.‹ (Generalmajor a.D. Lempe, hier zitiert nach: Wilhelm Hillek (Hrsg.), Mörder oder Helden? Die Wahrheit über das deutsche Soldatentum, München 1997, S. 321)«

Die Kasernennamen, die wir unter die Lupe nahmen, haben samt und sonders einen Bezug zur Zeit des NS-Regimes, sei es durch die Teilnahme der Namensgeber am Zweiten Weltkrieg oder durch die Benennung der Kaserne im Dritten Reich. Jakob Knab hat (vgl. »Falsche Glorie – Das Traditionsverständnis der Bundeswehr«, Berlin 1995) am umfassendsten den Blick auf die reaktionäre Namenstradition der Bundeswehrkasernen gerichtet.

Bevor Rot-Grün in Berlin die Regierungsgeschäfte übernahm, hatten die Grünen und die Sozialdemokraten immer wieder die Beseitigung von belasteten Kasernennamen gefordert. Ab Herbst 1998 hatten sie die Gelegenheit dazu. Sie wurde nicht genutzt. Ein kraftvoller Paukenschlag schreckte allerdings am 27. Januar 1999, dem Gedenktag an die Befreiung der letzten Überlebenden von Auschwitz, die Ungeister der Traditionspflege auf: Der Staatsminister für Kultur, Michael Naumann (SPD), tat kund, die nach Nazi-Generälen benannten Kasernen würden umbenannt: »Das ändern wir jetzt. Das schwör' ich Ihnen. In zwei Jahren finden Sie keine mehr.« Doch dieser Schwur lief auf einen Meineid hinaus.

Von Naumanns Vorstoß war auf einer Veranstaltung kurz nach Ende des Kriegs gegen Jugoslawien in Bonn noch aufgeregt die Rede. Bezeichnenderweise fand die erste große Beratung von Offizieren nach Ende der Bombardements gegen Jugoslawien zum Thema »Braucht die Bundeswehr Tradition?« und nicht zu einem aktuellen Thema statt. Folgendes lasen die erstaunten und, wie ich feststellte, auch sichtlich erfreuten Offiziere an diesem Junitag im Jahr 1999, als sie das Foyer des Bonner Konferenzortes betraten und eine Zeitung überreicht bekamen: »Zum ersten Mal seit Mai 1945 haben deutsche Soldaten im Ausland im Bodenkampf einen Menschen getötet; ›Bandenbekämpfung‹ hieß im damaligen Heeresbericht, was heute, obgleich Notwehr, Beklommenheit hervorruft.« Und weiter in dem zitierten Leitartikel der »Welt« vom 15.6.99 unter der Überschrift »Die Bundeswehr als Befreierin«: »Zivilisten feiern Deutsche im Stahlhelm: So bejubelt wie die Bundeswehr auf dem Weg nach Prizren wurde zuletzt die Wehrmacht auf dem Weg nach Pilsen.«

Lebhaft erörtert wurde unter der in jenem Hotel versammelten

Generalität der Vorstoß von Naumann, der sich ihnen damit zum Feind gemacht hatte. Vom »falsch verstandenen Primat der Politik« angetrieben, fahre sein »Rasenmäher des ideologisch geprägten neuen Kulturbegriffs« zwecks »Geschichtsbereinigung« über die Traditionslandschaft der Truppe. In solchen Bildern erging sich der stellvertretende Inspekteur des Heeres, Generalleutnant Edgar Trost. Ihm ging es darum, der Truppe vor allem die Kasernennamen »Erwin Rommel« zu erhalten, die nach der Ankündigung Naumanns, die »Nazi-Kasernen« umzubenennen, aufs schärfste bedroht schienen. In der Zeitschrift »Die Gebirgstruppe« verteidigte General Trost die Namensgebung der Bundeswehr, und ohne die seit einigen Jahren vorliegenden Veröffentlichungen über Mordbefehle Rommels in Italien auch nur zu erwähnen, schildert der General den »herausragenden Soldaten« Rommel als für seinen »Dienst am Vaterland« traditionswürdig.

Doch nicht nur Rommel. Laut Trost »will die Bundeswehr bewusst anknüpfen an die vielen Beispiele menschlicher Bewährung in allen (!) Epochen unserer Geschichte, an beispielhafte soldatische Haltung und vorbildliche militärische Leistungen, an ehrenhaftes Handeln und tapferes Kämpfen, an großartige Vorgesetzte und treue Untergebene, Kameradschaft und Opfertod«.

Zum Thema Kasernennamen wurde auf dieser Tagung des Bundeswehrverbandes und der Molinari-Stiftung weiter ausgesagt: Die Benennung der Kasernen liege juristisch bei den Soldaten. Eingaben anderer seien fruchtlos. Gemeinden würden zwar auch konsultiert, aber der einfache Soldat – und nicht Herr Staatsminister Naumann – sei hier zuständig. Doch bisher hat noch kein Soldat einen Vorschlag gemacht, wie denn nun die 30 Namen von Kasernen, die im kalten Krieg nach Wehrmachtsgrößen benannt wurden, und die ebenfalls gut drei Dutzend nach Hitlers Vorschlägen mit dem Namen preußischer Massenmörder versehenen Liegenschaften umzubenennen seien.

Dazu General a.D. Winfried Vogel auf der beschriebenen Traditionstagung: »So geht das nicht: Es bedarf der Erziehung. Sonst fragt kein Soldat nach dem Kasernennamen. Die Oberste Führung ist und bleibt gefragt.« Doch die oberste Führung spielt Basisdemokratie, wohl wissend, dass nichts passiert.

Die Redner in Uniform beteten auf der Bonner Tagung vor allem den Dreisatz herunter: Erstens ist zwar nicht die Wehrmacht traditionswürdig, aber ihre tapferen und ehrenvollen Soldaten sind es durchaus und vor allem die Männer des 20. Juli; zweitens ist in die Traditionsarbeit vor allem die Bundeswehr »an sich« aufzunehmen und sind nun auch Gründungsphase sowie aktueller »Friedenseinsatz« – das heißt: der Aggressionskrieg gegen Jugoslawien – etwas stärker traditionsbildend zu betonen, und drittens sollen auch frühere – das heißt preußische – Armeen mehr in den Blick genommen werden. Selbstverständlich nicht die Nationale Volksarmee.

Man blieb schön unkonkret. Was heißt es, die Gründer der Bundeswehr zu ehren, wenn dazu Leute wie der Kriegsverbrecher Adolf Heusinger gehörten? Das fragte niemand. Pikanterweise gehört auch Karl Theodor Molinari, Namensgeber für die gleichnamige Stiftung, die das Traditions-Forum ausgerichtet hatte, zu den traditionswürdigen Bundeswehrgründervätern. Molinari war nicht nur Ritterkreuzträger – den Orden erhielt er für seine Tapferkeit, so Oberst Bernhard Goertz von der Stiftungsleitung und zugleich Bundeswehrverbandschef –, sondern auch Korps-Chef der Bundeswehr in Mainz. Was der Oberst vergaß: Molinari musste einst aus dem Verkehr gezogen werden, weil er in Belgien und Frankreich wegen Kriegsverbrechen gesucht wurde. Dennoch ist das Bildungswerk nach ihm benannt.

Die heutige Bundeswehr wurde auf der Bonner Tagung als Hort der Verfassungsmäßigkeit bezeichnet. Nicht ein einziger Offizier thematisierte die Artikel 25/26 des Grundgesetzes mit ihrer Festlegung auf die Verbindlichkeit des Völkerrechts und das Verbot von Angriffskriegen – Bestimmungen, denen mit dem Angriff auf Jugoslawien am 24. März 1999 der Todesstoß versetzt wurde. Das kriegerische Treiben der Bundeswehr von heute wurde dann auch vom ehemaligen Generalinspekteur Wolfgang Altendorf feinsinnig mit einer Hinwendung »von der Friedenssicherung zur Friedensgestaltung« umschrieben. Solche »Friedensgestaltung«, so läßt sich aus diesen Ausführungen schlußfolgern, pflegte man früher als Kriegsführung zu bezeichnen.

Vertreter der Wehrmachtsgeneration verteidigten während der Tagung die Hitlerarmee. Es hieß: Die Wehrmacht habe doch auch das

Abendland verteidigt! Sie habe doch die 26 Gebote von 1944 gehabt, in denen der Glaube an Gott postuliert wurde. Sie habe schließlich gegen Partisanen gekämpft. Und den europäischen Soldaten typisiert.

Auch Ex-Generalinspekteur Wolfgang Altenburg ging schonend mit den Nazis um. Er warf ihnen allen Ernstes vor, das militärische Zeremoniell für Reichsparteitage missbraucht zu haben. Wenn es nur das gewesen wäre!

Vizeadmiral Hans Frank, 1999 noch Marineinspekteur, hatte im Verlauf der Tagung immer wieder elitäre Anfälle: Die Armee muss an der Spitze des Fortschritts marschieren, habe Scharnhorst gesagt. Und danach richte sich die Führungsakademie (!) der Bundeswehr. Das ist jene Akademie mit dem Herrn Obernazi Roeder als Referenten. Bei Fahnen, Orden, Liedern hätte man manches anders machen können, doch »es wärmt das Herz, unter einem Wimpel oder Fahne zu fahren, unter der schon Rommel und Graf Spee fuhren«, schwärmte der Mariner. Gut sei auch die Zusammenarbeit mit den Soldatenverbänden. Diese Verbände mit ihren rechtsextremen Positionen dürfen in der Bundeswehr Mitglieder rekrutieren, ohne dass gegen sie eingeschritten würde. Bei den Ritterkreuzträgern, so Frank, habe man nur Ärger mit ihrem Verein, dem »Ordenskreis«, nicht mit dem einzelnen Kameraden, der tapfer gekämpft – usw. usw. – habe.

Sachlich – nicht so aufgeregt wie sonst in der Öffentlichkeit – gingen die Generale und Obersten auf ihrer internen Beratung mit der Ausstellung »Verbrechen der Wehrmacht« um. Als der Kölner Historiker Klaus Naumann, einer der Mitgestalter der Ausstellung, zu seinem Vortrag das Wort nahm, hörte man zwar artig zu. Leider aber wurde ein wichtiger Hinweis Naumanns nicht diskutiert, den dieser in die Frage kleidete, ob die Bundeswehr nicht zwischen guten und schlechten Traditionen unterscheiden sollte, um die guten zu bewahren und die schlechten ständig abschreckend vor Augen zu behalten. Naumann forderte schließlich dazu auf, den Bundeswehrsoldaten auch die Verbrechen der Wehrmacht, vor allem der Fallschirmjäger und Gebirgsjäger in Kreta, Griechenland und im Kaukasus zu schildern. Die Soldaten der Bundeswehr auf dem Balkan wüssten nichts über die »Sühnemaßnahmen«, den Partisanenkampf und die »Bandenbekämpfung« der Wehrmacht in Jugoslawien – das sei damals schließlich auch Kampf für die »Entjudung« gewesen. Befassung mit der eigenen Bataillonsgeschichte – warum eigentlich nicht, fragte Naumann. Dann müsse man aber auch die Verbrechen schildern. Wer den Eid auf Hitler ablegte, hatte mit Preußentum nichts mehr zu tun, meinte er. Doch leider blieb *dieser* Klaus Naumann, der auch die völkerrechtliche Zulässigkeit oder Unzulässigkeit des Krieges gegen Jugoslawien thematisierte, ungehört

Nicht nur die nach Wehrmachtskriegern benannten Kasernen stehen für eine Renaissance der Helden des Vernichtungskriegs im westdeutschen Nachkriegsstaat. Um die alten Kader wieder in die neue Armee zu integrieren, wurden schon früh die Orden, die von 1939 bis 1945 an Soldaten verliehen wurden, wieder zugelassen.

Um über die Geschichte eines jener wieder zugelassenen Orden zu berichten, sei etwas weiter ausgeholt. Im Oktober 1943 sprach Reichsführer Heinrich Himmler zu seinen SS-Führern in seiner berüchtigten Posener Rede: »Ein Grundsatz muss für den SS-Mann absolut gelten: ehrlich, anständig, treu und kameradschaftlich haben wir zu Angehörigen unseres eigenen Blutes zu sein und sonst niemandem.« Und weiter: »Es gehört zu den Dingen, die man leicht ausspricht: Das jüdische Volk wird ausgerottet, sagt ein jeder Parteigenosse. Von Euch werden die meisten wissen, was es heißt, wenn 100 Leichen beisammen liegen, wenn 500 daliegen oder wenn 1.000 daliegen. Dies durchgehalten zu haben und dabei abgesehen von Ausnahmen menschlicher Schwächen anständig geblieben zu sein, das hat uns hart gemacht.«

Wenige Wochen später mochten es Reichsführer SS Himmler und sein Führer Adolf Hitler nicht dabei belassen, die »Anständigen«, die dafür sorgten, dass da Tausende Leichen lagen, nur in Worten zu belobigen. Sie stifteten – rückwirkend ab Jahresbeginn 1943 – das Bandenkampfabzeichen, mit dem sich künftig die Massenmörder schmükken durften. Daran erinnerten noch vor kurzem die »Deutsche Militärzeitschrift«, die sich vierteljährlich an die rechtesten unter den rechten Soldaten und Veteranen wendet, aber auch ein Gesetzeskommentar aus dem Hause von Bundesinnenminister Manfred Kanther (CDU), den auch dessen Amtsnachfolger Otto Schily (SPD) nicht zurücknahm.

Von 1945 bis 1955 galt in ganz Deutschland das alliierte Verbot des

Tragens aller Kriegsauszeichnungen der beiden Weltkriege. In der Bundesrepublik musste dies dann »mit Rücksicht auf den Aufbau der Bundeswehr einer Revision unterzogen werden«, heißt es in dem einschlägigen Gesetzeskommentar. Schon 1953 hatte sich die Bundesregierung von einem Sachverständigenausschuß, bestehend aus soldatischen Traditionsverbänden, Kriegsopfer- und Heimkehrerorganisationen, raten lassen, die Auszeichnungen der Weltkriege weitestgehend zuzulassen. Allenfalls sollten die Hakenkreuze getilgt werden. Die »Sachverständigen« begründeten ihren Vorschlag mit der Geschichtslüge, »dass die Taten der Träger von Kriegsauszeichnungen nicht in Verbindung gebracht werden könnten mit den politischen Zielen, die das nationalsozialistische Regime mit dem Krieg verfolgt habe.« Die Stellungnahme stand unter dem bezeichnenden, von keiner Regierung seit Mitte der fünfziger Jahre angezweifelten Motto: »Kriegs- und Tapferkeitsauszeichnungen sind und bleiben ehrwürdig, die Taten ihrer Träger der Anerkennung wert«. Mit der Wiederzulassung der Kriegsauszeichnungen sollte nach Ansicht des Ausschusses »ein weiterer Schritt zur Beseitigung der in dieser Hinsicht noch auf dem deutschen Soldaten liegenden Diffamierung getan werden.«

Was die Sachverständigen forderten, beschloss 1956 der Bundestag. Wie den Bundestagsprotokollen zu entnehmen war, herrschte Einmütigkeit – außer in der Frage, ob neben den Hakenkreuzen auch die Farben Schwarz-Weiß-Rot zu weichen hätten. Die SPD forderte allen Ernstes, den faschistischen und monarchistischen Orden die Farben der BRD Schwarz-Rot-Gold hinzuzufügen und das preußische Schwarz-Weiß-Rot zu entfernen. Die SPD setzte sich nicht durch. Der Bundestag beauftragte den Innenminister mit der Schaffung von Durchführungsverordnungen und übertrug auf den Bundespräsidenten alle Fragen der Genehmigung und Entziehung von alten und neuen Auszeichnungen. Die Orden der Nazis wurden – gereinigt von den Hakenkreuzen, aber in Schwarz-Weiß-Rot – neu hergestellt und auf Wunsch an »Berechtigte« ausgegeben. Im Jahr der Schaffung dieses Ordensgesetzes wurden auch die ersten Wehrpflichtigen einberufen. Sie trafen auf Vorgesetzte, die u.a. mit den alten Orden in die Bundeswehr geködert wurden.

Mitte der 90er Jahre wurde ein neuer Kommentar zum Ordensgesetz fällig, mit dem die Durchführung des Gesetzes neu geregelt wurde. Während die Legitimierung der Naziorden beibehalten wurde, wurden die DDR-Orden delegitimiert. DDR-Orden und DDR-Ehrenzeichen zu tragen, wurde allen Uniformierten im vereinten Deutschland verboten. Die DDR-Zeichen wurden »in militärischen Anlagen« untersagt, zumal wenn sie für Taten verliehen worden waren, »die aus hiesiger Sicht eine Menschenrechtsverletzung darstellen«. Diese »hiesige Sicht« bedeutet: Es wurde das Bandenkampfabzeichen, das Hitler und Himmler den Massenmördern verliehen hatte, weiter geschützt, die DDR-Medaille für den Kämpfer gegen den Faschismus dagegen geächtet.

Im Kommentar des Innenministeriums (»Deutsche Orden und Ehrenzeichen. Kommentar zum Gesetz über Titel, Orden und Ehrenzeichen«, 5. Auflage, Bonn 1997, Seite 110/111) zählen die Autoren alles auf, was heute noch zulässig ist, wenn es vom Hakenkreuz befreit wird: Vom Ritterkreuz über das Deutsche Kreuz und von der Kriegsverdienstmedaille über die Medaille »Winterschlacht im Osten« bis zum Verwundetenabzeichen und zu den Kampfabzeichen. Allerdings wurde das Mutterkreuz verboten, aber unter Kampfabzeichen der Wehrmacht und des Heeres ist alles versammelt, was für besondere Kriegsverbrechen steht: Narvikschilde, Cholmschild (d.h. für den Massenmord an den Bewohnern Leningrads), das Kreta-Ärmelband und das Bandenkampfabzeichen.

Die Soldaten wie auch die SS-Männer, die am Massenmord an Juden, Slawen, Sinti und Roma, an Partisanen und sowjetischen Kommissaren, das hieß an der »Bandenbekämpfung« gegen das »jüdisch-bolschewistische Untermenschentum« teilnahmen, konnten das Bandenkampfabzeichen in Bronze, Silber oder Gold verliehen bekommen. Und so lesen wir im Kommentar aus dem Hause Kanther aus dem Jahre 1997: Das Bandenkampfabzeichen in Bronze gab es für 20 »Kampftage«, das in Silber für 50 und das in Gold für 100, und zwar laut Führerbefehl und Erlass des Reichsführers SS. Die bildliche Darstellung des Abzeichens findet sich in der 4. Auflage von 1986. Sie zeigt eine Schlangengrube mit Schlangen, in die von oben ein Schwert hineinstößt. Das Bandenkampfabzeichen weist damit zwar nicht mehr die ursprüngliche, heute verbotene NS-Symbolik Hakenkreuz am Knauf und Totenkopf an der Schwertspitze auf, aber immer noch NS-Inhalte, denn es widerspiegelt die Entmenschlichung des »militärischen Gegners«, darunter auch unbewaffnete Zivilisten, auch kleine Kinder, durch deren Darstellung als Schlangenbrut.

Was den Text des Kommentars zum Bandenkampfabzeichen anbelangt, so blieb er bis in die Gegenwart unverändert, bestätigte mir Frau Birgit Laitenberger (früher Bundesinnenministerium, danach Bundespräsidialamt). In diesem jüngsten Kommentar wird die Teilnahme der Wehrmacht am »Bandenkampf«, das heißt am Massen- und Völkermord, erneut bestätigt: »Der Katalog der Ausführungsverordnung zur Verordnung über den Schutz der Waffenabzeichen der Wehrmacht (20.1.1944) bezeichnet diese Auszeichnung als Kampfabzeichen der SS und der Polizei. Da das Abzeichen an alle im Partisanenkampf eingesetzten deutschen Verbände zur Verleihung kam, erschien es unbedenklich, diese Auszeichnung bei den Kampfabzeichen der Wehrmacht aufzuführen«, so heißt es im aktuellen bundesdeutschen Kommentar. »Das Bandenkampfabzeichen wurde durch den Reichsführer SS, die Höheren SS- und Polizeiführer bzw. den Chef der Bandenkampfverbände und für Angehörige des Heeres, der Kriegsmarine und der Luftwaffe durch die zuständigen Oberkommandos verliehen. Das Abzeichen wird (nicht wurde!- U.S.) auf der linken Brustseite getragen, dabei darf nur die höchste Stufe angelegt werden.«

Die Orden für die Teilnahme von SS und Wehrmacht am Holocaust dürfen in diesem Lande getragen werden, nachdem ja auch die Teilnahme von Wehrmachtsangehörigen am Völkermord selbst weitestgehend straffrei blieb; von den rund 1.000 aktiven Bundeswehrsoldaten, gegen die wegen ihrer Teilnahme an Verbrechen der Wehrmacht von bundesdeutschen Staatsanwälten ermittelt wurde, ist niemand verurteilt und bestraft worden. Wie es zu dieser Straffreiheit kam, das ist die Geschichte vor allem des Kalten Krieges, in dem die »Bandenkämpfer« zum Aufbau der Bundeswehr gegen den Osten gebraucht wurden. Hohe Wehrmachts- und spätere Bundeswehroffiziere hatten selbst zugegeben, dass man in den Stäben der Wehrmacht, in Heer und

Luftwaffe, unter Bandenkampf die Teilnahme an Massenhinrichtungen zur »Reduzierung des Slawen- und Judentums« verstand. (Vgl. Heydekker/Leeb »Der Nürnberger Prozess«, Frankfurt am Main 1958, S. 418.)

Der Traditionserlass der Bundeswehr von 1982, der immer noch gilt und das NS-Regime als nicht traditionswürdig ausweist, wird von Politikern und Offizieren gern zitiert. Aber die Truppe behandelt ihn meist so, als gäbe es ihn nicht. Im Rahmen der Untersuchungen von rechtsextremistischen Vorfälle im Jahr 1998 kam sogar heraus, dass der Erlass in vielen Kasernen gar nicht vorhanden ist. Da gib es die alten Orden, die alte Wehrmachtsliteratur, die Ausstellungsstücke von damals und auch den Geist jener Zeit, wie die Kasernennamen und Schiffsbezeichnungen oftmals ausweisen. Auch über die »Tragweise« der Orden gibt es genaue Richtlinien, und die weisen Hochachtung vor der NS-Wehrmacht aus: Zuerst die bundesdeutschen Orden, dann das Eiserne Kreuz bzw. Ritterkreuz, Kriegsverdienstkreuz und »sonstige Auszeichnungen für Verdienste im Zweiten Weltkrieg in der Reihenfolge ihrer Verleihung« (Paragraph 12 des Gesetzes in: »Deutsche Orden und Ehrenzeichen. Kommentar zum Gesetz über Titel, Orden ..., 5. Auflage, Bonn 1997, S. 133). Zu den »Verdiensten« zählt die Teilnahme am Holocaust. Auch wenn es heute keine aktiven Bundeswehrsoldaten mehr gibt, die aus Wehrmacht und SS kommen, in Traditionsvereinen und Reservisten- wie Veteranenbünden wird es schon noch Personen geben, die die Auszeichnungen »in der Reihenfolge ihrer Verleihung« vorweisen.

Die »Traditionslüge« (Ralph Giordano) von der sauberen Wehrmacht, die an keinem Völkermord teilnahm und allenfalls »verstrickt« war, sollte genauso geächtet werden wie die Auschwitz-Lüge. Noch ist es nicht soweit.

Nachdem Reserveoffiziere der Bundeswehr vor dem Gebäude der Wehrmachtsausstellung »Verbrechen der Wehrmacht« im Herbst 2003 in Dortmund Flugblätter verteilt hatten, mit denen der Charakter des Ostkrieges als Völkermord geleugnet wurde und nachdem die Staatsanwaltschaft sich weigerte, dagegen vorzugehen, schrieb ich im Januar 2004 einen Brief an den Justizminister von Nordrhein-Westfalen:

Die Staatsanwaltschaft Dortmund weigert sich, gegen die Leugner des Holocausts vorzugehen, die während der Wehrmachtsausstellung im Herbst 2003 in Dortmund Flugblätter verbreiteten, mit denen das Andenken Verstorbener verunglimpft wurde.

Als Holocaust wird der systematische Völkermord insbesondere an den Juden Europas, verübt in Vernichtungslagern und mittels Einsätzen von Wehrmacht und SS in den besetzten Gebieten, angesehen. Der Vernichtungskrieg im Osten war Teil des Holocaust: »Die jüdische Bevölkerung sollte ermordet, nicht-jüdische Zivilisten sollten durch Hunger und Terror dezimiert und zur Zwangsarbeit eingesetzt werden. Dieses verbrecherische Vorgehen ergab sich nicht aus der Eskalation des Kriegsgeschehens, sondern war bereits Bestandteil der Kriegsplanungen.« (Verbrechen der Wehrmacht – Dimensionen des Vernichtungskrieges 1941-1944, Begleitbroschüre zur Ausstellung, Seite 3)

Es gibt heute keinen ernstzunehmenden Wissenschaftler, der diese Funktion des Vernichtungskrieges im Rahmen des Völkermordes an den europäischen Juden und an anderen Völkern leugnet. Auch jene Historiker, die Kritik an der Wehrmachtsausstellung wegen angeblich »pauschaler Schuldzuweisungen« üben, sprechen davon, dass mindestens fünf Prozent der Wehrmachtsangehörigen beim Krieg im Osten, das heißt mindestens eine halbe Million Soldaten, in die Massemordaktionen einbezogen waren (Christian Hartmann vom Institut für Zeitgeschichte, München, lt. Frankfurter Rundschau vom 27. und 28. Januar 2004). Bei diesen fünf Prozent sind nicht mitgerechnet jene Soldaten, die unabhängig von ihrem Willen an den verbrecherischen Kriegshandlungen der Führung, wie Ausrottung durch Verhungern und Sklavenarbeit für Millionen Menschen sowie Deportationen, beteiligt waren. Mitgerechnet sind jene, die individuell und durchaus eigenverantwortlich handelten.

Bei einer so großen Zahl von Teilnehmern am Holocaust verbieten sich Formulierungen wie, die deutschen Soldaten hätten sich nur zur Wehr gesetzt gegen Angreifer, und zwar während des gesamten Krieges.

Mit solchen Darstellungen würde aus dem Angriffskrieg ein Verteidigungskrieg, aus dem Vernichtungskrieg eine konventionelle Kriegshandlung – und aus dem Holocaust, würde so ein Massenselbstmord unter denen, die Deutschland angegriffen hätten.

Eine solch zynische Leugnung des Holocaust wird doch nicht dadurch zu einer »freien Meinungsäußerung«, daß nicht ausdrücklich der Völkermord benannt wird. »Sechs Jahre setzten sich unsere Großväter tapfer zur Wehr«, diese Formulierung stellt eine Verunglimpfung von Millionen Opfern des NS-Regimes dar. Es gehört zu den Errungenschaften unseres Rechtsstaates, dass eine solche Verunglimpfung unter Strafe gestellt ist.

Ich fordere Sie, sehr geehrter Herr Justizminister, auf, die unhaltbare Entscheidung der Dortmunder Staatsanwaltschaft aufzuheben und zur neuen Bewertung – und dann zur Durchführung eines Strafverfahrens gegen die Urheber des genannten Flugblattes – an eine höhere Instanz zu geben.

Als Reaktion hierauf hat der nordrhein-westfälische Justizminister immerhin die Einstellung des Ermittlungsverfahrens gestoppt und die Sache an die Leitung der Staatsanwaltschaft Dortmund zurückverwiesen. Das Ergebnis bleibt abzuwarten.

5.
Zum Beispiel Adolf Heusinger – er kannte nur den Ernstfall

Ein Kriegsverbrecher als Bundeswehrchef

Der damalige Bundessekretär der Sozialistischen Jugend »Die Falken« Lorenz Knorr hielt am 22. Juli 1961 in Solingen eine Rede, in der er einige namentlich genannte Generäle der Bundeswehr als »Nazi-Generäle« und als »Massenmörder« bezeichnete. Darunter waren die Generäle Adolf Heusinger, Dr. Hans Speidel, Friedrich Foertsch und Josef Kammhuber und der Admiral Friedrich Ruge. Alle fünf waren schon vorher öffentlich bezichtigt worden, Kriegsverbrechen begangen zu haben, ohne dass gegen die Urheber dieser Bezichtigung etwas unternommen worden wäre. Es gab keine Ermittlungen der Justiz. Die ermittelte nun aber gegen Lorenz Knorr, der inzwischen Bundesleitungsmitglied der Deutschen Friedensunion geworden war. Die von ihm angegriffenen Generäle fühlten sich beleidigt und erstatteten Strafanzeige gegen ihn.

Nach jahrelangem Streit wurde Knorr zu einer Geldstrafe verurteilt. Einer seiner Verteidiger, Heinrich Hannover, sprach in einem Plädoyer unter anderem über die Ehre der Generäle und deren Schuld. Es endete mit den Sätzen: »Ich habe die Hoffnung, dass unsere Generation erleben wird, dass man die Massenmörder bestraft und nicht diejenigen, die Massenmörder als Massenmörder bezeichnen. Es könnte sonst leicht sein, dass unsere Generation die letzte gewesen sein wird, die überhaupt gelebt hat.«

Das war keine Übertreibung. Die Generäle strebten nach Atomwaffen.

Adolf Heusinger (1897-1982) war die führende Gestalt in der Gruppe der von Knorr benannten Wehrmachts- und Bundeswehrführer. Von 1957 – seit der Einführung dieser Institution – bis 1961 wirkte Heusinger als Generalinspekteur der Bundeswehr. Er war zuletzt 1964 Vorsitzender des NATO-Militärausschusses, er und Hans Speidel, inzwischen Oberbefehlshaber NATO-Mitte, mussten vorzeitig diese Ämter aufgeben, internationaler politischer Druck bewirkte es. Knorr hatte mit seinen Enthüllungen diesen Druck ausgelöst.

Adolf Heusinger war der ranghöchste General in der Anfangszeit der Bundeswehr. Er gehörte schon vor der Gründung der BRD zu den engsten militärischen Beratern des CDU-Vorsitzenden Dr. Konrad Adenauer. Heusinger sprach mit General Speidel bereits 1949 beim Hohen Kommissar der USA in Deutschland, McCloy, vor wegen Begnadigung und Entlassung der als Kriegsverbrecher verurteilten und inhaftierten Hitler-Generäle, »weil sonst die deutsche Wiederaufrüstung blockiert« würde.

Der Weltkrieg-Eins-Leutnant Heusinger durchlief bei der Reichswehr den Truppendienst im Heer und absolvierte »die damals noch getarnte Generalstabsausbildung mit gutem Erfolg, schrieb »Information für die Truppe« im August 1997. Über Hitler äußerte sich der inzwischen zum Reichswehr-Hauptmann beförderte Heusinger bereits 1923: »Er ist der von Gott gesendete Mann, der die Deutschen herausführen wird aus ihrer schrecklichen Konstitution.« (vgl. Archiv Knorr) Der sogar laut »Information für die Truppe« illegal Ausgebildete kam nach einem Truppengeneralstabsdienst 1937 in die Wehrmachtsführung.

Später wird sein Kollege aus Wehrmachts- und Bundeswehrtagen, General Graf von Kielmansegg, schreiben: Heusinger sei von 1937 an »ununterbrochen« bis 1961 auf dem Posten des Leiters der Operationsabteilung des deutschen Heeres geblieben. (»Information für die Truppe«, August 1997) Das bedeutete für die Wehrmachtszeit: Heusinger war als Chef der Operationsabteilung bzw. stellvertretender Chef des Oberkommandos (Ia) des Heeres maßgeblich an den Angriffsplänen und völkerrechtswidrigen Operationen u.a. gegen die UdSSR beteiligt.

Als Ia der Operationsabteilung im Oberkommando des Heeres (OKH) und ab 1940 als Hitlers Operationschef konzipierte er fast alle völkerrechtswidrigen Aggressionspläne im militärischen Detail. Bild-Dokumente und Wehrmachts-Urkunden belegen, dass Heusinger zum engsten militärischen Beraterkreis Hitlers gehörte und dass er das seltene Privileg des »direkten Vortrags beim Führer« besaß. Mit SS-

General Bach-Zelewski war er zuständig für die Partisanenbekämpfung, wie später beim Internationalen Militärtribunal (IMT) in Nürnberg bekannt wurde. Heydecker/Leeb (Der Nürnberger Prozess, Frankfurt am Main 1958, S. 419) berichten: Diese Bandenbekämpfung wurde für die auf Befehl Hitlers eingeleitete »Technik der Entvölkerung« genutzt. Ca. 30 Millionen »Juden und Slawen« wollten Nazi-Führung und zuständige Heerführer ausrotten, »um deutschen Lebensraum zu schaffen« bis zur strategischen Linie Archangelsk/Astrachan. Gut 20 Millionen Juden und Slawen, Sowjetbürger, verloren tatsächlich ihr Leben. Die infernalischen »Richtlinien für die Bandenbekämpfung« der »Jagdkommandos«, einer der mörderischsten Befehle, war von Heusinger verfasst worden. Die Durchführung dieser Richtlinien wurde in seiner Abteilung von ihm und Kielmansegg koordiniert.

Hunderttausende wurden Opfer allein dieser Richtlinien, auch Frauen und Kinder, sowie »Verdächtige«, keineswegs nur Partisanen, die ihr Land gegen den Aggressor verteidigten. Nach eigenen Memoirenbekundungen Heusingers erklärte ihm Hitler, als der Operationschef »ein Kommando an der Front« erbat: »Sie müssen bleiben. Ich kann Sie jetzt nicht entbehren.« (Heusinger, »Befehl im Widerstreit«, Tübingen/Stuttgart 1950, S. 210)

Ralph Giordano berichtet in »Die zweite Schuld«: »Am 17. März (1941) erklärte Hitler im Beisein von Generalmajor Adolf Heusinger und Generalstabschef Franz Halder nach Notizen des letzteren: 'Die von Stalin eingesetzte Intelligenz muß vernichtet werden. Die Führungsmaschinerie des russischen Reiches muß zerschlagen werden. Im großrussischen Reich ist Anwendung brutalster Gewalt notwendig.'« Das war der Auftrag zum Massenmord.

Enger Mitarbeiter Heusingers war Johann Adolf Graf von Kielmansegg. Gemeinsam verfassten sie »Geheime Kommandosachen«, in denen dokumentiert wurde, welche »Sühneerschießungen« von Zivilpersonen die Wehrmacht an den verschiedenen Frontabschnitten vorgenommen hatte. Die beiden halfen, bei der »Bandenbekämpfung« die »Unterstützung durch Kräfte des Heeres sicherzustellen.« (Prozessakten Nürnberger Hauptkriegsverbrecherprozeß Band IV 1947, Dok. US 562) Was Heusinger zu verantworten hatte, ist mehr als Massenmord, es ist ein Fall von Genozid, stellte Lorenz Knorr fest. Eben »Technik der Entvölkerung«.

Irreführend erkoren in der Bundesrepublik interessierte Kräfte Heusinger zum »Widerständler«. Zwar verhörten ihn SS und Gestapo nach dem 20. Juli 1944 und verwiesen ihn in einen durchaus luxuriösen »Hausarrest«. Dafür entschuldigte sich laut Heusinger selbst Hitler bei ihm. Im Hausarrest entwarf Heusinger den Plan vom »letzten Aufgebot, dem Volkssturm« und verriet den wirklichen Widerständler General Stieff, der auch hingerichtet wurde. (Das berichtete Lorenz Knorr in den Gerichtsverhandlungen, ohne dass es ihm widerlegt werden konnte; er stützte sich auf US-amerikanische Archive und auf Äußerungen des Sohns des 1944 hingerichteten Generalfeldmarschalls von Witzleben in der »Berliner Zeitung« 15.2.59). Knorr: Heusinger hatte von Plänen zum Attentat auf Hitler etwas gewusst und es offenbar der Gestapo verraten. Zum Schein wurde er vorübergehend arrestiert und dann in die Generalsreserve versetzt.

Am 27. September 1958 sagte Heusinger vor dem Offizierskorps der Bundeswehr: »Wir müssen uns an die Vergangenheit erinnern. ... Laßt uns festhalten an den alten Prinzipien, die wir noch gebrauchen werden.« Er hat dem NS-Regime nie wirklich abgeschworen. (C.R. Allen, Heusinger of the Fourth Reich, New York 193, zit. n.: Lorenz Knorr, Unsere Zeit, 9.1.1998)

Heusinger stand 1945 auf der internationalen Kriegsverbrecherliste. Doch schon bald wurde er Berater der US-Armee. Vor dem Internationalen Militärtribunal in Nürnberg trat er als Zeuge auf. Und obgleich seine Schuld so sehr auf der Hand lag und in Ausführungen des Anklägers Telford Taylor dargelegt worden ist, blieb er auf freiem Fuß. Telford Taylor hatte Heusinger zitiert: »Es war schon immer meine (Heusingers) persönliche Ansicht, daß die Behandlung der Zivilbevölkerung im Operationsgebiet und die Methoden der Bandenbekämpfung im Operationsgebiet der obersten politischen und militärischen Führung eine willkommene Gelegenheit bot, ihre Ziele durchzuführen, nämlich die systematische Reduzierung des Slawen- und Judentums.« (Zit. n: Heydecker/Leeb, »Der Nürnberger Prozess«, Frankfurt am Main 1958, S. 418)

Bereits 1950 war der spätere erste Generalinspekteur der Bundeswehr mit den Planungen zum Aufbau einer neuen deutschen Armee beschäftigt, berichten die Chroniken (so das »Personenlexikon 20. Jahrhundert«, Dortmund 1991). 1950 konzipierte Heusinger im Kloster Himmerod führend die Pläne für die Schaffung der Bundeswehr. 1957 wurde er ihr erster Generalinspekteur. 1960 forderte eine Kommandeurstagung die atomare Bewaffnung Westdeutschlands. Das Hauptreferat hielt Heusinger (Lorenz Knorr, »Rechtsextremismus in der Bundeswehr«, Frankfurt/M. 1998,S. 132): »Die Bundeswehr muß dieselbe wirkungsvolle Bewaffnung haben wie die verbündeten Schildstreitkräfte ... Die Soldaten der Bundeswehr haben Anspruch auf Waffen, die denen des Gegners mindestens ebenbürtig sind. Die Verantwortung ... zwingt die Truppenführer, in der heutigen Situation die für die Schildstreitkräfte unentbehrliche atomare Bewaffnung zu fordern.«

General Graf von Kielmansegg schrieb in einem Sonderheft der »Information für die Truppe« (August 1997) zum 100. Geburtstag des »brillanten Strategen« Adolf Heusinger: Dieser sei »Soldat mit Geist und Herz« gewesen, habe »in ihrer Ausdehnung unermessliche Feldzüge geplant und organisiert sowie nationale Verteidigungskräfte gleichsam aus dem Nichts geschaffen.« Heusingers Devise sei gewesen: »Gibt es keine Streitkräfte mehr, fällt der Raum von allein«. Schon 1950 habe dann Heusinger in einer Denkschrift den »Hinweis auf einen atomaren Angriff auf Russland« niedergeschrieben. Generalinspekteur a.D. Ulrich de Mazière fasst in demselben Heft zusammen, dass der Jubilar »ein Glücksfall für die Bundeswehr und für unser Land« gewesen sei. Ein neuer »aufgezwungener Abwehrkampf« sollte – dafür sorgte Heusinger – »so weit ostwärts wie möglich aufgenommen werden«. »Vorneverteidigung« und zwar mit konventionellen Mitteln, »allenfalls mit atomaren Waffen kurzer und mittlerer Reichweite«, so bezeichnete de Mazière das Konzept Heusingers, der es – laut IfdT-Redakteur Thomas Flink – für »Zeitvergeudung und Spielerei« hielt, »den Soldaten für etwas anderes auszubilden als für den Ernstfall.« (Information für die Truppe, Heft 7-8/1997, S. 74)

Nicht vergessen werden dürfe, so de Mazière, das Eintreten Heusingers »für die Kameraden aller Dienstgrade der Wehrmacht, die von den ehemaligen Gegnern und zukünftigen Partnern mit oft schwer verständlichen Begründungen zu langen Haftstrafen verurteilt waren.« Heusinger und sein Freund General Dr. Hans Speidel hätten dann erwirkt, dass bis zum Gründungstag der Bundeswehr am 12. November 1955 die überwiegende Zahl der Verurteilten aus der Haft entlassen wurde.

»Kein zweiter Bundeswehrgeneral hatte in der nationalsozialistischen Diktatur eine solch exponierte Stellung besetzt. General Hitlers und Adenauers, Erfüllungsgehilfe kriegerischen Größenwahns und Gründungsvater der Bundeswehr – eine deutsche Karriere, eine wahrhaft reizvolle Aufgabe für jeden Biographen!« So schreibt Johannes Hürter, Historiker am Münchener Institut für Zeitgeschichte, als Rezensent einer umfangreichen Heusinger-Biographie (Georg Meyer: Adolf Heusinger. Dienst eines deutschen Soldaten 1915 bis 1964. Hamburg 2001) in der FAZ vom 29.12.2001

Ein Vorwort zu dieser Biographie, mit der die bundeswehreigene Heusinger-Glorifizierung in ungeahnte Höhen schwebt, schrieb der legendäre Schöpfer der »neuen Bundeswehr«, General a.D. Klaus Naumann, ehemaliger Generalinspekteur der Bundeswehr. Naumann war bis 2003 Präsident der Clausewitz-Gesellschaft, in der sich pensionierte Obristen und Generäle der Bundeswehr treffen und ihre Aktionen abstimmen. Hier einige kurze Auszüge aus seinem Vorwort: »... in einer Sackgasse der Pflichterfüllung Dienst für eine schlechte Sache tun... vorbildliche soldatische Haltung... General Heusingers ganzes Soldatenleben war geprägt von der Sorge und Fürsorge um die ihm anvertrauten Menschen...«. Weiter ein Zitat von Heusinger: »Wer sein Gewissen nicht zum Schweigen kommen läßt, wer fest in seinem Glauben an Gott steht, wer sich von Christus führen läßt, der empfängt auch Hilfe.« Naumann dazu: »Aus diesen Worten wird die Grundlage sichtbar, die es General Heusinger erlaubte, in vier deutschen Armeen zu dienen... sich auch zu den dunklen Stunden unserer Geschichte zu bekennen.«

Rezensent Hürter dagegen wirft dem Heusinger-Biographen Meyer vor, er wolle »die Prädestination seines Helden zum weisen Gründungsvater der Bundeswehr bereits für die Zeit vor 1945 zeigen«. Hürter hebt hervor: »Daß Heusinger als operativer Kopf des Generalstabs mitverantwortlich war für die katastrophale Fehlplanung eines Blitzfeldzugs im Osten, wird fast völlig unterschlagen... Andere heikle Fragen wie der politische Aspekt des Ostkriegs oder die Partisanenbekämpfung werden auf wenigen Seiten abgehandelt. Heusingers Ordonnanzoffizier... registrierte in seinem Tagebuch genau die ungeheuren deutschen Verbrechen im Osten und den Judenmord. Dieses von ihm geteilte Wissen seines Vorzimmers hinderte Heusinger jedoch nicht, noch lange den Vorstellungen eines notwendigen Kreuzzugs des Abendlands gegen die bolschewistische und asiatische Gefahr aus dem Osten anzuhängen... Seit August 1942 koordinierte Heusinger die brutale ›Bandenbekämpfung‹; und erwies sich auch dabei als militärischer Funktionär, der die ›Kriegsnotwendigkeiten‹ über Sentiments stellte.« Wie oben dargestellt, ist General Adolf Heusinger bis heute Namenspatron der Bundeswehrkaserne in Hammelburg.

6.
Das Militärkonzept des kalten und heißen Krieges

Eine Untersuchung zweier 60er-Jahrgänge der »Information für die Truppe«

Im folgenden wird aus den beiden Jahrgängen 1967 und 1968 des publizistischen Organs des Bundesverteidigungsministeriums für die politische Bildung und Innere Führung »Information für die Truppe« referiert und z.T. kommentiert. Mehr als dreieinhalb Jahrzehnte sind seit der Herausgabe dieser Jahrgänge vergangen. Wer damals in der Offiziersausbildung oder in der Grundausbildung der Bundeswehr war, ist heute – wenn er bei der Truppe blieb – Feldwebel oder Oberst bzw. General. Wir finden also in diesen beiden Jahrgängen jene Argumentationsmuster und Denkschemata, die die Führungskader des deutschen Militärs von heute geprägt haben.

Prägende Denkschemata ergeben sich nicht nur aus dem gedruckten Wort jener Zeit. Laut Teilnehmernotizen machte beispielsweise ein Oberstleutnant Adamowitsch im Januar 1967 auf einer Schule für Innere Führung in Koblenz-Pfaffendorf Ausführungen zum Einsatz der Bundeswehr im Innern. Zum Kriegsbild gehöre auch der »verdeckte Kampf«. Dieser mache sich durch »Zersetzung, Demonstrationen, Umzüge, missbräuchliche Ausnutzung der Grundrechte, Verächtlichmachung jeder nationalen Regung« bemerkbar. »Gastarbeiter sind ein Ansatz für die psychologische Kriegsführung des Feindes«. Auf derselben Tagung sagte ein Oberst Sewing: »Auch in der Wehrmacht hat es Innere Führung gegeben, denn sonst hätte sie das an soldatischer Leistung im Zweiten Weltkrieg nicht erreichen können, was sie erreicht hat.« Betont wurde, »was die Wehrmacht geleistet und erlitten hat.« Ihre Pflichterfüllung, Tapferkeit und Opfer sind Sewing Vorbild.

Auch Elitebildung stand auf dem Stundenplan. Mit den »Informationstagen für Abiturienten« besitze »die Bundeswehr die einmalige

Chance, jene Soldaten zu erfassen, die einmal zur führenden Schicht des Volkes gehören werden und damit über starke Wirkungs- und Einflussmöglichkeiten verfügen. Hier ist die Chance vorhanden, geistig-politisch anzuregen, Werte zu verdeutlichen...«. (IfdT 4/67 S. 263/4264)

Die Beiträge zum Selbstverständnis der Bundeswehr, wie sie in den beiden untersuchten Jahrgängen erschienen sind, müssen vor dem Hintergrund des heftigen Streits jener Jahre über die Innere Führung gesehen werden. Der Konzeption der Inneren Führung, wie sie von Graf Baudissin entwickelt wurde, standen gegenüber die Äußerungen etwa von Generalleutnant Grashey, der die Innere Führung für gescheitert erklärte. Warnenden Stimmen wie der des früheren Wehrbeauftragten Admiral a.D. Hellmuth Heye, der von einer Entwicklung zum Konservativismus und zum »Staat im Staate« hin sprach, standen die traditionell-militaristischen Parolen von der »zu laschen« Bundeswehr gegenüber (v. Studnitz).

Aus Urteilsbegründungen des Wehrdienstgerichts jener Jahre zitiert in IfdT:

- »Die Kammer hat ... nicht verkannt, dass der Beschuldigte sich als Soldat im Krieg bewährt und auch in der Bundeswehr bisher seinen Dienst befriedigend ausgeübt hat.« (IfdT 2/68 S.138)
- »Nicht außer acht gelassen werden konnte, dass der Beschuldigte sich im Krieg hervorragend bewährt hat und bisher unbestraft geblieben ist.« (IfdT 3/68 S.231)

Mit großer Selbstverständlichkeit werden die Begriffe »Vaterland«, »im Krieg bewährt« – im Krieg Nazideutschlands mit über 50 Millionen Toten – und »geborene Führernatur« gebraucht. Die militärische Praxis erscheint als Beruf oder Job, der eigenen Gesetzen gehorcht und sich vom gesellschaftlichen Umfeld immer weiter entfernt.

Verteidigungsminister Gerhard Schröder (einst NSDAP und SA, nun CDU) schrieb einen grundsätzlichen Beitrag in IfdT-Dokumentation 6/67 über »Der Auftrag der Bundeswehr«: Die Bundeswehr beansprucht demnach eine Mitsprache über den Einsatz der Atomwaffen; Verteidigung habe bereits an der Demarkationslinie zu »Mitteldeutschland« zu erfolgen. Das deutsche Schicksal dürfe nicht anderen Mächten überantwortet werden.

Wörtlich: 1. »Die kriegsverhindernde Abschreckung muss glaubhaft sein. Das Risiko für den Aggressor darf nicht kalkulierbar sein.« 2. »Die Integrität der Bundesrepublik Deutschland kann nur durch eine bereits an der Demarkationslinie beginnende Verteidigung gewahrt werden.«

Schon immer stand also der Gedanke des Präventivkrieges mit dem sofortigen Betreten des gegnerischen Territoriums ganz im Vordergrund der Militärkonzeption der Bundesrepublik. Denn 3. heißt es: »Abschrekkung und eine das ganze Bundesgebiet umfassende Verteidigung bedingen präsente deutsche und alliierte Truppen in ausreichender Stärke und eine ausgewogene konventionell-nukleare Bewaffnung.«

Einzig und allein die »lückenlose Abschreckung« vermöge auch der Gefahr der »atomaren Erpressung« zu begegnen. »Dies aber setzt eine nukleare Komponente unserer Streitkräfte in der bekannten Form voraus. Ohne sie wäre die Abschreckung unwirksam. Vorschläge, die z.B. durch ›Arbeitsteilung‹ im Bündnis die militärische Aufgabe der Bundeswehr auf den konventionellen Bereich einengen wollen, sind unter den gegebenen Umständen mit unserem Sicherheitsinteresse und den sich daraus ergebenden Verpflichtungen nicht vereinbar. Sie sind auch von der Sache her nicht zu verantworten.«

Das »Soldatisch-Elementare« fand in der Bundeswehr jener Zeit starke Beachtung. Es wurde immer in den Zuständen gesehen, die bei der Wehrmacht herrschten. »Gegenüber der Wehrmacht ist nicht ›alles anders geworden‹. Vieles, was sich als zweckmäßig erwiesen hat, ist unverändert. ... Zeitgemäße soldatische Menschenführung ist keine Neuentdeckung, die einer eigenen Bezeichnung bedürfte, sondern Selbstverständlichkeit, seit die Geschichte Soldaten kennt. Das gab es auch in der Wehrmacht. Auch die Industrie hat das erkannt und handelt danach.« Unverhohlen wurde das Recht der Bürger in Frage gestellt: »Rechtsstaatlichkeit zum Beispiel ist ein unbestreitbar hoher Wert. Wo allerdings alles immerzu auf seine Rechtmäßigkeit hin überprüft werden muss, kann nicht so schnell und unbekümmert angeordnet und befohlen werden, wie es manchem manchmal wünschenswert erscheint.« (IfdT 3/68, S. 162)

Es war die Zeit, da auch Bundesminister nicht immer mit dem Grundgesetz unterm Arm herumliefen, geschweige denn die Militärs.

Verbrämt wird zum Ausdruck gebracht, dass mit Verfassungstreue des Militärs nur dann zu rechnen ist, wenn der Staat ihm zu Willen ist: »Zu allen Zeiten und in allen Staaten war und ist das Verhältnis zwischen Staat und Armee, zwischen politischer Führung und militärischer Führung problemreich. Das liegt in der Natur der Sache: Wo dieses Verhältnis in Ordnung ist, gibt es dem Staat nicht nur militärische Sicherheit, sondern auch politische Stabilität.« (IfdT 5/68, S. 322)

Wenn derartiges in einer Artikelserie unter der Überschrift »Mißverständnisse um die Innere Führung« steht, in der es von Floskeln wie »moderne Kampfgemeinschaft«, »soldatische Ordnung«, »geistige Rüstung«, »innere Disziplin«, »Selbstzucht«, »zeitgemäße Menschenführung«, »Lebensordnung« und »soldatische Tugenden« nur so wimmelt, dann blickt einen in jeder Zeile der alte Staat im Staate an, der mit der Inneren Führung angeblich überwunden werden sollte.

An anderer Stelle – ausgerechnet im Zusammenhang mit Disziplin, Einübung des Gehorsams und »soldatischer Menschenführung« – wird dann mitgeteilt, »was bleibt«. »Die Disziplin bleibt in jedem Fall die Richtschnur, die jeden Soldaten zur Ausführung eines schwierigen Auftrages befähigt. Sie bleibt das unersetzbare Mittel zur Festigung des Charakters, zur Gewöhnung an Entsagung und somit zur Vorbereitung aller Soldaten für ihren Auftrag und ihre Pflichten im Kriege wie im Frieden.« (IfdT 8/67, S. 535) »Bei einem der Erziehungsfachleute der alten Wehrmacht, Oberst Dr. Altrichter, ist nachzulesen, was damals rechtens und gültig war. Man kann hier erfahren, dass eigentlich alles, was im Erlass Erzieherische Maßnahmen endlich klare Vorschrift geworden ist, schon in der Wehrmacht gültige Maxime des vorbildlichen soldatischen Erziehens war.« (IfdT 6/67, S. 418)

Die Wehrmacht als Erziehungsfaktor der Bundeswehr, die Disziplin »zur Festigung des Charakters« und zur Gewöhnung an Entsagung, »Freiheit«, die »ohne Zucht und Ordnung« sowie »Verzicht« (IfdT 5/67, S. 308) nicht möglich sei. So stellte man sich die Werte des »Staatsbürgers in Uniform« vor.

Das Konzept der »Inneren Führung« – etwas Neues oder alter Wein in neuen Schläuchen? Wie sich das Verhältnis »Wehrmacht-Innere Führung-Tradition« darstellte, sei hier geschildert. »Es gibt Tugenden des

Soldaten, die alle Wandlungen überdauert haben«, schreibt General Ulrich de Maizière (IfdT 6/67, Dokument 10). »Dazu rechne ich die Treue im Dienen, Tapferkeit und Opferbereitschaft, die Pflicht zum Gehorsam, zur Kameradschaft, zur Verschwiegenheit. Das sind Traditionen des deutschen Soldaten, die auch für die Bundeswehr Gültigkeit haben. Allgemein aber möchte ich sagen: Tradition ist von dem der Bundeswehr gestellten Auftrag nicht zu trennen. Tradition vielmehr soll uns helfen, unseren Auftrag besser zu erfüllen.«

Der General schlägt vor, zur Pflege der Tradition eine Auswahl »solcher Vorgänge und Menschen aus der deutschen Militärgeschichte, die beispielgebend für den heutigen Auftrag der Bundeswehr sind«, vorzunehmen, wobei »die Tradition der Wehrmacht nicht vorbehaltlos fortgesetzt werden kann.« Dennoch: »Die tapfere Haltung deutscher Soldaten aller Zeiten ist Vorbild der Bundeswehr.« Es gab den Mißbrauch dieser Tapferkeit, jedoch: »Niemand, der im letzten Krieg als Soldat ehrenhaft gekämpft hat, braucht sich heute bei uns Beschimpfungen gefallen zu lassen.« (IfdT 2/67, S. 87)

Die »Haltung deutscher Soldaten aller Zeiten« – das bezieht sich gern auf das Preußentum. So lesen wir in einer Buchrezension: »Der preußische Staat ist aufgelöst, und auch dem Verfasser ist klar, dass er nie wieder erstehen wird. Der Wert des Buches liegt in der Besinnung auf das, was vom preußischen Staatsethos überzeitliche Gültigkeit beanspruchen kann. Gerade die soldatischen Grundhaltungen, die nicht mit militärischen verwechselt werden dürfen, waren in Preußen im Alltag verwirklichtes Allgemeingut. Das Buch enthält reiches Anschauungsmaterial für jeden Soldaten.« (IfdT 3/67, S. 224)

Das Preußentum für alle als Vorbild – und das Beispiel Wehrmacht ebenfalls, wie wir sahen und noch weiter sehen werden.

»Nur was uns noch etwas bedeutet, sollte in die Überlieferung der Bundeswehr aufgenommen werden. Und bedeuten kann uns nur etwas, das uns hilft, unsere Aufgabe von heute und morgen zu bewältigen. Dazu gehören vor allem die beispielhaften Leistungen und Opfer, besonders der kämpfenden Soldaten. In ihnen veranschaulicht sich greifbar die ewige sittliche Substanz des Soldatentums, auch im letzten Kriege.« (IfdT 7/68, S. 471) Die »ewige sittliche Substanz des Soldatentums« hieß es bei der Bundeswehr, und »ewig bleibt der Toten Tatenruhm« noch heute bei den Neonazis. »Leistungen und Opfer« der Wehrmachtssoldaten seien bisweilen »missbraucht« worden, aber abseits dieses Missbrauchs war der vom deutschen Faschismus ausgelöste und geführte Krieg wohl nicht zu beanstanden? Die Zitate stammen aus einer Zeit, da die Bundeswehr offiziell noch in Anspruch genommen wurde für eine friedliche Politik. Es war die Zeit der Regierung der Großen Koalition aus CDU/CSU und SPD.

In IfdT 1/68, Dokument 14, darf sich der Preisträger der Adenauer-Stiftung Prof. Ludwig Freund über die »Militärstrategie im Atomzeitalter« verbreiten und den Einsatz von Atomwaffen propagieren: »Die Minderheitsposition, in die der Westen durch den Bevölkerungsreichtum und die starke konventionelle Bewaffnung der kommunistischen Länder in ihrer Gesamtheit, die Unzuverlässigkeit und häufige Feindschaft der heute unterentwickelten Länder gedrängt ist, würden den Verzicht auf das Abschreckungsmittel der Nuklearwaffen dem militärischen Selbstmord gleichsetzen.«

Das ganze Land und seine Ressourcen und die gesamte Bevölkerung sollen in den Krieg einbezogen und auch atomare Waffen sollen eingesetzt werden – auch seitens der Bundeswehr. So will es der Autor: »Alle Kräfte und Mittel, die zur Kriegführung notwendig sind, müssen eingesetzt werden können. Der Kampf muss aus den Hilfsquellen des Landes gespeist und von der moralischen Kraft des ganzen Volkes getragen werden.« (IfdT 3/68, S. 193)

Dazu sagte der damalige Verteidigungsminister Dr. Gerhard Schröder (CDU, vor 1945 NSDAP und SA): »Deshalb brauchen wir starke, präsente, jederzeit einsatzbereite Verbände, eine hohe Beweglichkeit der Verbände und der Trägermittel für den Einsatz auch atomarer Sprengsätze. ... Schließlich ist zu beachten, dass sich die Bundesrepublik Deutschland gewissen Produktionsverzichten unterworfen hat. Es ist das Ziel der deutschen Regierung, den deutschen Entwicklungs- und Fertigungskapazitäten soviel Förderung und Aufträge zukommen zu lassen, wie dies nur eben möglich ist.« (IfdT 5/68, Dokument 5)

Kurz gesagt: Alles für die deutsche Rüstungsindustrie unter Beachtung der Tatsache, dass die Atomwaffen vorerst andere bauen und besitzen, die Bundeswehr jedoch in jedem Fall atomare Trägersysteme braucht.

Und nicht nur Trägermittel sind erforderlich, sondern auch »das Verständnis« dafür. Daher wird ausgeführt: »Aber das Verständnis für das Warum des Dienens ist im Zeichen des Atomkrieges mit seinen ungeheuren seelischen Belastungen mehr denn je wichtig, ja erforderlich.« (IfdT 12/67, S. 854)

Schon damals, 1968, war die »Welt der Araber« der »Information für die Truppe« viel redaktionellen Raum und eine Karte mit Ölquellen wert: »Zu den Arabern zählen sich heute 82 Millionen Menschen, die zwar nur zum kleinen Teil abstammungsmäßig auf die Bewohner der arabischen Halbinsel zurückgehen, die jedoch arabisch sprechen und sich zum Islam bekennen. Sie bewohnen ein geschlossenes Gebiet von 8.850.000 Quadratkilometern, zu dem auch die Halbinsel Arabien gehört, die strategisch bedeutsame Landbrücke zwischen Asien und Afrika. In diesem Gebiet befinden sich drei Viertel der nachgewiesenen Ölreserven der Welt.« (IfdT 1/68, S. 62)

Die Geschichtslektionen des Schulungsmaterials für die Innere Führung sind eine Sammlung der reaktionärsten, der Demokratie fern stehenden Darstellungen. Über die Freikorps, die von der Weltkrieg-I-Armee kommend, nach 1918/19 unter SPD-Kommando die Republik torpedierten, lesen wir: »Sie haben sich in den Revolutionsjahren große Verdienste um den Bestand des Reiches und der Republik erworben und waren zunächst keineswegs republikfeindlich eingestellt.« (IfdT 7/ 67, S. 460) »Während der Revolutionswirren im November 1918 stellte er (Gustav Noske, SPD) in Kiel die Ordnung wieder her. Wenige Wochen später warfen Regierungstruppen und Freikorps unter seinem Befehl den Spartakistenaufstand in Berlin nieder. Als Reichswehrminister (1919-1920) schuf er die Grundlagen für den Aufbau der Reichswehr. Die organische Eingliederung der Streitkräfte in den neuen demokratischen Staat war eines seiner Ziele.« (IfdT 7/67, S. 495)

Es folgen Auszüge aus einem Beitrag »Vor 50 Jahren – 1918 und die Folgen« von Vizeadmiral a.D. Friedrich Ruge (1894-1988). Ruge war seit 1914 Berufssoldat, zur NS-Zeit Vizeadmiral, beteiligt an den Überfällen auf Polen, die Niederlande, Belgien, Frankreich und Dänemark, war

Mitarbeiter General Kesselrings, der in Italien Kriegsverbrechen beging, wurde von Hitler mit dem Ritterkreuz dekoriert. In der Bundesmarine war er von Anfang an dabei. Wurde Marineinspekteur, nach seiner Pensionierung Vorsitzender des Verbandes der Reservisten und Vorsitzender der Gesellschaft für Wehrkunde. Er beklagte: »Die Revolution zerstörte die noch immer beträchtliche militärische Macht Deutschlands schnell und gründlich«, und begründete erneut die Legende vom Dolchstoß der Heimat in den Rücken der siegreichen Front. Wörtlich übernahm Ruge das Ableugnen der deutschen Kriegsschuld und die Darstellung über »Versailles«, wie sie bis 1945 in Deutschland üblich waren.

Wörtlich: »Der schwerste Fehler der Alliierten 1918/19 war, dass sie sich zu Richtern in eigener Sache aufwarfen und Deutschland nicht als unterlegenen Staat, sondern als Verbrecher behandelten. Im Waffenstillstand völlig wehrlos gemacht und dann noch erpresst, wurde es von den Siegern durch Drohung mit den Waffen gezwungen, am 28. Juni 1919 den Frieden von Versailles zu unterzeichnen. Deutschland erkannte darin seine Alleinschuld am Kriege an (an der in Wahrheit auch die anderen Mächte ihren Anteil hatten), willigte ein, große, zum Teil deutsche Gebiete ohne Abstimmung abzutreten und dazu noch Entschädigungen zu zahlen, die es wirtschaftlich ruinieren mussten. ...Man sah nicht, wie dankbar man Männern wie Ebert und Noske sein musste, die sich in schwierigster Lage entschlossen hatten, die Verantwortung für Deutschland zu übernehmen und es dadurch vor dem drohenden Sturz in den Bolschewismus gerettet hatten. Weitere Diskriminierungen lagen darin, dass das Reich auf alle seine Kolonien verzichten musste, und dass es vorerst nicht zum Völkerbund Zutritt erhielt. .... Viel wurde von der Weimarer Regierung erreicht, aber es genügte nicht, um die schädlichen Folgen von 1918 zu überwinden. Diese führten schließlich mit zur Machtergreifung Hitlers und zum Zweiten Weltkrieg, der für Europa und besonders für Deutschland viel verheerender wurde als der Erste. Unsere westlichen Gegner aus dem zweiten Krieg haben aus der Vergangenheit gelernt, die östlichen noch nicht, auch bei uns noch nicht jeder Mitbürger.« (IfdT 11/68, S. 757/758)

Fazit: Bundeswehradmiral Friedrich Ruge liefert eine Neuauflage der Dolchstoßlegende. Es versteht sich, dass die Gründe für das Aufkommen des Nazismus und den Ausbruch des Zweiten Weltkrieges im Versailler Vertrag (»Erpressung«) gesucht werden, statt beispielsweise in den antidemokratischen Tendenzen der Reichswehr, dem Zusammenschluss der wichtigsten konservativen und rechtsradikalen Gruppierungen in der »Harzburger Front« und der Unterstützung Hitlers durch das deutsche Großkapital.

Die Ausführungen Ruges sind nicht nur geeignet, die wahren Gründe der beiden Weltkriege wie auch der Entstehung des Faschismus zu verschleiern und damit genau das Gegenteil von »Information für die Truppe« zu leisten; sie liefern auch die Grundmodelle nationalistischen Geschichtsdenkens in der Bundeswehr. Damit förderte Admiral Ruge objektiv die Ausbreitung der NPD-Propaganda. Dieser Tatbestand ist jedoch nicht verwunderlich, denn Ruge schrieb schon 1954 für den im rechtsradikalen Schild-Verlag erscheinenden »Deutschen Soldatenkalender« und später auch für die »Deutsche National- und Soldatenzeitung« Beiträge, die der Tendenz dieser Publikationen entsprachen.

Aus einem weiteren Geschichtsbeitrag: »In Frankreich misslang der Versuch (der Komintern), über die Volksfront maßgeblichen Einfluss auf die französische Außenpolitik zu gewinnen. Auch der Bürgerkrieg in Spanien endete schließlich mit einer katastrophalen Niederlage der Linken.« (IfdT 8/68, S. 594)

In IfdT kann man beobachten, dass die Kritik am Weimarer Staat nicht bei diesem selbst anfängt, sondern dass als Ursache für den schleichenden Verfall der Demokratie Mangel an ausländischem Entgegenkommen und an politischem Stil sowie das Fehlen einer »zündenden Persönlichkeit« genannt werden. »Rechts- und Linksradikalismus« werden, wie so oft bis heute, auf eine Stufe gestellt. Das Gegeneinander von rechten und linken »Extremisten« wird mit als ursächlich für den Faschismus dargestellt; die Tatsache, dass sich das Bürgertum immer gegen links, gegen die Republik, gegen die (bürgerliche!) Demokratie und für die Faschisten positionierte, eine wirklich gravierende Ursache für das NS-Regime, wird nicht genannt.

Der Satz zum spanischen Bürgerkrieg ist besonders fatal; kein Wort darüber, dass die Linke hier demokratisch legitimiert war – wie auch in Frankreich – und durch eine militärische Aggression des europäischen faschistischen Lagers, inklusive der Wehrmacht, gestürzt und blutig unterdrückt wurde.

Wie kam Hitler an die Macht? Ein »Geist« führte laut IfdT zur Machtübertragung an ihn: »In seiner antiparlamentarischen Einstellung entwickelte sich ›Der Stahlhelm‹ schließlich zu einer typischen Verkörperung des Geistes, der 1933 zur Machtübernahme Hitlers führte.« (IfdT 5/67, S. 316)

Gewerkschaften wie Unternehmer waren gleichermaßen Widerpart zu Hitler: »Das Vermögen der Gewerkschaften wurde beschlagnahmt, viele ihrer Führer verhaftet. Um sich sowohl die Arbeitnehmer als auch die Arbeitgeber gefügig zu machen, wurden beide Gruppen zwangsweise in der ›Deutschen Arbeitsfront‹ zusammengefasst.« (IfdT 5/67, S. 330)

Der Zwang gegen die Arbeiter wird gleichgesetzt mit dem Zwang gegen die Unternehmer. Doch wie sah der Zwang aus, der gegen die Unternehmer ausgeübt wurde? Wurde deren Vermögen beschlagnahmt, ihre Organisationen gewaltsam aufgelöst? Was geschah, erfährt der Leser nicht. Nichts über die Adolf-Hitler-Spende der deutschen Wirtschaft und über den Industriellenfreundeskreis SS, nichts über die Kriegsgewinne der Banken und der Industrie, über die Arisierungsgeschäfte des Kapitals und die Entrechtung der Arbeiter zugunsten der Unternehmen. Auch die Ausleihe der KZ-Insassen und der Zwangsarbeiter an die Wirtschaft bleibt unerwähnt.

Hitler und seine Hintermänner werden freigesprochen: »Dass Völker und Völkergruppen in schicksalhafter Schuldverstrickung fernab von christlicher Gesittung und den Geboten der Menschlichkeit sich zu vernichten trachteten, darin liegt die Tragik jenes Geschehens. Und nur von hier aus erfährt das Opfer der Millionen unserer Kriegstoten seinen. Sinn. Es verpflichtet uns zur Besinnung und zur Dankbarkeit, und es mahnt uns, den Dämon in uns zu bekämpfen, damit der Weg zur Versöhnung über den Gräben und zum Frieden frei wird.« (IfdT 11/67, S. 746 ff) Kein Wort also über die Verantwortlichen dieses Krieges und ihre Hintermänner – stattdessen Vernebelung und Verschleierung des tatsächlichen Geschehens, Toten- und Todeskult fast germanischer Art. Die Gesetzmäßigkeit der Entwicklung des Nazistaates zum Krieg wird verschwiegen.

Patriotismus, ja Nationalismus und klammheimliche großdeutsche Alleinvertretung gegenüber der DDR bestimmten sehr häufig die politische Bildung: »Ohne Liebe zu seinem Vaterland kann der Soldat seine Pflicht nicht erfüllen. ... Vaterlandsliebe bleibt auch im Zeitalter weltweiter Zusammenarbeit Wurzelboden politischer Verantwortung. ... Die schon erwähnte Verpflichtung der Bundeswehr, ›Recht und Freiheit des deutschen Volkes zu verteidigen‹, unterstreicht, dass wir das ganze Deutschland als unser Vaterland betrachten.« (General de Maizière in IfdT 6/67, Dokumentation 8-9)

In einer Buchbesprechung wird unverhohlen völkischer Nationalismus der »Berufenen« gepredigt, da sonst die Falschen davon profitierten, die typische Begründung für die Übernahme rechter Positionen durch eine die Rechtsaußen nur scheinbar ausgrenzende »Mitte«: »Der Verfasser ... will das Vaterlandsbewusstsein in der Bundesrepublik stärken – eine Bestrebung, die jeder Besonnene begrüßen und fördern wird. Das Bedürfnis nach Identifizierung mit einem nationalen Ganzen ist im Menschen zu tief verwurzelt, als dass es lange Zeit ungestillt bleiben könnte, ohne sich ›Ersatzbefriedigungen‹ zu suchen. Wenn sich nicht die Berufenen zum Vaterland bekennen, schlagen die Unberufenen daraus gefährliches politisches Kapital.« (IfdT 3/68, S. 170) 35 Jahre später wird ein Reserveoffizier und Bundestagsabgeordneter namens Martin Hohmann davon sprechen, dass die Neonazis zwar braune Horden sind, aber die richtigen Parolen tragen.

Eine Gesellschaft des Befehlens und Gehorchens, der Militarisierung des politischen Denkens, der Absage an das »Diskutieren« ist das Ideal, zähneknirschend wird die Demokratie, und zwar nur eine solche mittels »politischer Beschlussorgane« hingenommen: »Es ist richtig, dass in der Armee befohlen und gehorcht werden muss ... Aber: Es ist falsch, dass überall sonst in der Demokratie diskutiert und abgestimmt würde. Wird etwa in Familie, Schule, Betrieb, Verwaltung usw. abgestimmt? Nein: diskutiert und abgestimmt wird auch in der Demokratie nur in den politischen Beschlussorganen, das heißt in Parteien und Verbänden, in Stadträten, Landtagen und im Bundestag. Überall sonst herrscht

Über- und Unterordnung und eine spezifische Disziplin (die freilich überall ein besonderes Gesicht hat).« (IfdT 5/68, S. 331 f)

Aggressive Großmachtpolitik, die die Souveränität und die Grenzen anderer Staaten und Völker nicht im geringsten achtet, wird in einem Grundsatzbeitrag in IfdT 3/68 (Dokumentenbeilage) erkennbar, aus dem folgende Kernsätze entnommen sind. Der Autor war der außenpolitische Experte der Banken und der Industrie sowohl zu Hitlers als auch Adenauers Zeiten, der führende Unternehmer Dr. Kurt Birrenbach (Mitglied der NSDAP und der SA seit 1933, später CDU-Bundestagsabgeordneter und Europaparlamentarier).

Er malte die militärische Überlegenheit der sowjetischen Streitkräfte gegenüber der Bundeswehr an die Wand (ohne die westalliierten Streitkräfte auf deutschem Boden mitzuzählen): »Wenn nahezu eine Generation nach Abschluss des letzten Krieges sowjetische Streitkräfte von mehr als der doppelten Stärke der deutschen Armee auf deutschem Boden stehen, abgesehen von den russischen Divisionen in Polen und Ungarn, so beweist dies, welch ein Erdrutsch über Europa hereingebrochen ist.«

Der DDR wirft Birrenbach ihre Souveränität vor und droht ihr indirekt mit kriegerischen Mitteln: Es ist zu »befürchten, dass die Zone nicht bereit ist, die friedliche Einwirkung auf ihren Herrschaftsbereich durch die Bundesrepublik zu gestatten ...«.

Der Nationalismus soll den Osten weich machen zur Übernahme: »Die Überwindung der europäischen Spaltung ist nur möglich auf Grund einer Annäherung der osteuropäischen Nationen an das westliche Europa. ... Unter der Decke des Kommunismus ist der Geist der alten Nationen wieder wach, sind diese sich der Zugehörigkeit zu Europa wieder bewusst geworden. Diese Entwicklung zu aktivieren ist nunmehr das Bestreben der gesamten Politik des Westens. ...«

Das neue große Deutschland soll – so Birrenbach – militärisch über Europa herrschen: »Ein wiedervereinigtes Deutschland würde nach seinem Militärpotential zum mächtigsten Staat zwischen der atlantischen Küste und der sowjetischen Westgrenze ... zur weitaus bedeutendsten Wirtschaftsmacht auf dem europäischen Kontinent.« (IfdT 3/68 Dokumentation) Bei solchen Prognosen verwundert es nicht, wenn die Bundeswehrführung dreißig Jahre später den Zusammenbruch der DDR wie einen militärischen Sieg feierte.

Auch die Innere Führung hatte ihre Probleme mit den »68ern«. Die »typisch Intellektuellen« störten in der »modernen« Gesellschaft Westdeutschlands, hieß es. Es ist die Zeit der Studentenproteste und der APO, mit denen überkommene Wertvorstellungen in Frage gestellt werden: »Desintegrierende Wirkung des Intellektuellen? An diesem Vorwurf ist etwas Wahres: das rational-analytische Untersuchen und Diskutieren überlieferter Wertbegriffe, wie es der Intellektuelle nun einmal liebt, übt tatsächlich eine in gewisser Weise ›zersetzende‹ Wirkung auf diese Wertvorstellungen aus ... Vorschnelles und mangelhaft fundiertes Urteilen? Spricht ein Theologe über Religionsfragen, ein Physiker über Atombomben, so ist daran nichts typisch Intellektuelles; als typisch intellektuell wird es vielmehr empfunden, wenn Schriftsteller und Philosophieprofessoren Proteste gegen Atomwaffen verfassen, Theologen engagiert zu Fragen der Ostpolitik Stellung nehmen usw. ... Die deutschen Intellektuellen neigen dazu, sich selbst zu tragisch zu nehmen.« (IfdT 10/67, S. 736 f)

Vorbildlich sind für IfdT die Studierenden in den USA, soweit sie Uniform tragen: »Junge Offiziere in Uniform sind ein alltäglicher Anblick in den Hörsälen amerikanischer Universitäten. Mit beneidenswerter Großzügigkeit (und den Geldmitteln einer reichen Nation) schickt die amerikanische Armee Zehntausende ihrer Offiziere zum Studium aller Fachrichtungen auf die Hochschulen. Umgekehrt beteiligen sich etwa 300 Universitätsinstitute an der militärrelevanten Forschung, sowohl technischer als auch politisch-soziologischer Art. Hier können wir noch viel lernen.« (IfdT 5/68, S. 323)

Der völkerrechtswidrige Krieg und der Völkermord der USA in Vietnam werden entschieden gerechtfertigt. »Die Kriegsführung der Amerikaner bedient sich zwar modernster technischer Hilfsmittel, bleibt aber im großen und ganzen im Rahmen der herkömmlichen Kriegsführung. Alle subversiven Mittel, die der Gegner in reicher Zahl und nie ermüdender Erfindungsgabe anwendet (also politischer Mord, Verschleppung, Verkleidung, ›Untertauchen‹ in der Bevölkerung), kommen für die Amerikaner nicht in Frage, teils weil es deren sittlichen

Grundsätzen widerspricht, teils weil der Weiße in der eingeborenen Bevölkerung sofort auffällt ... Die beiden wichtigsten Selbstbeschränkungen der Amerikaner sind jedoch diese:

- Sie haben keine Atomwaffen eingesetzt (und werden wohl auch keine einsetzen),
- sie haben keine Ziele in China bombardiert.« (IfdT 1/67).

Jede Abweichung von den politischen und militärischen Zielen des Westens werden als Beiträge zur Durchsetzung der Interessen des Gegners, seiner strategischen »Hauptrichtungen« gewertet. Für Europa gilt: »Die Hauptrichtungen der sowjetischen Strategie zielen unverändert auf die USA einerseits und auf Zentral-Europa andererseits. Europa wird jedoch nur als ein erstes – aber auch erstrangiges – strategisches Zwischenziel des weltweiten Planes verstanden. Mit der Einverleibung des gewaltigen europäischen Potentials und der Verbesserung der strategischen Ausgangspositionen im Atlantik wäre ein entscheidender strategischer Durchbruch gelungen.« (IfdT 6/68, S. 418)

Und dies gilt auch für die sich befreienden Kolonien und ehemals abhängigen Völker: »Das alles vernünftige Maß übersteigende Tempo der Neuschaffung mittlerer, kleiner und kleinster Staaten, die gewaltig gestiegene Zahl teils nationaler, teil künstlich konstruierter Grenzen und Souveränitäten erhöhen die Gefahr internationaler Verwicklungen und Kriege.« (IfdT 1/68 Dokument 14)

Die Zeitschrift der Inneren Führung »Information für die Truppe« in den Jahren der 68er hier vorzustellen, ist in zweierlei Hinsicht bedeutungsvoll: Wir erhalten Einblick in das Denken, zu dem die heute die Truppe repräsentierenden und sie prägenden Kader angehalten wurden. Immer wieder fallen uns Darstellungen aus jener Zeit auf, die erklären, warum die Innere Führung letztlich scheiterte. Soweit sie wirklich mit einer Tradition brechen sollte, die den deutschen Militarismus als Widerpart einer sozialen und friedlichen Entwicklung begriff, die demokratisch staatsbürgerliche Maßstäbe über die »Soldatentugenden« stellte, hat es sie nicht gegeben. Bis 1968 nicht – und auch nicht bis heute. Die Innere Führung blieb Fassade. Der Soldat nicht Staatsbürger, sondern Elite in Uniform, militärische Lösungen favorisierend. Reaktionäre schwarz-weiße Feindbilder pflegend. Nichts oder wenig aus der Geschichte lernend. Das Gesellschaftsbild statisch und konservativ. Traditionen pflegend, die historisch diskreditiert sind.

Hartmut Lück, auf dessen Zusammenstellung aus »Information für die Truppe« (erschienen im September 1969 im Verlag »gestern und heute« des unvergessenen antifaschistischen Rechercheurs Kurt Hirsch, München) unsere Auswahl beruht, konnte nicht ahnen, dass wir heute diese Fakten wie aus der aufgebrochenen Büchse aus dem Grundstein eines in die Jahre gekommenen Gebäudes präsentieren. Wir haben die Dokumente neu kommentiert. Aber eine höchst aktuelle Kommentierung aus jener Zeit, die Hartmut Lück auf Seite 102 seiner Schrift »Zur politischen Bildung in der Bundeswehr« vornahm, möchten wir erneut vorlegen: »Von der Bundeswehr werden bestimmt keinerlei Impulse zu einer fortschreitenden Demokratisierung der Gesellschaft ausgehen. Im Gegenteil. Man könnte eventuell darüber hinwegsehen, wenn sich diese Denk- und Verhaltensmuster in Traditionsverbänden leer laufen würden. Doch schon werden wieder ›Opfer von der Bevölkerung‹ gefordert, wird in höchsten Kreisen der Bundeswehr die ›Erziehung zum Führertum‹ propagiert (Brigadegeneral Heinz Karst, zuständig für das Erziehungs- und Bildungswesen im Heer, vgl. Süddeutsche Zeitung vom 27.6.69), schon spricht Bundeskanzler Kurt Georg Kiesinger von der Bundeswehr als der ›großen Schule der Nation für unsere jungen Leute‹. Die Einübung des Gehorsams, der Disziplin, des Konservatismus findet statt unter der Fahne der ›Neuordnung Europas‹. Es ist kein Wunder, dass Kiesingers nationalistische Theorie von der Bundeswehr als ›Schule der Nation‹ frenetischen Beifall erhielt, als er sie am 18.6.69 vor der Hauptversammlung des Bundeswehrverbandes in Bad Godesberg formulierte. Zu lahm waren – nachdem die Öffentlichkeit hellhörig geworden war – die ›Erläuterungen‹ im Bundestag, es sei ja alles gar nicht so gemeint gewesen; eine inhaltliche Distanzierung fand weder durch die Unionsparteien noch durch die SPD (Helmut Schmidt) statt. Der Lehrplan dieser ›Schule der Nation‹ – in der Information für die Truppe schon mehr als nur in Umrissen sichtbar – ist eine Gefahr nicht nur für die Bundeswehr, sondern für unsere gesamte Gesellschaft.«

7.
Der Sieg vom 3. Oktober 1990

Die Militärs vergeuden die Friedensdividende und sichern sich ein Arbeitsbeschaffungsprogramm

Am 3. Oktober 1990 übernahm die Bundeswehr das NVA-Verteidigungsministerium in Straußberg, und ein stellvertretender Oberkommandierender versicherte den Soldaten aus Ost und West, die Bundeswehr brauche den Vergleich mit der Wehrmacht nicht zu scheuen. Mit den Worten des damaligen Generalinspekteurs Dieter Wellershoff vor der ersten Kommandeurskonferenz nach Anschluss der DDR und Übernahme ihrer Armee am 11. März 1991 wurde die »Wiedervereinigung« wie ein militärischer Sieg gefeiert: »Wir ernten jetzt die Früchte des Dienstes unserer Vorgänger, aller Soldaten der Bundeswehr und unserer Verbündeten.« Diese Worte verdeutlichten noch einmal, was bis dato im Mittelpunkt jeder rechtsextremen Militärkonzeption stand: Die »Einheit in Freiheit« genannte Überwindung der Niederlage vom 8. Mai 1945 durch das Vorrücken bundesdeutscher Truppen zumindest bis an die Oder.

Das wurde mir klar, als ich in Zeiten, da wir alle auf die Friedensdividende nach Ende der Ost-West-Konfrontation hofften, auf internen Beratungen von Bundeswehr und Industrie Thesen vernahm, die dann 1992 in den Verteidigungspolitischen Richtlinien ihren Niederschlag fanden. Einen Verteidigungsminister a.D. Rupert Scholz hörte ich dort offen zum Verfassungsbruch aufrufen, indem er alles andere als Verteidigungseinsätze – und nach wie vor sind nur sie durch das Grundgesetz gedeckt – von der Bundeswehr einforderte: Nach der Überwindung der wesentlichen Folgen des Zweiten Weltkrieges sei nun die Zeit gekommen, auch die Ergebnisse des Ersten Weltkrieges zu überwinden.

Was 1990 wie ein Arbeitsbeschaffungsprogramm für Uniformierte anmutete, deren Aufgabe erledigt war, die aber den Gang zum Arbeitsamt scheuten, wurde bald zu einem friedensgefährdenden Projekt.

Soldaten, die nichts zu tun haben, aber auch nicht abgerüstet werden, kommen auf schlimme Gedanken. Es wurde eine Armee anvisiert, die Deutschland wieder zu einer offensiven und interventionistischen Militärmacht werden lässt. Deutsche »nationale Interessen« sollten weltweit durchgesetzt werden.

Im September 1991 fand das »Fürstenfeldbrucker Symposium für Führungskräfte aus Bundeswehr und Wirtschaft« statt. Ich hatte eine Ankündigung dazu in einem Pressedienst der Arbeitgeber-Bundesvereinigung gelesen und mich angemeldet. Zu meiner Überraschung wurde ich zugelassen, obwohl die Tagung nicht presseöffentlich war. Außer mir war als Medienvertreter nur ein Vertreter der »Augsburger Allgemeinen« dabei. Veranstaltet wurde die Tagung in der Fürstenfeldbrucker Fliegerschule von der Bundesvereinigung der Deutschen Arbeitgeberverbände und der Bundeswehr. Ähnliche Tagungen fanden damals an verschiedenen Orten statt, um eine »neue sicherheitspolitische Rolle Deutschlands« einzufordern. Ich berichtete darüber für die Zeitung »Neues Deutschland«, konnte jedoch die zentrale These von der Revision der Ergebnisse des Ersten nach erfolgter Überwindung der Folgen des Zweiten Weltkriegs nicht in meinem veröffentlichten Artikel unterbringen. Die Redaktion fand derartiges wohl zu unwahrscheinlich, und ich konnte mich nur auf meine Notizen berufen. Erst zwei Jahre später gelangte ich an das Protokoll dieser internen Tagung, das vom Bildungswerk der Bayerischen Wirtschaft in einer »bbw-Dokumentationsreihe« als Nr. 20 gedruckt wurde.

Es war die Zeit, da noch sämtliche Parteien in Worten für Abrüstung eintraten, eine »Friedensdividende« nach Ende der Ost-West-Konfrontation für möglich hielten. Der Wortlaut des Grundgesetzes, der Angriffskriege verbietet (Artikel 26) und deutschen Soldaten als militärische Handlung nur die Verteidigung des Territoriums der Bundesrepublik (Artikel 87 a) erlaubt, wurde noch allgemein respektiert. Die SPD hatte (und hat!) ein Parteiprogramm, in dem es heißt: »Unser Ziel ist es, die Militärbündnisse durch eine europäische Friedensordnung abzulösen.« Und die Bündnisgrünen forderten gar: Raus aus der NATO. Kanzler Kohl, der am 3. Oktober 1990 zwar angekündigt hatte, die Deutschen würden mit Streitkräften der UNO helfen, wenn diese es wünsche, sagte, und sein Verteidigungsminister Rühe unterstützte es: Niemals sollten Soldaten aus Deutschland dort stehen, wo sie einst als Wehrmachtsangehörige standen. Angesichts dessen waren die Hauptaussagen der Fürstenfeldbrucker Tagung, die Forderungen der Manager und Militärs, so alarmierend. Militärische und ökonomische Eliten zeigten den Politikern auf, wo es lang gehen sollte.

Nachfolgend sollen die dreizehn Festlegungen der Tagung, die sich aus den Referaten und Beratungen ergaben, zur heutigen Realität in bezug gesetzt werden. In den Festlegungen wurde – lange bevor sie in der Politik erörtert wurden – eine neue offensive Militärkonzeption für das neue Deutschland jenseits der Militärdoktrin der Blockkonfrontation entworfen, und zwar von den Militärs und der Rüstungsindustrie. Nicht die Umverteilung aus dem Rüstungshaushalt zugunsten der Bewältigung von ökologischen, sozialen und kulturellen Aufgaben stand auf der Tagesordnung der Militärs und der Manager. Nicht die Friedensdividende wurde eingefordert, sondern ein Rüstungsetat auf hohem Niveau mit »weniger Personal und mehr Technik«, wie es Ursula von Haeften vom Bildungswerk der Bayerischen Wirtschaft beim Fürstenfeldbrucker Symposium formulierte.

Gefordert wurde in Fürstenfeldbruck von den Managern, Generälen und CDU/CSU-Politikern im einzelnen:

➲ 1. Deutschland müsse nun endlich »normal« werden und sich, als stärkstes Land Europas, als »Macht« begreifen, die Verantwortung übernehme, ohne eine »Sonderrolle« zu spielen. Allerdings gehe es aber doch um eine besondere Rolle, denn Deutschland sei zur »partnership in leadership« (US-Präsident Bush) aufgerufen. (So Verteidigungsminister a.D. Rupert Scholz, CDU, auf dem Symposium)

Zwölf Jahre später ist Deutschland eine »normale« große Macht, die eine Sonderrolle wie Großbritannien, USA und Frankreich spielt. Die Generäle und nicht die Programme von SPD und Grünen haben sich durchgesetzt. (Heute wissen wir, dass die Führungen dieser Parteien gar nicht daran dachten, ihre Friedenspolitik fortzusetzen.) An über zehn Einsatzplätzen stehen jetzt ständig über 10.000 deutsche Soldaten weit entfernt von heimatlichem Territorium.

➲ 2. Deutschland müsse UNO-Militäraktionen unterstützen und mit Truppen daran teilnehmen. (Scholz)

Keine Kampfeinsätze, allenfalls UNO-Blauhelmeinsätze, das war damals Konsens im Lager der etablierten Politik. Heute ist Deutschland bei diversen UNO-Militäraktionen dabei, wenn es »deutschen Interessen« dient (wie das die Verteidigungspolitischen Richtlinien von 1992 formulierten). Ferner wurde die NATO als Auftraggeber für deutsche Militäreinsätze umgewidmet, wenn die UNO mit einem Mandat nicht zur Verfügung stand. So im März 1999 beim Angriffskrieg gegen Jugoslawien.

➲ 3. Der NATO-Vertrag solle geändert werden, damit die NATO als Nordatlantikpakt auch an anderen Meeren, »out of area«also, tätig werden könne. Legitimierungen für den Waffeneinsatz könnten auch von WEU (der damaligen Westeuropäischen Union) und KSZE (heute OSZE) kommen. (Scholz)

Anstelle der NATO und des Warschauer Vertrages soll ein Gesamteuropäisches Sicherheitssystem treten, sagten einst SPD und Grüne. Heute gilt der erweiterte NATO-Auftrag, der vertragswidrig zustande kam und vertragswidrig ist, in einer vergrößerten NATO – gegen Rußland. Minister Scharping 1999: Es gelte der »WEU zu erlauben, eigene Operationen durchzuführen, und zwar unter Nutzung der NATO-Struktur.« Der NATO-Gipfel im April 1999 hat eine neue NATO-Strategie beschlossen. Diese sieht vor, dass die NATO auch ohne UNO-Beschluss jederzeit in allen Krisengebieten der Welt eingesetzt werden kann. Es gilt die militärische Selbstmandatierung der NATO anstelle des UNO-Beschlusses zu Maßnahmen gegen den Bruch des Gewaltverbots. Und es wird die Mandatierung für Kriegseinsätze durch die EU per EU-Verfassung vorbereitet. In Mazedonien und im Kongo stehen schon EU-Kontingente entsprechend dem Konzept »Europäische Verteidigungsidentität«. Ein »militärischer Arm« der EU wurde geschaffen.

➲ 4. Deutsche Auslandseinsätze seien ohne Änderung des Grundgesetzes möglich. (Scholz)

Dass sie gerade nicht möglich seien, war Konsens Anfang der 90er

Jahre. Mittels der vom Parlament geduldeten Uminterpretation des Grundgesetzes durch das Bundesverfassungsgericht und unter Druck des damals illegalen Generalstabs sowie willfähriger SPD- und Grünen-Politiker sind sie nun möglich geworden.

➲ 5. Zu schaffen sei ein Sicherheitsrat für Europa anstelle des Weltsicherheitsrats. Keine politische Union ohne »europäische Sicherheitsunion.« (Scholz 1991)

An die Stelle des Weltsicherheitsrates mit seinem sogenannten Gewaltmonopol gemäß UNO-Charta ist mit dem 16. Oktober 1998, dem Vorrats-Beschluss des Bundestages über die Selbstmandatierung der NATO in Sachen Kosovo und den Einsatz der Bundeswehr gegen Serbien, der Nordatlantikpakt NATO getreten. (Nebenbei: Nie sollte es Vorratsbeschlüsse für Bundeswehreinsätze geben; noch so ein heiliges Prinzip von SPD/Grünen, das heute mit Füßen getreten wird.) Die EU wird zur »europäischen« NATO ausgebaut. Mit seiner letzten Sitzung hat der 14. Bundestag im Oktober 1998 das Ende der Unterwerfung der Deutschen unter die UNO-Charta beschlossen – »Bruch der UNO-Charta« wäre noch verharmlosend ausgedrückt. Das wird auch nicht dadurch geheilt, dass die 1998 angetretene Regierung in ihrem SPD-Grünen Koalitionspapier viel von der Stärkung der UNO und ihres »Gewaltmonopols« spricht. Mit zwei weiteren Beschlüssen zur Entsendung von Kampftruppen und Material nach Mazedonien – zur Abstützung des Beschlusses vom 16. Oktober 1998 – hat die Bundestagsmehrheit gezeigt, daß sie nicht willens ist, zur UNO-Charta zurückzukehren.

➲ 6. Neben die unmittelbare Verteidigung trete die Aufgabe der internationalen Teilhabe der Deutschen mit gut ausgerüsteten Eingreiftruppen. (BDA-Sprecher Hermann Linke)

Gut ausgerüstete Eingreiftruppen der Bundeswehr sind in Gestalt der Krisenreaktionskräfte und später der Einsatzkräfte und vor allem des Kommandos Spezialkräfte (KSK) geschaffen worden. Die Opposition der SPD und Grünen gegen das KSK bestand nach der Bundestagswahl 1998 nur noch eine abstrakte Sekunde lang. Zudem wurde das

Prinzip, keine Vorratsbeschlüsse zu fassen, aufgegeben: Ohne sie zu aktualisieren, können einmal gefasste Bundestagsbeschlüsse zu »Vorratsbeschlüssen« werden. Am 16. November 2001 wurde unter Druck der Vertrauensfrage durch den Kanzler ein Einsatz in Afghanistan beschlossen, der ohne neuerliche parlamentarische Beschlussfassung einfach immer wieder verlängert und in seiner Reichweite ausgedehnt wird.

➲ 7. UNO, WEU oder NATO sollen Militäreinsätze auch gegen den Willen der Betroffenen, etwa gegen das damals noch intakte Jugoslawien, durchführen, um das Selbstbestimmungsrecht, wozu auch die Sezession gehört, zu erzwingen. In diesem Zusammenhang hieß es in Fürstenfeldbruck weiter, »dass der Jugoslawienkonflikt unbestreitbar fundamentale gesamtdeutsche Bedeutung hat. Wir glauben, dass wir die wichtigsten Folgen des zweiten Weltkrieges überwunden und bewältigt hätten. Aber in anderen Bereichen sind wir heute damit befasst, noch die Folgen des Ersten Weltkrieges zu bewältigen. Jugoslawien ist als eine Folge des Ersten Weltkrieges eine sehr künstliche, mit dem Selbstbestimmungsrecht nie vereinbar gewesene Konstruktion.« Das bedeute, »dass meines Erachtens Kroatien und Slowenien völkerrechtlich unmittelbar anerkannt werden müssen. Wenn eine solche Anerkennung erfolgt ist, dann handelt es sich im Jugoslawienkonflikt nicht mehr um ein innenpolitisches Problem Jugoslawiens, in das international nicht interveniert werden dürfe.« (Scholz)

Genau so ist es geschehen, genauso kam es zum Krieg auf dem Balkan. Mit dem Krieg von 1999 ging es der NATO – unterstützt von der heutigen Bundesregierung – offenbar um die Zerstörung auch noch Restjugoslawiens. Alles lief im Kosovokonflikt darauf hinaus: Es wurde die OSZE vor eine unlösbare Aufgabe im Kosovo gestellt, wie zuvor die UNO-Blauhelme in Bosnien. Die NATO schien »ja gerade darauf zu warten, eine militärische Intervention umsetzen zu können«, klagte der CDU-Politiker Willy Wimmer, Vizepräsident der OSZE-Versammlung. (Süddeutsche Zeitung, 30. 12. 98)

➲ 8. Die Sicherheitspolitik habe sich einzustellen auf die Gefährdung der Werte der westlichen Gemeinschaft, die mögliche Verweigerung strategischer Rohstoffe, die Massenauswanderung nach dem Westen. (Brigadegeneral Peter Vogler, Luftwaffe)

Die Abwehr gegen Flüchtlingsströme bei gleichzeitigem Griff nach den Rohstoffen und Handelswegen in aller Welt ist zum Kern der deutschen Militärdoktrin geworden. SPD und Grüne stellen diese Doktrin nicht in Frage. Die »Werte« der westlichen Gemeinschaft sind in den Mittelpunkt der Sicherheitspolitik der 1998 gewählten Regierung (Koalitionsvertrag) gerückt: Marktwirtschaft; Durchsetzung der Interessen Deutschlands und des Westens.

➲ 9. Umstrukturierung der Bundeswehr, die kleiner werden solle, was durch Kaderung, d.h. schnelle Einbeziehung der Reservisten, und durch Vergabe von Instandhaltungsaufgaben an den zivilen Sektor auszugleichen sei. (General Peter Vogler)

Die Schaffung einer neuen Strategie und Struktur der Bundeswehr ist weitgehend abgeschlossen. Es fehlt nur teilweise noch die nötige Ausrüstung. Transportflugzeuge für Einsätze in aller Welt sind noch nicht ausreichend vorhanden. Die Beibehaltung der Wehrpflicht dient vor allem der Aufrechterhaltung der gegenwärtigen Truppenstärke (»stehendes Heer«, wie der ehemalige Außen-Staatsminister Volmer es richtig nannte) und der möglichen, heute jedoch nicht aktuellen Auffüllung (Aufwachsen) zu neuen Stärken, ferner der Gewinnung von Kadern als Zeit- und Berufssoldaten. Die Bundeswehrstärke von einer Million Menschen unter Waffen und mittels ruhender Depots in vielen Standorten sollte seinerzeit in wenigen Tagen und Wochen jederzeit erreichbar sein. Derzeit geht allerdings »Klasse vor Masse«, ohne dass für künftige Entwicklungen auf Reservisten und Wehrpflichtige sowie nunmehr Frauen in Uniform verzichtet werden soll.

➲ 10. Man wolle keine Marktwirtschaft, sondern staatliche Planwirtschaft auf dem Rüstungssektor, d.h. Weiterentwicklung von Forschung und Technologie mit den Mitteln des Verteidigungshaushalts. (Ministerialdirigent Norbert Roy, Beschaffer im Bundesverteidigungsministerium)

Das Beschaffungsprogramm wird auch von der SPD-Grünen Regierung durchgesetzt. Die Bevölkerung wird vollends um die Friedensdividende betrogen. Oligopolartige Rüstungslieferanten haben lukrative Verträge mit der Bundeswehr.

➲ 11. Akzeptanz des Steuerzahlers für Rüstung und Einsätze der Truppe. Sicherung der »Waffenbereitschaft« der Bürger. (Einleitung und Resümee der Tagung)

Das Arbeitsplatz-Argument (Kampf um jeden Arbeitsplatz in der Rüstungsindustrie) und die Menschenrechtsdemagogie haben zum Stillhalten vieler Bürger, wenn nicht zur Akzeptanz von Rüstung und Kriegseinsätzen geführt. Allerdings ist dieser Zustand durchaus fragil.

➲ 12. Ein neues Geschichtsbild ohne die Betonung der Jahre 1933 bis 1945; »Auschwitz und Holocaust« dürften nicht länger gegen das Selbstbewusstsein der Deutschen »instrumentalisiert« werden (so mehrere Manager in Fürstenfeldbruck). Anstelle der Bedrohung aus dem Osten müssten »Nation und Vaterland« und die deutsche »Souveränität« als Begründung für die Bundeswehr treten. (Scholz)

Die Betonung des »Normalwerdens« der Deutschen führte zur Ablenkung von der deutschen Vergangenheit. Deutschland wird so »normal« wie seine Nachbarn – und die, so die deutschen Stammtische und immer mehr Medien, werden auch nicht mit ihrer Vergangenheit konfrontiert. Wo Strauß forderte, wir sollten aus dem Schatten von Auschwitz heraustreten, sagen heute in der »Mitte« viele ähnliches. In der Bundeswehr etablieren sich neue Nazis auf den Schultern der alten, die mit Traditionsverbänden der Wehrmacht die politische Ausrichtung der Truppe lange Zeit fest im Griff hatten. Sogar die selbst eingestandenen rechtsextremistischen »Einzelfälle« in der Truppe setzen sich auf hohem Niveau fort. Nie aufgeklärt wurden die Wirkungen der Aufrufe der Neonazis, unerkannt als junge »Nationale« zum »Bund« zu gehen und sich für kommende Kämpfe an der Waffe ausbilden zu lassen. Zugleich entwickelt sich das Ringen zwischen Traditionalisten und Modernisierern. Letztere stören sich an der Vergangenheitsbezogenheit der traditionellen Rechten, weil sie beim weltweiten Agieren hinderlich werden könnte.

➲ 13. Einführung einer allgemeinen militärischen und sozialen Dienstpflicht für alle Frauen und Männer. (Resümee der Tagung)

Dies ist der einzige Punkt aus dem Jahre 1991, der bisher noch nicht auf dem Wege der Verwirklichung ist. Aber es wird daran gearbeitet. Wer die Wehrpflicht erhalten will, wie es sich viele Politiker und Militärs vorgenommen haben, wird vor die Frage gestellt werden, wie das ohne Einbeziehung der »Nichtdienenden« geschehen solle. Schon bald kam aus dem SPD-geführten Entwicklungshilfeministerium der Vorschlag zur Schaffung eines Entwicklungshilfedienstes. Und hohe SPD-Politiker denken laut über die Dienstpflicht für alle nach. Die Dienstverpflichtung aller wird somit zur Lösung – allein schon aus Gründen der »Wehrgerechtigkeit«.

Diese dreizehn Punkte sind nur ein Teil der Arbeitsergebnisse von Treffen, mit denen militärische Kreise ihre Forderungen an die Politik anmeldeten. Die nachfolgend beschriebene »Vorläufige Leitlinie für die operative Führung von Kräften des Heeres« vom 8. 2. 1994, erlassen vom Inspekteur des Heeres Helge Hansen, stellt eine noch viel unverfrorenere Anmaßung politischen Handelns durch die Militärs dar. Eine solche Anmaßung hätte früher einmal eine »Generalsaffäre« bewirkt und zur Entlassung der Betreffenden geführt. In der Truppe des neuen großen Deutschland ist solches wieder normal. Es wurde seit Veröffentlichung des ersten Koalitionsvertrages von SPD und Grünen/Bündnis 90 immer wieder gefragt, warum darin nichts Kritisches zu Dokumenten wie den Verteidigungspolitischen Richtlinien (VPR), erarbeitet von den führenden deutschen Generälen und abgenickt im November 1992 von der Regierung Kohl, enthalten war. Gefragt wurde, warum durch SPD und Grüne Richtlinien nicht sofort aufgehoben wurden, in denen als Aufgaben der Bundeswehr formuliert wurde:

➲ »Vorbeugung, Eindämmung und Beendigung von Krisen und Konflikten, die Deutschlands Unversehrtheit und Stabilität beeinträchtigen können.«

➲ »Aufrechterhaltung des freien Welthandels und des ungehinderten Zugangs zu Märkten und Rohstoffen in aller Welt im Rahmen einer gerechten Weltwirtschaftsordnung.«

Die von kritischen Offizieren bekannt gemachte »Leitlinie« aus dem Heer macht sichtbar, dass die VPR in den Teilstreitkräften Nachahmung fanden, wobei sogar noch kräftig zugelegt wurde. Erstmals liegt eine Leitlinien vor, nach der das Heer ausgerichtet wird. Nachfolgend wichtige Originalzitate daraus.

Krieg als zulässige Fortsetzung der Politik mit anderen Mitteln: »Die grundsätzlichen Überlegungen von Clausewitz zum Verhältnis von Politik, Strategie und Militär besitzen auch heute noch weitgehend Gültigkeit. ... Nach Clausewitz' Verständnis setzt der Kriegsplan die politischen Ziele unter Beachtung der Prinzipien der Strategie um und bedient sich dazu der Gefechte. Im Grundsatz deckt sich dieses Verständnis mit den Anforderungen an heutige Operative Führung. Die Verknüpfung von Politik und der Anwendung militärischer Machtmittel ist sogar noch enger geworden.« (Seite 5)

Wehrmacht als Vorbild – ohne Hitler hätten seine Generäle, z.B. Manstein, den Krieg gewonnen: »Operative Führung suchte und fand die Entscheidung im offensiven Schlagen des Gegners. Der Grundsatz, initiativ zu werden, behielt aber auch bei kräftemäßiger Unterlegenheit seine Gültigkeit. Generalfeldmarschall von Manstein steht für erfolgreiche Operationsführung nach diesem Prinzip. Er gewann viele Schlachten durch das ›Schlagen aus der Nachhand‹. Die Missachtung dieser erprobten Führungsgrundsätze, z.B. durch Einschränkung der Handlungsfreiheit oder auch detaillierte Befehlsgebung über mehrere Führungsebenen hinweg, schloss am Ende des zweiten Weltkrieges eine selbständige Operative Führung weitgehend aus.« (Seite 6)

Endlich wieder nationale deutsche Militäraktionen: »Nach dem zweiten Weltkrieg führte die Entwicklung der Nuklearwaffen zu einer noch tiefer greifenden Veränderung des operativen Denkens und Handelns. Die Dominanz der Nuklearstrategie, die politischen Vorgaben zur Vorneverteidigung und die Einbindung der deutschen Streitkräfte in die alliierte Planungs- und Führungsverantwortung der NATO hatten einen weitgehenden Verzicht auf eigenständiges nationales operatives Denken über längere Zeit zur Folge. Erst im Jahr 1987 forderte der damalige Inspekteur des Heeres mit der Operativen Leitlinie wieder dazu auf, operatives Denken im deutschen Heer neu zu beleben und fortzuentwickeln. Mit der Veränderung der sicherheitspolitischen und strategischen Rahmenbedingungen steht Operative Führung nun vor erneuten Herausforderungen. Es gilt, Bewährtes und unverändert Gültiges mit den Erfordernissen einer sich weiter entwickelnden Zeit sinnvoll zu verknüpfen.« (Seite 6)

Ausbildungsplan für deutsche Heeresoffiziere – Einbringung »nationaler« Auffassungen: »Mit ihrer Herausgabe ist die Operative Leitlinie Grundlage für Ausbildung und Lehre im Heer. Für deutsche Heeresoffiziere in Gremien und Hauptquartieren des Bündnisses sowie anderen internationalen Organisationen bildet sie zusammen mit den vom Führungsstab der Streitkräfte zu erarbeitenden ›Grundgedanken zur operativen Führung von Streitkräften‹ den Rahmen für das Einbringen nationaler Auffassungen bei der Planung und Führung von Operationen.« (Seite 7)

Auf Krisen und Konflikte möglichst immer militärisch reagieren: »Regionale Konflikte mit auch neuen Konfliktformen werden an Wahrscheinlichkeit und in ihrer Häufigkeit zunehmen. Auch wenn derartige Konflikte nicht zu einer unmittelbaren existentiellen Gefährdung unseres Landes führen, können sie sich auf die Sicherheit Deutschlands auswirken.« (Seite 7) »Deutschland ist aufgrund seiner internationalen Verflechtungen und globalen Interessen als eine hochentwickelte Industrienation einem vielfältigen Risikospektrum ausgesetzt.« (Seite 8) »Neben der Fähigkeit zur umfassenden Verteidigung sind künftig auch Beiträge zur Krisenreaktion sowie humanitäre und friedensunterstützende Einsätze zur Krisenbewältigung zu leisten.« (Seite 10)

Zu den Nuklearwaffen: Kleine Atomwaffeneinsätze sind erlaubt und Sache der Militärs! »Nuklearwaffen sind politische Instrumente zur Kriegsverhinderung, gegenseitigen Abhaltung ihres Einsatzes und ggf. Kriegsbeendigung. Dies schließt Entscheidungen der operativen Führungsebene über den Einsatz von Nuklearwaffen aus. Aufgabe der Operativen Führungsebene nach ggf. erfolgter politischer Entscheidung bleibt aber die Durchführung substrategischer Nukleareinsätze mit luftgestützten Trägermitteln.« (Seite 13)

Das »deutsche Interesse« entscheidet: »Zugleich wahrt der Nationale Deutsche Befehlshaber gegenüber der Führung des multinationalen Einsatzverbandes die nationalen Interessen und wirkt auf die Berücksichtigung deutscher militärpolitischer Auflagen ein. ... Dabei können sich in Einzelfällen auch Widersprüche, z.B. zwischen deutschem Recht und den Rechtsvorschriften eines Gastlandes, ergeben.« (Seite 14)

Für siegreiche Offensiven im Blitzkrieg: »Offensive Operationen sind auch in einer strategischen Defensive nicht ausgeschlossen. Denn nur in der Offensive kann in der Regel eine Entscheidung erzwungen werden. Offensive Operationen sind hochbeweglich und mit raschem Tempo so zu führen, dass bereits mit der ersten Schlacht entscheidende Erfolge erzielt werden.« (Seite 46)

Für aggressive Operationen: »Wesentliches Merkmal der Offensive sind hochmobile, aggressive Operationen mit gleichzeitiger Wirkung gegen Front, Flanke und Tiefe des Gegners.« (Seite 46)

Und noch ein schöner Spruch von Clausewitz über die Militärführer: »Die Umsetzung der Grundsätze allein ist aber noch kein Garant für den Erfolg. Wesentliche Voraussetzung ist die Qualität der Führer, die seit Clausewitz unverändert über Mut, Kraft des Körpers und der Seele sowie einen feinen, durchdringenden Verstand verfügen sollten.« (Schlusssatz auf Seite 68)

»Nur zum Dienstgebrauch« – so lautet der Vermerk auf diesem internen Papier aus dem Heeresamt, das hier zitiert wurde. Die Leitlinie zur Operativen Führung des Heeres dient der Ausbildung der Heeresoffiziere. Es steht zwar kein Wort über Menschenrechte in dem Papier, aber es wird sichtbar, wie interessengeleitet der Umgang mit dem Argumenten Menschenrechte, Terrorismus u. ä. ist: Wo keine »deutschen Interessen« gegeben sind, gibt es auch keine Interessen an Menschenrechten und an Terrorismusbekämpfung.

So konnte man es immer wieder im Blatt für die Innere Führung der Bundeswehrsoldaten »Information für die Truppe« lesen: Kriegsverhütung führt nicht zum Frieden; Krieg bleibt Teil des Arsenals der Politik; der Soldat muss auf Kriegseinsätze gefasst sein, um zu töten oder getötet zu werden.

Die Soldaten sollen sich an Kriege gewöhnen und Kriege führen. Das Grundgesetz, das die Führung eines Angriffskrieges verbietet und nur für den Verteidigungsfall deutsche Truppen zulässt, wurde abgelöst durch die neue deutsche Militärkonzeption – konzipiert von politisierenden Generälen und akzeptiert von politisch Verantwortlichen.

8.
Die deutsche Rechte und der Krieg

Deutschland wieder im Kreis der Aggressoren

Der Umgang der deutschen Rechten, auch der rechten militärischen Eliten, mit den neuen Kriegen vollzieht sich nicht einheitlich. Einerseits ist der Krieg endlich wieder erlaubt, spielt Deutschland wieder eine militärische Rolle. Andererseits finden die Kriege zu sehr unter der Vorherrschaft der USA statt, als dass sich die Rechten einheitlich darüber freuen könnten. Die außermilitärische extreme Rechte verurteilte überwiegend noch den Angriffskrieg vom März 1999 gegen Jugoslawien. Die militärische Eliten sahen damit jedoch das Ende der kriegerischen Zurückhaltung gekommen – und das löste bei ihnen größte Zufriedenheit aus. Die Kriege im Gefolge des 11. September 2001 spalteten die Rechte. Zwar hat die massive Verletzung des Völkerrechts durch die USA insofern allgemein Befriedigung ausgelöst, als daraus eine Entschuldung des deutschen Faschismus abgeleitet werden konnte. Andererseits ergriffen die rechtesten Kräfte unverhohlen Partei für die antiamerikanischen Terroristen.

Während sich Neonazis bis 1999 an den militärischen Auseinandersetzungen zur Zerstörung Jugoslawiens vor allem auf kroatischer Seite beteiligten, z.B. als Terroristen und Söldner, war vom Präsidium der NPD im März 1999 ein Appell an alle »deutschen Soldaten und Beamten« zu vernehmen, dem »Amtseid auf das Grundgesetz treu« zu bleiben und die Mitwirkung »am Angriffskrieg gegen die Bundesrepublik Jugoslawien« zu verweigern. Die Ablehnung dieses NATO-Krieges gegen Rest-Jugoslawien stützte sich auf drei zentrale, miteinander verbundene Ideologeme der extremen Rechten, schreibt Fabian Virchow in »Der deutsche Militarismus ist nicht tot« (Wuppertal, VVN-BdA-NRW, 2000) und nennt diese Ideologeme: »Den Antiamerikanismus, den Rassismus und die Geopolitik.« Die Bundesregierung wurde von den Rechten als »Bonner Abenteurer und Steigbügelhalter des US-Imperialismus« oder »willige Vollstrecker Washingtons« bezeichnet. Die »fremden Truppen« sollten aus Deutschland abgezogen werden, nicht aber gegen Serbien Unterstützung finden. Andererseits gab es seitens der Rechten dennoch keine Sympathie für Serbien. Die Siegermächte des Ersten und Zweiten Weltkrieges hätten sich versündigt, weil sie einen »Vielvölkerstaat« zugelassen hätten. In der »Jungen Freiheit« (17/99) kommt ein Autor zu dem Schluß, es sei »nicht einzusehen, warum gerade traditionsbewusste Deutsche ihren Widerspruch anmelden sollten, wenn ›der Westen‹ spät, aber doch darangeht, auf dem Balkan seine Fehler von 1918 und 1945 zu korrigieren.« »Nation und Europa« (5/99) fand dann auch zum alten Antislawismus zurück: »Als deutscher Nationalist kann man nun mal nicht auf der Seite der serbischen Mordbrenner und Vertreiber stehen.«

Die Fluchtbewegungen aus dem Kosovo, die durch die von der albanischen UCK provozierten bewaffneten Auseinandersetzungen ausgelöst und dann durch die Nato-Bombardements noch wesentlich verschärft wurden, wurden zum Anlass genommen, um gegen Flüchtlingsströme nach Deutschland zu polemisieren und zugleich diesen Krieg als Beispiel zur Lösung der »Vertreibungsfrage« zu empfehlen. Die deutschen Vertriebenen, »deren Rechtsansprüche weder politisch noch militärisch durchgesetzt werden« (Nation und Europa, Mai 1999), wüssten nur zu gut, welches Leid den Albanern zugefügt werde. Und so stellt dann die »Deutsche National-Zeitung« 17/99 ein Umdenken der Rechten zum NATO-Krieg in Aussicht für den Fall, dass die »heutigen ›deutschen‹ Politiker die Ehre der deutschen Soldaten zweier Weltkriege wieder hergestellt haben.« Und bei Kriegsende stellte dann auf seiner »Signal«-Web Site der Rechtsextremist Manfred Rouhs fest: Der Krieg habe »auch noch in anderer Hinsicht sein Gutes.« Er stärke »das Selbstbewusstsein der Deutschen«, denn »deutsche Soldaten stehen im Krieg, und sie sind erfolgreich. Und sie haben Rückhalt in der Bevölkerung, sogar bei den Grünen. Das schafft eine neue Lage.« Und weiter: »Auch über solche Kollektiverfahrungen werden sich die Deutschen Schritt für Schritt zu einer normalen Nation entwickeln, die Neurose von 1945 endgültig überwinden, bis sie Vorreiter eines neuen europäischen Selbstbewusstseins sind.« Die Zielsetzung einer Europa dominierenden Großmacht Deutschland stand dann am Ende des rechten Diskurses über den »Kosovokrieg«.

Vom anfänglichen »Pazifismus« der Rechten im Falle des Krieges gegen Serbien war nichts mehr übrig, als mit dem 11. September 2001 die Diskussion wieder aufflammte. Nun ergriffen die Neonazis für eine Seite im antisemitischen »Befreiungskrieg« Partei: für die Islamisten. Doch bald bemerkten sie ihre Widersprüche, wenn sie islamistischen Antisemitismus mit ihrem eigenen antimuslimischen Rassismus in Einklang bringen wollten. Und so stimmten sie innenpolitisch in den Mainstream ein, der für sie günstig verlief. In Deutschland wuchs der Pegel staatlicher Ausländerfeindlichkeit an. Die Aufmerksamkeit für den »Aufstand der Anständigen« gegen den Neonazismus nahm hier ab. Dutzende Millionen DM Haushaltsmittel, später Euro, wurden von Aufklärungsaktionen gegen Rechte hin zu de facto antiislamischen Aktivitäten transferiert.

Die Anschläge von New York und Washington seien »ein Befreiungskrieg«, sie wären »eminent wirksam und deshalb rechtens«, schreibt im September 2001 NPD-Starjurist Horst Mahler, der in New York das Zentrum des Judentums ausgemacht hat, das jetzt militärischen Angriffen ausgesetzt sei. »Wollt ihr den totalen Krieg?« ruft zugleich unter Beifall seiner Fans der Führer der Freien Kameradschaften Christian Worch in Frankfurt an der Oder aus. Mit Hetzparolen gegen die Juden, die USA und Israel wird die KZ-Gedenkstätte Dachau bei München beschmiert. »Schöne Bilder, wirklich sehr schöne Bilder«, wird in rechtsgerichteten Internet-Chats angesichts des brennenden World Trade Centers gejubelt. Und die DVU thematisierte bereits vieldeutig Anschläge gegen Juden auch in Deutschland, rät jedoch von solchen Anschlägen ab, weil sie eine »antideutsche Hetze« auslösen könnten.

Von einem »kriegerischen Befreiungsschlag der freien Welt gegen die imperialistische Politik der USA und ihrer Verbündeten« spricht die NPD in einer in Lübeck verbreiteten Erklärung. Daß es zivile Opfer gab, wird als »Kollateralschaden« bezeichnet. Nicht nur diese »längst überfällige Befreiungsaktion gegen die USA« und die »zionistische Oligarchie«, so das »Bündnis Rechts« der norddeutschen »Freien Kameradschaften«, löst bei Neonazis Zufriedenheit aus. Auch das Anheizen der staatlichen Fremdenfeindlichkeit durch regierungsamtliche Maßnahmen der »inneren Sicherheit« erfreut die Neonazis. Sie nehmen diese Maßnahmen zum Anlaß, noch manche Forderung drauf zu satteln: Die NPD Schleswig-Holstein sieht zwar in der »islamischen Welt einen natürlichen Bündnispartner«, dem allerdings nur »außenpolitisch unsere volle Unterstützung« gehöre. Das deutsche Volk werde seinen »Freiheitskampf selbst nur dann effektiv führen können, wenn es zu seiner nationalen Identität und völkisch geprägten Kultur in einer ethnisch homogenen Gemeinschaft zurückfindet.« Also Ausländer raus und rein mit ihnen in die Kamikazeflugzeuge oder wenigstens in den Abschiebeknast? Und so wird in einem Aktionsprogramm die »konsequente Rückführung aller auf deutschem Boden lebenden Bürger außereuropäischer Herkunft in ihre Heimatländer innerhalb der nächsten 100 Tage« gefordert. Die Politiker und Beamten, die an der »Massenzuwanderung« und an der »Islamisierung auf deutschem Boden« Verantwortung tragen, seien zu entlassen und notfalls in Haft zu nehmen.

Daß das Vereinsrecht zu Ungunsten ausländischer, vor allem islamischer Mitbürgerinnen und Mitbürger geändert werden sollte, reichte der NPD noch nicht aus. In ihrem Lübecker Aktionsprogramm vom 18. September 2001 wird die Bestrafung aller Personen verlangt, die Ausländervereinigungen nicht schon lange als »terroristische und kriminelle Vereinigungen« verboten haben.

Fasziniert sind die Neonazis vom Terror der Islamisten aus Saudi-Arabien und Palästina. Es gibt Nachahmungen – zumindest in der Propaganda. Neonazi-Provinzchef für NRW, Michael Krick, bemühte aus seinem niederländischen Exil sogar den Germanen-Kult. Krick an seine Bande: »Zeigt kein Erbarmen und keine Reue. Sieg oder Walhalla.« Dem Mörder und Selbstmörder wird auch hier der Einzug ins Paradies verheißen. (Nach »Westfälische Rundschau«, 17.5.2001) Unter Berufung auf große Weltreligionen wird von Terroristen und Kriegstreibern immer wieder ähnliches ausgesagt. Es wird allgemein zugelassen, dass von reaktionären Politikern im Namen der Religionen verbreitet wird, Kriege seien von Gott erlaubt, wenn sie »heilig« oder »gerecht« sind. Der Kämpfer und Soldat sei ein Märtyrer, der ins Paradies einzieht, wenn er tötet und getötet wird. So wird – wir erlebten es in Nahost und nun in den USA – die Hemmschwelle zum Massenmord gesenkt.

Es gibt diese Art Lehre vom Krieg auch bei deutschen Christen. Ein Bischof versammelt einmal im Jahr im Kölner Dom die katholischen Bundeswehrsoldaten der Domstadt um sich, um ihnen zu versichern: »Einem Gott lobenden Soldaten kann man guten Gewissens Verantwortung über Leben und Tod anderer übertragen.« In der betenden Hand sei das Gewehr vor Missbrauch sicher. Auch im Januar 2004 pries dieser Bischof, der Kardinal Meisner, im Kölner Dom wieder die heutige, »die heilige, schützenswürdige Weltordnung«. Die Militäreinsätze der BRD und der NATO führten »zu jenem wahren Frieden, den Christus uns verheißen hat.« (Antifaschistische Nachrichten, Köln, 2-2004)

Nie zurückgenommen wurde jenes Gebetbuch für Soldaten, in dem die deutsche Katholische Kirche wenige Tage vor Beginn des Zweiten Weltkrieges 1939 den Soldaten einschärfte: »An der Front ist mein Platz, und wenn es mir noch so schwer fällt. Falle ich dort, was macht das! Sterben müssen wir alle einmal, und einen Tod, der ehrenvoller wäre als der auf dem Schlachtfelde in treuer Pflichterfüllung, gibt es nicht.«

Es fällt auf, dass zwar der Terror, wie am 11. September 2001 in den USA, allgemein verurteilt wird, aber von Seiten der Religionsgemeinschaften kaum jemand konsequent daran geht, endlich jegliche religiöse, aber dennoch verbrecherische Anstiftung der Selbstmordattentäter zum Märtyrertum in Frage zu stellen. Fällig wäre eine UNO-Erklärung, die besagt: Religiös verbrämte Kriegshetze darf nicht länger von der Religionsfreiheit gedeckt werden. Damit nähme man allerdings nicht nur Bin Laden, sondern auch George W. Bush seine wichtigste ideologische Waffe.

Wer Muslimen immer noch einredet, terroristische Gewalttaten seien gerechtfertigt und würden im Paradies »belohnt«, wenn die Attentäter »an Gottes Gebote glauben« (Bin Laden lt. Frankfurter Rundschau vom 12. 9. 01), der ist zweifellos ein verbrecherischer Kriegshetzer. Und wer solche Theorien in eigener religiöser Sprache spricht, ist es auch, oder er wird zumindest mitschuldig. Dementsprechend sind auch Präsident Bushs Aufruf: »Gott segne die Opfer, ihre Familien und

Amerika«, seine permanenten Kriegsgebete und beschwörenden Reden von der »Vorsehung«, deren Arm die USA seien, einzuordnen. Gott wird für das Töten vereinnahmt. Bis hin zur Propagierung des Völkermordes. Der US-amerikanische Verteidigungsminister Rumsfeld kündigte dann am 23. September 2001 den möglichen Einsatz auch atomarerer Waffen in dem kommenden langen Krieg an.

Im allgemeinen kriegerischen Taumel nach dem 11. September 2001 entstand nicht nur der Begriff von der »uneingeschränkten Solidarität« mit den heimgesuchten USA, der Kanzler kündigte auch an, Deutschland werde bald mit »neuem Selbstverständnis« und »in einer neuen Weise« die eingeschränkte Militärpolitik der »sekundären Hilfsleistungen« überwinden. Und der deutsche Außenminister begründete im Bundestag neue Aggressionen: Deutschland und Europa müssten sich an der Beseitigung der »Zonen der Ordnungslosigkeit« beteiligen (lt. Frankfurter Rundschau vom 12.10.01). Wenige Tage später beschloß der Bundestag unter dem Druck der Vertrauensfrage des Bundeskanzlers den Eintritt in den Krieg in Afghanistan, den die USA inzwischen vom Zaun gebrochen hatten, weil sie sich von diesem Land aus am 11. September angegriffen fühlten. Das Verfahren des Kanzlers, den Bundestag zu nötigen, stieß auf Begeisterung bei den Rechten und den Militärs, denen die Einsatz-Entscheidung durch das Parlament stets als zu umständlich erschienen waren.

Zugleich wurde die Anti-Terror-Gesetzgebung durch Initiativen des Innenministers Otto Schily vervollständigt – unter den Rufen der Rechten: Das reicht nicht aus. Und die Begeisterung der Rechten für den Terror gegen die USA legte sich, wenn auch keine Zustimmung zur Regierungspolitik daraus wurde. Der Widerspruch zwischen Begeisterung für antiamerikanischen und antiisraelischen sowie antisemitischen Terror einerseits und dem Hass auf fremde Kulturen im eigenen Land wurde von Chefredakteur André Goertz vom »Nationalen Info Telefon«, dem Stichwortgeber für Nazi-Aktionismus, schon am 13. September und dann immer wieder thematisiert: Es sei vor zuviel gezeigter Freude über den terroristischen Antiamerikanismus zu warnen, denn »bereits morgen können ähnliche Anschläge auch in deutschen Städten stattfinden. ... Fühlen wir dann auch Genugtuung, wenn Deutsche weggesprengt werden?« Wer in dieser Situation »mit Jubel und tiefer Genugtuung über Anschläge auftritt, zieht sich nur die Verachtung des Volkes zu und erweist sich als politikunfähig.« Wie aber gewinnen Rechte Politikfähigkeit? Durch Einssein mit dem Volk und durch Einstehen für das Abendland und das »weiße« Europa.

Goertz meinte, »dass der Terror die Sympathie und das Verständnis für die USA und Israel erhöht haben und damit unser eigentliches Anliegen, die Schaffung eines souveränen Europas, erschwert worden ist.« Das »christliche Abendland« müsse sich jedoch behaupten und dürfe sich im Zuge der Auseinandersetzungen nicht aufreiben. Daran sollten die »nationalen Jubler« mitwirken, statt über den Schlag gegen die »Judenknechte« zu triumphieren. Denn »Europa braucht eine eigene atomare Verteidigung und muß sich von den USA lösen, und zwar kulturell, wirtschaftlich und militärisch.« (Nationales Info Telefon, 13.09.01) Mit dem letzten Satz wird das Militärkonzept der Rechten – auch der Rechten in der Bundeswehr – erkennbar. Und das setzte sich im Sommer danach durch, als sich Kanzler Schröder bei seiner Weigerung, sich am völkerrechtswidrigen Krieg gegen den Irak zu beteiligen, auf den »deutschen Weg« berief.

Auch wenn manche hohen Militärs darob irritiert waren, die noch dem Vasallentum gegenüber den USA und der Nato verpflichtet waren, das ihnen zu Zeiten der Systemkonfrontation den Sieg über den Osten verhieß, so handelte Schröder doch entsprechend denselben Verteidigungspolitischen Richtlinien von 1992, die von den Generälen lanciert worden waren. Darin heißt es: »Auf der Grundlage dieser Werte verfolgt Deutschland seine legitimen nationalen Interessen. Trotz prinzipieller Übereinstimmung werden sich die deutschen Interessen nicht in jedem Fall mit den Interessen der Verbündeten und anderer Partner decken. Die nationale Interessenlage ist daher auch Ausgangspunkt der Sicherheitspolitik eines souveränen Staates.«

Nach dem Krieg gegen den Irak kamen die Vorreiter des völkischen Nationalismus im deutschen Militär, die Traditionsverbände beider Jägerformationen – der Gebirgsjäger und der Fallschirmjäger – zu ähnlichen Erkenntnissen, die auf eine Zustimmung zum Krieg im Irak hinausliefen. Zwar schwanken sie, ob sie den »völkerrechtswidrigen

Krieg« (»Gebirgstruppe«) der USA gegen den Irak begrüßen oder als gegen deutsche Interessen gerichtet verurteilen sollen. Aber die Tatsache, dass Kriege in fernen Gebirgen oder ölreichen Wüsten nun endgültig als »Verteidigung« und als Kampf um Handelswege erlaubt sind, begeistert die alten wie jüngeren Militaristen. Und so begrüßen sie auch weniger die Kriegsziele der USA als die Methode ihrer Kriegsführung, die sie gern als Methode der Bundeswehr und der europäischen Armeen sähen.

In der »Gebirgstruppe«, dem Blatt der »Kameraden unterm Edelweiß«, begeistert sich Ex-Gebirgstruppengeneral Klaus Reinhardt daran, dass die USA und England »bewusst voll auf Risiko« setzten, zwei Tage lang Bomben warfen und die Offensive nach Bagdad trugen. Tiefe Verachtung hat er für die diesmal kriegsabstinente Bundesregierung übrig: »Während die Politik in Berlin bei der Umsetzung der Bundeswehrreform eher Fragen zur Dauer der Wehrpflicht und zur Beibehaltung möglichst vieler Standorte in den Mittelpunkt ihrer Überlegungen stellt und weniger die dringend überfällige technische Modernisierung der Bundeswehr, haben die amerikanischen und britischen Streitkräfte im Irak-Krieg demonstriert, wozu eine kleine, aber höchst modern ausgerüstete und flexibel geführte Streitmacht heute fähig ist.« Letztlich seien noch immer die Bodentruppen entscheidend, der »›chirurgische‹, weitgehend unblutige Krieg bleibt Illusion«, schreibt Reinhardt seinem Minister ins Stammbuch. Wobei die »Nachtkampftätigkeit« der Infanteristen, der Panzerfahrer und Hubschrauberpiloten die »revolutionäre« Neuerung sei.

Nicht ganz zufrieden ist der Präsident des Bundes Deutscher Fallschirmjäger, Prof. Heinz Bliss, der in dem Blatt »Der Deutsche Fallschirmjäger« resümiert: Die Alliierten hätten noch mehr in die Schule der Hitlergeneräle von Manstein, Guderian, von Kleist und Rommel gehen sollen, um »in der Planung und Durchführung« von »genialen Ideen« einen »Blitzkrieg« zu realisieren. Doch auch der »Deutsche Fallschirmjäger« zeigt sich, so in Nr. 2 und 3/03, »hochzufrieden mit den neuen Verteidigungspolitischen Richtlinien«, weil damit der »Schwerpunkt der Aufgaben der Bundeswehr im multinationalen Einsatz jenseits, ggf. weit entfernt von unseren eigenen Landesgrenzen liegen wird.« Dazu müssten aber auch »Material und Ausrüstung« erheblich modernisiert werden, um die neuen Aufgaben zu lösen. Es gehörten das neue Transportflugzeug Airbus A 400M, der Schützenpanzer »Puma« und der Kampfhubschrauber »Tiger« unbedingt dazu. Einzustellen hätten sich die Jäger auf den »konsequenten Häuserkampf«, die »Nachtsichtfähigkeit«, ferner auf die »Verlegefähigkeit über Tausende von Kilometern«. Der Irakkrieg habe gezeigt, »dass gerade die luftbeweglichen Kampftruppen aktueller denn je sind.« Ferner werden die Modernisierung auch der Infanterie, die Beibehaltung der Wehrpflicht und ein neues Reservistenkonzept gefordert.

Zwar gibt es in den Blättern der militantesten soldatischen Kriegstreiber auch die grundsätzliche, bei den Rechtsextremisten ohnehin übliche Kritik an dem Krieg der USA, deren Weltherrschaftspläne deutscher Großmannsucht nicht in den Kram passen, doch geschickt wird diese Kritik eingebaut in die Reinwaschung des Krieges Hitlers und der Wehrmacht. Die britischen und US-amerikanischen Soldaten, die jetzt gefallen seien, hätten ein gemeinsames Schicksal mit den gefallenen deutschen Kameraden von einst: »Ihnen wird vorgeworfen, bei einem Angriffskrieg für ihr Vaterland gefallen zu sein.« (»Die Gebirgstruppe«, Juni 03, Heft 3/03)

Womit Fallschirmjäger und Gebirgsjäger von einst und jetzt wie die Naziszene bei ihrem Lieblingsthema sind: Das vorbildhafte Kämpfen der Nazi-Wehrmacht.

9. Rassismus und Neofaschismus in der Truppe

Vom traurigen Ende eines parlamentarischen Untersuchungsausschusses

Die Bundeswehrspitze hat zum Thema Rechtsextremismus und Militärtradition stets betont: Die heutige Militärtradition speise sich nicht aus der NS-Geschichte, diese sei nicht traditionswürdig. Und es hieß: Rechtsextremismus komme aus der Gesellschaft und werde allenfalls in die Bundeswehr eingeschleppt.

Die gültige Traditionsarbeit der Bundeswehr dient jedoch nicht dazu, Lehren aus der Geschichte zu ziehen. Ebenso wie die Unterlassungen, aber auch viele Handlungen im Rahmen des politischen Unterrichts der Truppe trägt sie erheblich zu Rechtsextremismus, Kriegs- und Gewaltbereitschaft bei.

Die Rechtsentwicklung in der deutschen Armee nach dem Ersten Weltkrieg war auch nicht Resultat einer Art von außen kommender Machtübernahme in der Truppe durch Rechtsextreme und Nazis. Die Reichswehr hatte ihre eigenen rechtsextremen Quellen und war ihrerseits eine eigenständige Quelle des deutschen Faschismus.

Auch die heutige Bundeswehr ist mehr Quelle als Ergebnis der Rechtsentwicklung in der Gesellschaft. Ihre Gelöbnis-Demonstrationen in Berlin und vielen anderen Städten, der Streit um die Wehrmachtsausstellung – auch und gerade in der Bundeswehr – sowie die auftrumpfenden Äußerungen »siegreicher« höchster deutscher Militärs seit der Wende 1989/90, ferner die rechtsextremen Vorkommnisse 1997/98 in der Bundeswehr haben die Frage nach dem inneren Zustand, nach »Innerer Führung« und nach Stellung der Rechtskräfte zum und im Militär in besonderer Weise aktualisiert.

Anfang September 1999 demonstrierten rund 5.000 uniformierte Bundeswehrsoldaten in Berlin für mehr Haushaltsmittel für Hochrüstung und für die Kriegseinsätze. Diese politische Pression des Bundeswehrverbandes war Höhepunkt einer Entwicklung, die besonders ihren Aufschwung nahm, nachdem die Generale 1992 den Politikern ihre Verteidigungspolitischen Richtlinien verordnet hatten.

Seit Jahren und besonders seit dem 24. März 1999, dem Tag des Beginns des NATO-Angriffs auf Jugoslawien haben wir wieder einen friedensbedrohenden Faktor in Gestalt eines illegalen neuen Generalstabes. Seit Frühjahr 2002 gibt es gar wieder einen scheinbar legalen Generalstab. Dieser Führungsstab der Streitkräfte – FüSIII – hat sich in einem internen Papier, das aber dennoch an die Öffentlichkeit gelangte, zum EU-Verfassungsentwurf geäußert, und zwar in antidemokratischem Sinne: »Die verantwortliche Übernahme ... verteidigungspolitischer Aufgaben durch ein politisch geeintes Europa macht ... den nationalen Parlamenten verpflichtete Streitkräfte entbehrlich.« (Süddeutsche, 29. 4. 03)

Nach Ende des ersten Krieges der Deutschen nach 1945 und des dritten deutschen Feldzuges gegen Serbien seit 1914 jubelte eine konservative Zeitung: »Zivilisten feiern Deutsche im Stahlhelm: So bejubelt wie die Bundeswehr auf dem Weg nach Prizren wurde zuletzt die Wehrmacht auf dem Weg nach Pilsen.« (Die Welt, 15.6.99)

Auch andere Medien brachten damals ähnliche Berichte. Die ersten Soldaten, die im Kosovo Besatzungsmacht spielten, hofften – laut »Spiegel« – nach ihrer Rückkehr auf einen »mindestens ebenso spannenden Einsatz.« Laut »Spiegel«-Almanach 2000 haben diese Soldaten, »die dort Dienst taten, zu ihrem Beruf ein pragmatisches Verhältnis gefunden und sie beeindrucken durch souveräne Lässigkeit im Umgang mit der Geschichte: ›Ob mein Großvater auf dem Balkan Gräueltaten verübt hat, ist mir Banane‹, sagt Fallschirmjäger Patrick Braun, 26, aus Wiesbaden, ›ich bin hier die Friedensmacht.‹« (nach »Freitag« 25. 2. 2000)

Die Nazi-Wehrmacht des Gräuel verübenden Großvaters wird dann auch in »Information für die Truppe« im großen und ganzen gewürdigt. Grundsätzlich heißt es in der Bundeswehrzeitschrift, es grenze ans »Pathologische«, die Wehrmacht wegen »moralischer Verkommenheit« und ihres »Verbrechertums« als weltweit einmalig anzuklagen, wie es besonders bei der Wehrmachtsausstellung des Herrn Reemtsma geschehe. »Die öffentliche Diskussion über die Wehrmacht hat vielfach die

Perspektive in wissenschaftlich unakzeptabler Weise auf die Frage der Kriegsverbrechen verengt.« (IfdT 6/99)

Es sei notwendig, die »herrschenden Denkmuster« zu verlassen, heißt es in »Information für die Truppe« vom September/Oktober 1999. Und das geht so: Da wird den von der Wehrmacht mit Krieg überzogenen Ländern die Schuld am Krieg gegeben. »Vor allem das Verschweigen der verheerenden Folgen des Versailler Diktats und dessen Mitursächlichkeit für 1933 und 1939, ferner die anhaltende Tabuisierung der seinerzeit höchst aggressiven Interessen- und Machtpolitik vor allem Frankreichs, Polens und der Tschechoslowakei einschließlich der von ihnen begangenen oder unterstützten massiven Verletzungen völker- und menschenrechtlicher Normen gegenüber Deutschland, zumal des Selbstbestimmungsrechts« – dies alles wird als Kriegsursache genannt. Revanche für die Niederlage von 1918 stellt für die Bundeswehrmedien also eine zulässige Begründung für 1933 und für den Überfall auf Polen 1939 dar. Auch die Besetzung Frankreichs und der Tschechoslowakei sind nur die Antworten auf die »Menschenrechtsverletzungen« gegenüber Deutschen!

Eine derartige profaschistische Geschichtsrevision ist selten zu finden außerhalb der Neonazipublikationen. Die Verbrechen des deutschen Faschismus hat es von 1933 bis 1941 eigentlich nicht gegeben, folgt man der »Information für die Truppe«. Die Wehrmachtssoldaten hätten sich gegen die Folgen von Versailles und gegen den »›Täter‹ der bis dahin größten Verbrechen der Menschheitsgeschichte« gestellt – den Bolschewismus und Stalin also. Denn »nicht Auschwitz, sondern vor allem diese Tatsachen waren 1939/1941 der Erfahrungshintergrund der Wehrmachtsgeneration.« (IfdT 9/10/99)

Der Überfall auf die Sowjetunion hat also demnach zumindest zu Beginn seine Berechtigung gehabt. Auschwitz war dann wohl die Antwort auf das jüdisch-bolschewistische System, soll der Soldat folgern. Und dann kommt noch die ganze Litanei von den Soldaten der Wehrmacht, die nicht nur viel geleistet, sondern auch gelitten haben. All dies in einer Besprechung einer offiziellen Bundeswehrzeitschrift (IfdT 9/10-99) über ein Buch einer Bundeswehreinrichtung, des Militärgeschichtlichen Forschungsamtes nämlich. »Die Wehrmacht. Mythos und Realität« heißt es. Sein Mitherausgeber Rolf-Dieter Müller wird zitiert: Man müsse wegkommen von der »Betroffenheitspflege und Opferperspektive«.

Die neonazistischen Demonstrationen gegen die »Reemtsma«-Ausstellung »Verbrechen der Wehrmacht 1941-1944 – Dimensionen des Vernichtungskrieges« sind auch dem Schutz der Bundeswehr gewidmet. Denn die rechten Aufmarschierer stellen sich hinter die »deutschen Soldaten« aller Generationen, deren Andenken vor der Wehrmachtsausstellung geschützt werden müsse. »Ruhm und Ehre der Waffen-SS« rufen die Neonazis bei solchen Zusammenrottungen. Und die Justiz weigert sich, gegen solche Nazipropaganda vorzugehen. In der Bundeswehr sind sie allesamt gewesen, die Demonstranten zugunsten der »Wehrmachtshelden«. Denn unter Neonazis findet man kaum Kriegsdienstverweigerer. Der Balkan-Krieg und seine Vorbereitung haben in der Bundeswehr neue rechtsextreme Spuren hinterlassen. Die rechtsextremen Exzesse aus der Zeit der sogenannten »Vorkommnisse« 1997/98 fanden besonders in Truppenteilen statt, die auf den Einsatz auf dem Balkan vorbereitet wurden. Eine aufschlussreiche Meldung besagte: »Nach den Enthüllungen von Gewaltvideos haben katholische Militärpfarrer die Vorbereitungen der Bundeswehr auf Auslandseinsätze als Nährboden für rechtsextreme Vorfälle bezeichnet. Der Ernstfall ändere das Bewusstsein der Soldaten und ziehe ein anderes Spektrum von Wehrpflichtigen an ... Rechtes Gedankengut trete nicht als 'Krankheit' beim Auslandseinsatz auf, sondern bilde sich vielmehr bei den Vorbereitungsübungen im Inland. Soldaten der Krisenreaktionskräfte, die z.B. tagelang Kampfsituationen nachstellten, sähen sich schnell als Kriegsteilnehmer wie ihre Großväter in der Wehrmacht.« (Westfälische Rundschau, 11. November 1997)

Und ein weiterer Bericht sei hier zitiert. In der Sendereihe »Streitkräfte und Strategien« sprach ein Rainer Götz über die Friedensmission der IFOR-Truppe in Jugoslawien. Er sprach zum Thema »Kriegsnähe ist jetzt Realität – Gestellte Vergewaltigungen und der Lehrplan der Bundeswehr« und führte aus:

»Ein anderes Problem beim Bosnien-Einsatz ist neben der Auswahl der Teilnehmer die Ausbildung selbst. Die klassische Situation des

Soldaten, sein Leben zu riskieren und das anderer zu zerstören, war für die Bundeswehr jahrzehntelang nur Theorie (...). Doch Kriegsnähe ist jetzt Realität, so wie sie in Hammelburg vorausgesetzt wird, wo schon lange Infanterietaktiken gelehrt und Einzelkämpfer trainiert werden. Deswegen wurde auch die Ausbildung für die UN-Einsätze dorthin vergeben. Die Soldaten werden in der Infanterieschule auf Extremsituationen vorbereitet, in denen sie Gewalt ausüben oder Gewalt erleiden müssen. Gefechtsstress lässt sich ohnehin nur unvollständig simulieren. Ereignisse wie schwere Verwundungen oder, mit Blick auf Bosnien, eine nachgestellte Vergewaltigung müssen durch psychologische Gespräche vertieft werden. Und die Soldaten müssen sich freimachen von dem schönen Motto, das Verteidigungsminister Volker Rühe den Soldaten für Somalia mit auf den Weg gegeben hatte: Schützen, retten, helfen. Die Parole ist zwar insofern zutreffend, als die Vereinten Nationen bei ihren Aktivitäten immer eine humanitäre Absicht verfolgen. Die soldatischen Tätigkeiten bei einem Nato-Einsatz für die UNO beschreibt ein solcher Leitsatz jedoch nicht. Dennoch hält er sich naturgemäß vor allem unter Wehrpflichtigen.« (Rundfunkbericht vom 19. 4. 96 im NDR 4)

Reale Kriegsnähe hat mit Humanität nichts zu tun, ein wichtiges Eingeständnis. In der Infanterieschule Hammelburg werden Vergewaltigungen nachgestellt – im Rahmen der Erziehung zum Kämpfertum. Das war über ein Jahr lang durchaus bekannt, bis dann Videos auftauchten, die Bundeswehrsoldaten bei den nachgestellten Grausamkeiten zeigten – ergänzt durch faschistisches Gebrüll. Die Aufregung war groß – nicht wegen der einschlägigen Übungen in Hammelburg, sondern wegen der Verbreitung von Videos, die diese darstellten. Zusätzlich wurde gemeldet, dass die Absolventen der Infanterieschule von Hammelburg, genannt »Adolf Heusinger Kaserne«, aus Schneeberg in Sachsen kamen, was sofort in das Bild von der rechtsextremistischen DDR-Jugend passte, das weit verbreitet wurde. Was nicht bekannt war: Die Ausbilder von Hammelburg und Schneeberg stammten nicht aus der DDR, sondern aus der alten Bundesrepublik. Zu ihnen gehörte auch der Oberst Reinhard Günzel, der später als Brigadegeneral das Kommando Spezialkräfte KSK anführte und der abgesetzt wurde, nachdem er den antisemitischen Ausfällen des Bundestagsabgeordneten Martin Hohmann zugestimmt hatte.

Die Schneeberger waren zunächst Jäger, dann ab Mitte der 90er Jahre – als Nazivideos angefertigt wurden – allesamt Angehörige der Gebirgstruppe. Und das kam so: Mitte der 90er Jahre war Oberst Reinhard Günzel Chef der Jägerbrigade 37 »Freistaat Sachsen« in Schneeberg geworden. Damals traten Vertreter der Gebirgstruppe an ihn heran und baten ihn um Unterstützung für den Plan, die Gebirgstruppe auch in der ehemaligen DDR zu stationieren. Auch gegenüber dem Minister traten die Gebirgstruppler fordernd auf. Obgleich er sie mit einem Kampfauftrag beim Einsatz im ehemaligen Jugoslawien auszeichnete, hatten die Gebirgsjäger von Volker Rühe, CDU-Verteidigungsminister, immer mehr und mehr verlangt. Sie wollten auch im Erzgebirge und Vogtland, in der ehemaligen DDR, ihre Einheiten stationiert haben. So gelangte das ins Gerede gekommene GebJgBtl 571 nach Schneeberg/Westerzgebirge. Dort wurden zwei Bataillone den Gebirgsjägern zugeschoben. Im Bericht des Verteidigungsausschusses zur Untersuchung rechtsextremer Vorkommnisse bei der Bundeswehr hieß es dazu im Sommer 1998 auf S. 281: »Das Jägerbataillon 517 befand sich in den Jahren zwischen 1993 und 1995 in einer schwierigen Umbruch- und Aufbauphase. Zwei Jägerbataillone wurden zum neuen Gebirgsjägerbataillon 517 umstrukturiert. Damit war über längere Zeit eine erhebliche Personalfluktuation verbunden. Bei den Zugführern, Kompaniefeldwebeln und Kompanietruppführern erfolgte ein reger – nahezu jährlicher – Personalwechsel.« Personal aus dem Westen, vor allem Gebirgsjäger aus Bayern, strömte ein. Die Gebirgskameradschaft Westerzgebirge und ihre bayerischen Kameraden waren eng vernetzt.

»Wenn demnächst Gebirgsjäger der Bundeswehr in die Jägerkaserne Schneeberg einziehen, werden sie erkennen, dass die ›alten Jager‹ hier schon Fuß gefasst haben.« Mit diesen Worten waren im Juni 1995 die Ausstellungsstücke der Gebirgsjäger aus Bayern im neuen Traditionszimmer der Gebirgskameradschaft in der Jägerkaserne Schneeberg angebracht worden. Schon vor der Umwidmung der Kaserne in Schneeberg von der Unterkunft einer Mot.Schützen-Einheit der NVA der DDR (die Nationale Volksarmee hatte keine Gebirgsjäger) zur Gebirgstruppenunterkunft haben die Aktiven der Kameradschaft seit 1992 in Schneeberg gewirkt. Spätestens ab 1995 erhielten sie dann die volle Unterstützung der Bundeswehr. »Durch weitere Bemühungen unseres Vorstandes, dem auch Kamerad Hauptfeldwebel Ihl angehört, ist es uns gelungen, beim Kasernenkommandanten Oberstleutnant Faustmann die Genehmigung zu erhalten, den Nebenraum des Uffz-Heimes gleichzeitig für uns als Traditionszimmer zu nutzen«, berichtete stolz der Kameradschaftssprecher Paul Wunderlich. »Zu allen Anlässen« würden der Kameradschaft seitens der Kasernenkommandanten Oberst Möhnle und Oberstleutnant Sehmrau sowie des Kommandeurs des Jägerbataillons 571, Oberstleutnants Rather, die kulturellen Einrichtungen des Standortes zur Verfügung gestellt. Soweit ein Bericht vom Export des völkischen Extremismus nach Sachsen und zurück nach Hammelburg in Bayern.

Auch mit dem Brigadekommandanten Oberst Reinhard Günzel, später Brigadegeneral der von der Regierung genehmigten geheimen Untergrundarmee »Kommando Spezialkräfte«, die in Afghanistan bisher nicht enthüllte Aktivitäten unternahm, kam es schon in Schneeberg zu allerlei Merkwürdigkeiten. Im Oktober 1996 hatte Günzels Brigade trotz eindringlicher Proteste von Umweltverbänden, Anwohnern, Urlaubern und Politikern im Nationalpark Sächsische Schweiz die Übung »Jäger 90« abgehalten. In der Antwort der Bundesregierung vom 24. Juli 1997 (Drucksache 13/8055) auf eine Kleine Anfrage (Drucksache 13/7684) heißt es, während dieser Übung sei es zu »konfrontativen Begegnungen zwischen Bundeswehrvertretern und Demonstranten« gekommen. Die »Sächsische Zeitung« hatte am 17. Oktober 1996 eine öffentliche Stellungnahme von Oberst Günzel zitiert: »Das waren ein paar motivierte, übermotivierte Leute und ein paar Berufschaoten«, hatte er damals gemeint. Und er bekannte freimütig, er habe in jener Situation um »professionelle Gelassenheit« gerungen. O-Ton Günzel: »Wir hätten das Problem schnell gelöst, wenn wir nicht sehr, sehr an uns gehalten hätten«. Laut Mitschnitt der Pressekonferenz sagte der Oberst: »Wir wollen eben nicht diese Bilder in der Presse. Wir wollen uns nicht mit der Bevölkerung anlegen.«

Auf die Frage, wie die Bundesregierung diese Äußerungen eines offiziellen Vertreters der Bundeswehr bewerte, antwortete das damals noch von Volker Rühe (CDU) geleitete Verteidigungsministerium, der Einsatz von Fallschirmjägern gegen friedliche Demonstranten sei »tatsächlich zu keinem Zeitpunkt in Erwägung gezogen worden«. Die Äußerungen des Obersten »in der dargestellten Form« müßten jedoch »eindeutig mißbilligt werden«. Da der Brigadekommandeur bereits am Folgetag seine Äußerungen in einer Presseerklärung »mit größtem Bedauern« zurückgenommen habe, sei die Angelegenheit »für die Bundesregierung erledigt« gewesen. Es habe jedoch »keine Veranlassung zu einer disziplinären Maßregelung bestanden«.

In einem weiteren Teil der Kleinen Anfrage wird nachgeforscht, ob Günzel »Teil der für besonders heikle Konfliktregionen vorgesehenen Krisenreaktionskräfte der Bundeswehr« ist oder war und ob die Bundesregierung »militärischen Führungspersonen, die bereits in einer Situation mit ca. 50 gewaltfreien Demonstranten zur gewaltsamen Eskalation neigen, die Verantwortung für den Einsatz in weit sensibleren Konflikten« anvertraue. Antwort der Regierung: »Teile der Brigade« seien »zukünftig als Krisenreaktionskräfte (KRK) vorgesehen«. Die Unterstellung, dass Oberst Günzel zur Eskalation neige, sei »ungerechtfertigt«.

Trotz allem bekam Günzel im Jahre 2000 als Brigadegeneral das Kommando über die neue Truppe »Kommando Spezialkräfte«. Die dreijährige Führungstätigkeit Günzels in dieser »verschworenen Gemeinschaft«, die »grundsätzlich verdeckt« arbeite und sich »parlamentarischer und erst recht öffentlicher Kontrolle« entziehe, habe zweifellos Spuren hinterlassen, stellte der Bundesausschuss Friedensratschlag aus Kassel nach Günzels Absetzung im Zuge der Hohmann/Günzel-Affäre fest.

Mit dem Videoskandal von Schneeberg und Hammelburg hätte eigentlich das Gerede von den rechtsextremistischen Einzeltätern, die zu zudem noch von der DDR geprägt seien, der Vergangenheit angehören müssen. Doch das wichtige Detail – dass die Quelle des Rechtsextremismus aus Bayern floß – blieb weithin unbekannt.

Unter den Gebirgsjägern geben die Mitglieder des völkisch-reaktionären Kameradenkreises der Gebirgstruppe e.V., d.h. aus Bayern stammende Vorgesetzte und Offiziere, als Mitverantwortliche der Videos den Ton an. Es liegen Mitgliederlisten des »Kameradenkreises« vor, die die Herkunft vieler Schneeberger Jäger aus Westdeutschland belegen. Dem einflussreichen Kameradenkreis der Gebirgsjäger gehörten Anfang der 90er Jahre rund zehntausend Wehrmachts- und SS-Veteranen sowie Bundeswehrsoldaten und Reservisten an. Der oberste Gebirgsjäger Generalmajor Rainer Jung, der sich bis zuletzt gegen Umbenennungen von nach NS-Größen benannten Kasernen in Bayern wehrte, hat den Kameradenkreis als »die Verbindung zwischen den aktiven und nichtaktiven Angehörigen der Gebirgstruppe« bezeichnet. In seiner Rede vor der Gebirgstruppe und dem Kameradenkreis im Mai 1997 beim Pfingsttreffen auf dem Hohen Brendten bei Mittenwald würdigte General Jung die Gebirgsjäger, die heute »als unsere Truppe in Bosnien an erster Stelle« ihren Auftrag erfüllen und im Zweiten Weltkrieg sich »für das Vaterland geopfert« hätten. Die »Niederlage« von 1945 sei »demütigend« gewesen, die Soldaten hätten ihre Pflicht getan und »womöglich« für eine falsche Sache Opfer erbracht. Die Ausstellung über die Verbrechen der Wehrmacht kritisierte Jung: »Bestimmte Leute stellen nicht die Wahrheit dar, weil sie sie nicht kennen und auch nicht kennen wollen.«

Der General verwies auf die verlogenen Aussagen der Spätheimkehrer aus der Sowjetunion von 1955 in Friedland, »dass wir nicht gemordet, nicht geschändet und nicht geplündert haben. Wenn wir Leid und Not über andere Menschen gebracht haben, so geschah es nach den Gesetzen des Krieges.« (Zit. n.: »Gebirgstruppe« Nr. 4, Aug. 1997)

Ungeachtet dessen proben Gebirgsjäger und andere Infanteristen der Bundeswehr wieder Rassismus, Mord, Schändung und Plünderung, wie die Videos von Hammelburg und Schneeberg zeigen.

Zwar soll die rechtsextremistische Entwicklung in der Bundeswehr seit der Zeit der »Vorfälle« 1995-1997 und ihrer parlamentarischen Untersuchung im Jahre 1998 nach Auskunft der Hardthöhe zurückgegangen sein. Es gibt allerdings Hinweise, dass die Zahl der »Vorfälle« auf hohem Niveau blieb, die Zahl ihrer Meldungen an die Vorgesetzten sei jedoch rückläufig.

Es existiert ein älterer Aufruf der Neonazis zum Dienst in der

Bundeswehr, der noch immer gilt. Es ist ein Aufruf zur Bewaffnung und Gewaltvorbereitung, der seit Jahren in der Neonaziszene kursiert. Er richtet sich an »junge Kameraden und Kameradinnen, die vor der Berufswahl stehen, unbelastet, intelligent und sportlich sind.« Sie sollen sich getarnt zu »einer Ausbildung bei Bundeswehr und Polizei« melden, »mit dem Ziel, sich in besonders qualifizierten Spezialeinheiten (!) das nötige Wissen und Können anzueignen.«

Der Initiator des Aufrufs ist Steffen Hupka, ehemaliger Mitarbeiter des verstorbenen Neonaziführers und Leutnants a.D. Michael Kühnen. Er gehörte zur rechtesten Ecke in der NPD und tritt oft gemeinsam mit den militantesten AntiAntifa-Schlägern in Erscheinung. Hupka: »Widerstand, der auf die Beseitigung eines volksfeindlichen Systems zielt, muß professionell geplant sein.« (So heißt es in dem Papier »Umbruch« aus dem Jahr 1995, herausgegeben von Hupka). Der Aufruf war erfolgreich.

Und so kam es der Wochenzeitung »Freitag« zufolge zu »Einzelfällen« wie diesen:

- 3. Dezember 1993 – vor Hitler-Bildern und der Reichskriegsflagge feiern Unteroffiziere in der Franz-Josef-Strauß-Kaserne Altenstadt den Geburtstag des »Führers«. Militärische Jahrestage werden dort seit 1990 begangen, dekoriert mit Nazi-Fahnen.
- 7. November 1994 – ein Bundeswehrsoldat sticht im hessischen Rotenburg einen Polen nieder und verletzt dessen Freund. Der Soldat trägt ein T-Shirt mit aufgedruckter Reichskriegsflagge. Der Täter wird nicht verhaftet.
- 24. Januar 1995 – »Roeder-Affäre«: Der Rechtsterrorist Roeder referiert an der Führungsakademie der Bundeswehr über die »Ansiedlung von Russland-Deutschen in Königsberg«. Keiner der 30 Teilnehmer nimmt daran Anstoß.
- 30. Januar 1996 – die Bundeswehr entlässt einen Unteroffizier, der Soldaten befohlen hat: »Katholische links raus – Evangelische rechts raus – Juden unter die Dusche!«
- 17. März 1997 – fünf Bundeswehrsoldaten greifen in Detmold zwei Türken und einen Italiener mit Messern und Baseballschlägern an und verletzen sie. Zuvor jagen die 20 und 21 Jahre alten Soldaten die Ausländer durch die Stadt.

- 19. März 1997 – an diesem Tag wird bekannt, dass Soldaten während einer Ausbildung für Kriseneinsätze 1996 in Hammelburg Videos mit Gewalt- und Naziszenen gedreht haben.
- 26. Oktober 1997 – Ergebnisse einer »Studie über die politische Grundeinstellung von Offiziersstudenten« (1995) werden bekannt. Über die Hälfte stuft sich politisch als rechts ein. Jeder Fünfte der angehenden Berufssoldaten gibt an, national-konservativem Gedankengut anzuhängen.
- 28. November 1997 – die grüne Bundestagsabgeordnete Beer registriert im Traditionsraum der Luftlandetruppe in Büchel Wehrmachtserinnerung: Vitrinen mit Medaillen, Orden, Abzeichen mit und ohne Hakenkreuz. Auf einer Karte sind Einsatzräume der Wehrmacht in der UdSSR eingezeichnet.
- Mai 2001 – der Staatsschutz in Niedersachsen ermittelt wegen Volksverhetzung gegen einen Soldaten des Jagdgeschwaders 71 »Richthofen« in Wittmund. Er soll über den Internetsender Radio Wolfsschanze vier Sendungen mit rechtsradikalen und antisemitischen Inhalten verbreitet haben.
- 2003: 110 rechtsextremistische Vorkommnisse in der Armee (leichte Steigerung gegenüber 2002), gemeldete Fälle durchweg Propaganda-Delikte, unter anderem das Grölen rechtsradikaler Lieder. (Vgl. »Freitag« Nr. 47/14. November 2003)

Im Bericht des Verteidigungsausschusses des Bundestages vom 18. Juni 1998 »zur Abklärung tatsächlicher und behaupteter rechtsextremistischer Vorfälle in der Bundeswehr« wird festgestellt: Nachdem Rechtsextreme zu Beginn der 90er Jahre noch den Wehrdienst verweigerten, »weil die Bundeswehr als Armee eines demokratischen Staates und Bündnisarmee abgelehnt worden sei«, gebe es seit jüngerer Zeit eine Gegenbewegung mit dem Ziel des verstärkten Eintritts in die Bundeswehr. Der Chef des Militärischen Abschirmdienstes (MAD), Dr. von Hoegen, sagte laut Bericht (S. 50): »Aus der Sicht dieser jungen Leute sei die Bundeswehr eine ausländerfreie Männergesellschaft, in der es eine hierarchische Ordnung und ein Führerprinzip gebe. Nach deren Auffassung könne man in der Bundeswehr das Waffenhandwerk lernen.« Gewünscht sei von den Rechtsextremisten eine

Verwendung im Heer, »denn das Heer stelle in der Vorstellung der Rechtsextremisten die ›Kämpfer‹ dar. Innerhalb des Heeres seien die Luftlandetruppe und die Grenadiertruppe bevorzugt. Die Krisenreaktionskräfte übten auf freiwillig Längerdienende aus dem rechtsextremistischen Spektrum eine große Anziehungskraft aus.«

Konkret wird in dem Bericht ausgeführt, dass ab 1995 bei den Fallschirmjägern eine erhöhte Zahl von »Verdachtspersonen« festgestellt worden seien. In mehreren Aussagen vor dem Untersuchungsausschuss wurde – z.B. von Oberstleutnant Krauss vom MAD – von der großen Anziehungskraft der Fallschirmtruppe für Rechtsextremisten gesprochen. Oberstleutnant Krauss weiter: »Problematisch sei die Erkennung derjenigen Soldaten mit rechtsextremistischem Gedankengut, die nicht durch ihr äußeres Erscheinungsbild auffielen. Diese gehörten im Dienst häufig zum ersten Leistungsdrittel ihrer Einheit. Sie wollten möglichst lange in der Bundeswehr bleiben, um dort führen zu lernen und um später möglicherweise in einer Wehrsportgruppe eine Führungsrolle übernehmen zu können.« (Seite 228/9)

Die heutige Durchdringung der Truppe mit rechtsextremer Ideologie ähnelt historischen Vorlagen. In dem Buch aus dem NSDAP-Verlag von 1939 »Partei und Wehrmacht« heißt es: »Mag die internationale Judenschaft Deutschlands Emporwachsen mit Hass und Vernichtungswünschen beobachten und neidisch den Erfolgen nationalsozialistischer Staats- und Wirtschaftsführung zusehen! Wir Deutsche wollen Frieden für uns und die kommenden Geschlechter, und wir werden ihn zu schützen und notfalls zu erkämpfen wissen« (Seite 112). Das war die Definition von Frieden, der erst durch Krieg erreichbar ist. Und die ist auch heute noch – oder schon wieder – gebräuchlich, und zwar nicht nur in Neonazischriften: »Nach Ende der Ost-West-Konfrontation ist Europa in eine Phase eingetreten, in der sich der Frieden in geringerem Maße als früher durch Kriegsverhütung gewähren lässt.« (»Information für die Truppe«, Januar 1992). Denn: »Der Krieg behauptet sich nach wie vor als Instrument im Arsenal der Politik.« (IfdT, Mai 1991).

Rechtsextreme Ideologie, die nicht von außen in die Bundeswehr eingeschleppt ist, sondern aus der Truppe selbst hervorgebracht wird, belegt ein ausführliches Zitat, das hier weitgehend unkommentiert stehen soll. Es stammt von einem Offizier, der in »intensivem Gedankenaustausch mit Mitgliedern insbesondere der US-amerikanischen Military Intelligence Community steht«, von Oberstleutnant Reinhard Herden. Er schrieb in der Bundeswehrzeitschrift für die Erziehungsarbeit und Ausbildung der Soldaten »Truppenpraxis/ Wehrausbildung« Nr. 2/3 1996 zum Thema »Die neue Herausforderung – Das Wesen künftiger Konflikte«: »Die Erkenntnis hat sich mittlerweile durchgesetzt, dass dem Ost-West-Konflikt nicht der unbeschwerte Genuß einer Friedensdividende nachfolgt, sondern weltweit zunehmende Instabilitäten und Risiken.« Es gebe wieder brutale Feinde, auf sie seien Bundeswehrwehr und Politik nicht vorbereitet, dies sei eine »Realitätsverdrängung«, die u.a. zu Verweichlichungen wie dem »Kriegsvölkerrecht westlich-humanitärer Prägung« führte, welche zukünftig »weder Verhaltenssicherheit noch das Überleben garantieren«.

Weiter: »Wenn die heute noch latenten Konflikte in offene Gewalt einmünden, dann werden Zivilisationskriege die vorherrschende Konfliktform des nächsten Jahrhunderts sein.« Und: »Wenn es eine Kraft gibt, die der Westen unterschätzt, dann ist es die Kraft des kollektiven Hasses.« Dem »zivilisierten westlichen Soldaten« steht der »rohe, barbarische fremde Krieger« gegenüber, der »dem Proletariat« entstammt. »Das Verständnis ganz primitiver menschlicher Beweggründe, z.B. sexueller Frustration, ist bedeutsam für die Beurteilung des Kriegers als Gegner des Bundeswehrsoldaten.«

Der Feind wird dämonisiert: »Für den Soldaten der westlichen Demokratie mit seinen ethischen und moralischen Prinzipien ist der Krieger ein gefährlicher Feind ... Bundeswehrsoldaten haben keine Vorstellung von der Grausamkeit, zu der diese Art Krieger fähig sind.« Weiter: »Es wäre ... unklug, sie (die Bundeswehrsoldaten) nicht für die brutalen kleinen Kriege gegen die kleinen bösen Männer auszubilden. Deutschland wird um eine Beteiligung an diesen Kriegen gebeten werden.«

Vor der militärischen Ausbildung für diese Bedrohungen müssen jedoch noch einige heikle Fragen beantwortet werden, meint Herden. »Sind die Menschen wirklich die Geschöpfe, so wie Rousseau sie sah und die Bennetton-Reklame sie sieht, die nur auf den Zusammenbruch böser Staaten warten, um ihre Friedensliebe und Güte zeigen zu können? Oder sind sie blutrünstige Bestien, die sich nur widerwillig in eine Zivilisation einordnen, weil die Alternative gegenseitige Vernichtung und Anarchie ist? Sind Deutschland und die Bundeswehr wirklich mit aller Konsequenz bereit, sich auf Gegner einzulassen, die nichts zu verlieren haben? Sie werden auf einen Gegner treffen, der Gefallen am Töten gefunden hat, der sich nicht rational verhält (sein Verhalten entspricht zumindest nicht dem westlichen Verständnis von Rationalität), der zu unbeschreiblichen Greueltaten fähig ist und seine Landsleute opfert, um zu überleben. Verrat ist ihm zur zweiten Natur geworden. Von halbherzigen Demonstrationen der Stärke mit restriktiven Verhaltensregeln lässt er sich nicht beeindrucken.« Ein Höchstmaß an Brutalität wird deshalb von der Bundeswehr verlangt: »Ist die Bundeswehr bereit und legitimiert, dieser Bedrohung notfalls auch mit brutaler Gewalt zu begegnen? Nicht immer wird man die Schmutzarbeit den Partnerländern überlassen können.«

Das Szenario sieht so aus: »Einsätze im erweiterten Aufgabenspektrum der Bundeswehr lassen sich in der Regel nicht schematisch auf immer genau die gleiche Weise bewältigen. Meistens ist ein zweifacher Ansatz notwendig – man muss versuchen, die betroffene Bevölkerung auf die eigene Seite zu bringen, und man muss Warlords und ihre Söldner erbarmungslos bekämpfen. Man kann nicht mit ihnen verhandeln oder Kompromisse schließen. Man kann ihnen auch keine ›Lektion erteilen‹ (es sei denn, man glaubt, dass Saddam Hussein oder General Aidid lernfähig wären). Auf dieser Ebene des Krieges geht es nur um Sieg oder Niederlage. Man braucht Mut und Entschlossenheit, das Spiel zu gewinnen.«

Die Bundeswehr wird aufgefordert, an den rassistischen Kriegen gegen die bösen kleinen Männer teilzunehmen. Sollten da nicht Erinnerungen wach werden? Im Kommissarbefehl des Oberkommandos der Wehrmacht zur Ermordung sowjetischer Kommunisten und jüdisch-bolschewistischer Offiziere vom 6. Juni 1941 hieß es, es sei »eine hasserfüllte, grausame und unmenschliche Behandlung unserer Gefangenen zu erwarten ... In diesem Kampf ist Schonung und völkerrechtliche Rücksichtnahme diesen Elementen gegenüber falsch. Sie sind eine

Gefahr für die eigene Sicherheit und die schnelle Befriedung der eroberten Gebiete. ... Die Urheber barbarischer asiatischer Kampfmethoden sind die politischen Kommissare. Gegen diese muss daher sofort und ohne weiteres mit aller Schärfe vorgegangen werden. Sie sind daher, wenn im Kampf oder Widerstand ergriffen, grundsätzlich sofort mit der Waffe zu erledigen...«

Barbarisch, grausam, ohne völkerrechtliche Rücksichtnahme – die faschistische Sprache der Wehrmachtsführung findet sich in der Bundeswehr wieder.

Ziemlich am Ende der Legislaturperiode des 13. Bundestages, am 18.06.1998, legte der Verteidigungsausschuss, der als Untersuchungsausschuss tätig war, seinen Abschlußbericht zu den rechtsextremen »Vorfällen« in der Bundeswehr vor. Dieser wurde von CDU, CSU und FDP getragen.

Im Informationsteil des Berichtes finden sich auch bemerkenswerte Fakten und Bewertungen, die nicht zum abschließenden verharmlosenden Kommentar aus CDU, CSU und FDP passen. Sie stammen vom freien Autor Dr. Detlef Bald, bis 1996 Wissenschaftlicher Direktor am Sozialwissenschaftlichen Institut der Bundeswehr, dort nach Schwierigkeiten ausgeschieden. Er arbeitet jetzt als Mitarbeiter am Institut für Friedensforschung und Sicherheitspolitik an der Universität Hamburg. Bald führte zu Sprache und zu Begriffen in der Truppe Entlarvendes aus. Zum Sprachgebrauch des »Kämpfers« befragt, sagte Bald, dieser Begriff werde zunehmend verwendet. Auch vor 1990 seien Soldaten zum Kämpfen ausgebildet worden, ohne dass der »Kämpfer«-Begriff um sich griff. Das heutige Bild des »Kämpfers« müsse also mehr bedeuten. Der »Kämpfer«, »der ganze Mann«, der »Robuste« solle neue Tugenden wecken und stärken. Der Einstieg in diese Begrifflichkeit sei 1991 erfolgt, vorher habe es geheißen »Kämpfen können, um nicht kämpfen zu müssen« (ein Wort des Generalinspekteurs Admiral Wellershoff, des Vorgängers von Klaus Naumann, der als Schöpfer der neuen aggressiven Bundeswehr anzusehen ist). In verschiedenen Publikationen von Generälen seien dann Formulierungen wie »der Krieg ist der Ernstfall« und »Kämpfen können und kämpfen wollen« aufgetaucht, sagte Bald. Diese Formulierungen seien willentlich gegen die alte Formulierung gesetzt worden, die bis dahin in der Bundeswehr gegolten habe. In einer Zeit, in der kontinentweit keine Bedrohung mehr vorhanden sei, werde eine Sprache gewählt, die eine ernstere Bedrohung suggeriere, als tatsächlich vorhanden sei. Die Bundeswehr habe nach der Entscheidung des Parlaments Friedenseinsätze vor sich, nicht Kriegseinsätze, meinte der Experte; auffällig sei, dass dennoch das Kämpfenkönnen und Kämpfenwollen neu betont werde. Die Betonung des Kämpfens erhalte dann eine besondere Bedeutung, wenn mehr und mehr Hinweise auftauchen, dass die alten Bedingungen der Zentralen Dienstvorschrift zur Inneren Führung, die die Förderung der Integration der Bundeswehr in Staat und Gesellschaft vorsahen, als verpflichtende Vorgabe für das Handeln aller Soldaten abgelöst würden.

Hart ging Dr. Bald mit der Offiziersausbildung zur politischen Bildung ins Gericht, die nicht den dazu erlassenen Dienstvorschriften entspreche. Er sah seine Kritik belegt durch den 1997 vorgelegten Jahresbericht des Zentrums Innere Führung, in dem es heiße, die Entscheidungen im Ministerium, das Soldatenbild und das Berufsprofil zu eng, robust und kriegsnah zu bemessen, hätten zur Entwicklung eines apolitischen Soldatentypus geführt. Der Bericht sage weiter aus, es fehle den Soldaten an Hintergrundwissen zur Geschichte. Ausbildung in der Bundeswehr werde durch einen Rückzug auf das Handwerkliche, auf technische Fertigkeiten begrenzt. Er sehe immer wieder erschreckende Mängel in der politischen Bildung bei Diskussionen mit jungen Offizieren an der Bundeswehruniversität. Zum Traditionsverständnis der Bundeswehr bemängelte Bald, er vermisse darin vieles von den liberalen Werten, die seit über 200 Jahren in den Verfassungen des christlichen Abendlandes festgelegt seien. Ein im Beruf des Militärs begründeter »neuen Traditionalismus« mache sich breit. Das sei eine »verkappte, verknappte, zurechtgebaute Tradition«. Dieser Traditionalismus werde von höchsten Soldaten in der Bundeswehr vertreten. In der Tendenz verwässere er die Grundlagen der Inneren Führung.

Im Widerspruch zur Zentralen Dienstvorschrift »Innere Führung 10/1« und ihrer Vorgabe, »die Integration der Bundeswehr und des Soldaten in Staat und Gesellschaft zu fördern«, sieht Dr. Bald die

Weisung des Inspekteurs des Heeres vom 29. Juli 1994 »Anforderungen an den Offizier des Heeres«. In ihr werde der Offizier der Reserve zum Bindeglied zwischen Bundeswehr und Gesellschaft erklärt, dies sei eine wichtige Aufgabe. In einer weiteren Weisung werde auf die für Gesellschaft und Militär unterschiedlichen Wertehierarchien, Leitbilder, Normen und Verhaltensweisen abgestellt. Diese Weisung enthalte keine Forderung nach Integration in die Gesellschaft. Bald sagte, er sehe darin den Versuch der Absonderung des Militärs und der Unterscheidung von der Gesellschaft. Er erkenne aus der Verkürzung des Sinns der Zentralen Dienstvorschriften eine Tendenz zum Primat des Militärischen. Nach Meinung Balds kann man demzufolge von einer Tendenz zur sozialen Abkapselung und einer allgemeinen Abgrenzung der Bundeswehr von der Gesellschaft sprechen. Dafür nannte Bald als Beispiel das Thema eines Vortrages vor Bundeswehroffizieren »Die Rolle von Streitkräften in einem sich verändernden Europa«. Darin werde eine Eigenentwicklung des Militärs, eine Suche nach einer eigenen Ordnung gefordert. Dies sei antiliberal, antipluralistisch und stelle das Spektrum der parlamentarischen Parteien in Frage. Es müsse erwartet werden können, dass sich Offiziere gegen solche Forderungen erhöben und diese auch dienstlich bekannt machten.

Im Binnenbereich der Bundeswehr, so Bald, sei das »Kämpferbild« als oberstes Ideal des Soldaten mit einem ganz bestimmten »Wehrmachtskonstrukt« (von der sauberen Wehrmacht) für die Verwässerung der Grundsätze der Inneren Führung mitverantwortlich. Die Realität der Inneren Führung und die Tradition sieht Bald als die zwei Pole an, die der Bundeswehr Sinnvermittlung gewährten. Beide Bereiche litten unter Defiziten, die den Alltag der Truppe wie den der Stäbe durchzögen. Eine Gefährdung der demokratischen Grundlagen des Binnenverhältnisses der Bundeswehr gehe mit einem Sonderweg außerhalb des Pluralismus einher und sei gegen die Integration in die Gesellschaft gerichtet. Eine historische Legendenbildung, das Konstrukt einer »sauberen Wehrmacht« spiele dabei eine große legitimatorische Rolle. Bald warf der politischen und militärischen Leitung der Bundeswehr vor, in der Gegenwart dieses Konzept des neuen Traditionalismus mit dem Kämpferbild des Soldaten vorangetrieben zu haben. Erstmals seit dreißig Jahren in der Geschichte der Bundeswehr würden neue historische Bezüge miteinander verbunden: »Von Seeckt, saubere Wehrmacht, saubere Schlachten, große Schlachten«. Unter dem Zeichen des Neotraditionalismus könne man heute mit feinen Formulierungen hierüber wieder publizieren.

Es müsse immer auch »über den fürchterlichen Krieg« gesprochen werden, verlangte Bald, dies Thema in der Bundeswehr offenbar vermissend. Wenn solche Ausführungen nicht gemacht würden, dann führe das genau zu den Verunsicherungen, die Unklarheiten zuließen: Nämlich zu denken, die Wehrmacht sei gut gewesen. Darin sieht Bald offenbar einen Rückschritt hin zu den 50er und 60er Jahren, in denen klar gewesen sei, dass der 20. Juli 1944 »kein Vorbild« sei; das seien »Verräter« gewesen, mit denen die Bundeswehr nichts zu tun haben wollte. Nachdem dies lange Zeit für die Bundeswehr nicht mehr gegolten habe, sieht Bald nun »Unschärfen im gesamten sinnstiftenden politischen Klima der Bundeswehr«. Verantwortliche Offiziere verwendeten Formulierungen, die in Teilaspekten noch haltbar seien, die aber insgesamt eine »deutliche Verzerrung« der bisherigen Realität der Bundeswehr oder »der normativen Realität der Bundeswehr« zuließen. Diese Tendenz und ihre Verbindung mit zufälligen Einzelfällen erzwinge eine notwendige Diskussion über den zukünftigen Zustand der Bundeswehr.

Die »Lücken in den Geschichtskenntnissen« könnten größere Bedeutung erlangen, nachdem von Entscheidungsträgern in der Bundeswehr Bezüge hergestellt würden, die in der deutschen Vergangenheit ihre eigene Geschichte erlangten und weder mit dem Geist des Grundgesetzes, noch mit der Inneren Führung vereinbar seien, führte Bald vieldeutig aus. Er halte es auch für eine nicht zu entschuldigende Formulierung, wenn von einem Bundeswehrgeneral die gesamte Tradition des preußisch-deutschen Generalstabes für den Generalstabsdienst der Bundeswehr als vorbildlich erklärt werde. Es müsse die Einschränkung erfolgen, dass dies im Zusammenhang mit einem verbrecherischen Krieg zu sehen sei. Das gelte selbst dann, wenn die Aussage auf die Arbeitsweise des preußisch-deutschen Generalstabes beschränkt werde. Jedoch: Ein noch so gut funktionierendes System sei nicht gut, wenn die Ziele negativ seien. Die Aussage, die gesamte Tradition des preußisch-deutschen Generalstabes sei vorbildlich, seien der Inneren Führung und den Erlassen zur politischen Bildung nicht zuträglich.

Die Antwort auf diese bemerkenswerten Ausführungen bestand in der vollkommenen Missachtung der darin enthaltenen Hinweise – sowohl in der Bundeswehr als auch bei der Ausschussmehrheit. Nichts davon machte sich die Ausschussmehrheit im Teil »Schlussfolgerungen« zu eigen.

Im Teil zu den Schlussfolgerungen aus dem Untersuchungsbericht wird eine Trennung »rechtsextremer Vorfälle« als Ausdruck des Bösen oder als Taten von Verrückten oder Betrunkenen von der übrigen, an sich guten Bundeswehr vorgenommen. Damit konnte die eigene Politik der damaligen Mehrheitsfraktion CDU/CSU vor der Auseinandersetzung mit den »rechtsextremen Vorkommnissen« bewahrt werden. Diese Tendenz zur Reduzierung des Rechtsextremismus auf seine extremsten Ausdrucksformen, wie beispielsweise die Gewalt in Detmold oder die extrem brutalen Videos von Hammelburg und Schneeberg, hat zur Folge, dass Rechtsextremismus, wenn er sich in einer anderen Form ausdrückt, wie z. B. im Fall Roeder in der Führungsakademie, überhaupt nicht als solcher wahrgenommen wird. Erst wenn er die allgemeine Ruhe und Ordnung oder das eigene Ansehen beeinträchtigt, wenn er als Skandal an die Öffentlichkeit gelangt, wird Rechtsextremismus überhaupt realisiert.

Abweichend von den Bewertungen durch SPD, Bündnis 90/Die Grünen und PDS war für die Mehrheitsfraktionen klar, dass es keine »rechtsradikalen Tendenzen« oder »rechtsradikale Strukturen« in der Bundeswehr gibt. Zudem gehe die »ganz überwiegende Zahl der Vorfälle« auf Wehrpflichtige zurück, die »teilweise bereits vor ihrer Zeit in der Truppe mit rechtsradikalen Kreisen und Gedankengut in Berührung gekommen seien.« (»Heute im Bundestag«, 19.6.1998) Dieses Mehrheitsvotum zur Einordnung der untersuchten »Vorfälle« lehnte sich an die Stellungnahmen des Verteidigungsministers an. Die Aussage: »Es gibt keine rechtsradikalen Tendenzen«, verbunden mit dem Hinweis, das habe man schon immer gewusst, vermittelt den Eindruck, dass jede weitere Kritik oder Untersuchung überflüssig sei und dass die damalige Koalition mit ihrer Ablehnung einer Untersuchung schon immer im Recht war. Der Verweis auf die Wehrpflichtigen, die schon vor der Bundeswehr rechtsextrem waren, wird auch hier als Entlastung bzw. Freisprechung der Bundeswehr angeführt. Die Frage, warum gerade Rechtsextreme sich für die Bundeswehr und speziell für die Ausbildung für Auslandseinsätze zur Verfügung stellen, wie beispielsweise in Detmold, hätte auf diese Stellungnahme zwar logisch folgen müssen, wurde jedoch nicht gestellt.

Im Teil »Feststellungen des Untersuchungsausschusses«, das heißt bei Darstellung der ermittelten Sachverhalte durch den Untersuchungsausschuss, begegnen den Lesern wiederholt Begriffe wie »Einzelfälle«, »Bundeswehr ist nur ein Spiegelbild der Gesellschaft«, »zu viel Alkohol«, »die Vorfälle sind lange her«, »die Verantwortlichen waren naiv«, »die Zeugen sind unglaubwürdig«, »es gibt immer ein paar Idioten«, »Offiziere sind überlastet«, »die Personalfluktuation ist zu hoch«, »Ministeriumsmitarbeiter waren überlastet«, »ehemalige Soldaten sind aus Rachegefühlen als Zeugen an die Öffentlichkeit getreten«, »die Soldaten haben zu viele Pausen«, »die Soldaten können nicht immer bewacht werden«. (Vgl. Deutscher Bundestag 18.06.1998, 21-136)

»Zu viele Pausen« gab es demnach für die Soldaten in Hammelburg. Ihr Einsatz bei einer Übung als Heckenschützen, die einen IFOR-Konvoi beschießen, umfasste sechs mal fünfzehn bis zwanzig Minuten täglich. Ihr rassistisches Video drehten sie jeweils in der »lang andauernden Mittagspause«. Die Wehrbeauftragte sagte dazu, dass es aus Organisationsgründen zu »Gammel-Phasen« gekommen sei, in denen sei der nämliche Videofilm gedreht worden, »um so Emotionen und Aggressionen abzureagieren ...«. (Vgl. Deutscher Bundestag, 18.6.98, S. 134) Alkohol als Begründung für rechtsextreme Exzesse wird ebenfalls von einigen Zeugen bzw. vom Untersuchungsausschuss selber explizit genannt, beispielsweise im Zusammenhang mit der Gewalt in Detmold, mit diversen Hitler-Feiern, mit dem Hitler-Gruß. (Vgl. Deutscher Bundestag, 18.6.98, S.119, 130,167)

Die Lieferungen von Material an das »Deutsch-Russische Gemeinschaftswerk« von Roeder sei begründet in der Arbeitsbelastung im Verteidigungsministerium. (Vgl. ebd.) Zur Problematik des Traditionsverständnisses hält es die Mehrheitsfraktion für erforderlich, dass »pauschale Behauptungen« zum Thema Wehrmacht unterlassen werden, denn: »Sie spielen denen in die Hände, die sich selbstgerecht über die Kriegsgeneration erheben, anstatt das Gespräch zwischen den noch lebenden Kriegsteilnehmern und der jungen Generation zu fördern.« (Deutscher Bundestag 18.06.1998,141).

Diese Beispiele aus der Bewertung durch die Mehrheit des Untersuchungsausschusses sind symptomatisch für ihre gesamte Bewertung und verdeutlichen, dass dieser Teil des Untersuchungsausschusses sich unumwunden in erster Linie – oder auch ausschließlich – als Anwalt der Bundeswehr verstand. Bis heute sind die Gründe, die 1998 zur Untersuchung durch den Bundestag führten, nicht wirklich beseitigt.

An sämtliche Kritikpunkte aus den Erörterungen der »Vorkommnisse« von 1995 bis 1998 werden wir mit der Hohmann-Günzel-Affäre erinnert. Der Chef des Kommandos Spezialkräfte, Brigadegeneral Reinhard Günzel, hat im Herbst 2003 zum Entsetzen seiner Vorgesetzten das ihm auferlegte Schweigen gebrochen, das ihm besonders hinsichtlich seiner kleinen Untergrundarmee befohlen worden war. Er schrieb dem rechtsextremen CDU-Bundestagsabgeordneten Martin Hohmann einen zustimmenden Brief zu dessen Thesen von den Juden als Tätervolk im Rahmen des Bolschewismus und der Oktoberrevolution sowie von den guten Symbolen, unter denen die »braunen Horden« marschierten.

Günzel nannte Hohmanns Rede mit den entsprechenden Äußerungen eine ausgezeichnete Ansprache mit »Mut zur Wahrheit und Klarheit«, wie man sie in Deutschland »nur noch sehr selten hört und liest«. Man werde mit solchen Aussagen zwar von den Medien in die »rechtsradikale Ecke gestellt«, aber man spreche damit »der Mehrheit unseres Volkes eindeutig aus der Seele«. Hohmann solle mutig weiter Kurs halten und sich nicht durch »Anwürfe aus dem linken Lager« beirren lassen.

Minister Struck sagte, es handelte sich bei Reinhard Günzel um einen einzelnen »verwirrten General, der einem noch verwirrteren CDU-Abgeordneten aufgesessen ist«. Dazu könnte doch die Frage aufkommen: Soll hier von den verwirrten SPD-Ministern und Verteidigungsausschussmitgliedern abgelenkt werden, die einem solchen

General freie Hand ließen? Niemand weiß, was er mit seiner KSK in den Kampfeinsätzen in Afghanistan trieb. Die Abgeordneten verzichteten gar auf Nachprüfungen. Die Fallschirmjäger, die ursprüngliche Truppe des antisemitischen deutschen Generals, drucken in Werbebroschüren das alte Nazi-Liedgut wie »Rot scheint die Sonne«, das Göring so gern hörte, und sie feiern die Siege von Monte Cassino und Kreta. Schon lange vor der KSK-Gründung übten sie den »Einsatz hinter feindlichen Linien«. Nun musste der Brigadegeneral aus der vorderen Linie abgezogen werden. Es hätte viele Gründe gegeben, ihn dort nie zu plazieren.

Günzel hat die ansonsten streng abgeschirmte KSK-Truppe in Calw für seine sehr weit rechts stehenden Freunde geöffnet. Seine Freiwilligen bezog er vor allem aus Fallschirmjägereinheiten – Günzel selbst war als 19jähriger Jäger 1963 im Fallschirmjägerbataillon 261 in Lebach/Saar ins Berufsleben eingetreten – und aus Gebirgsjägerverbänden. Dass diese Freiwilligen bei den Jägern aller Einheiten nur zu oft junge Nazifans waren, ist spätestens seit den Untersuchungen der »Vorkommnisse« von 1998 bekannt. Der Major der Reserve Martin Hohmann – eben jener, der für die CDU auch im Bundestag saß – durfte im August 2001 bei der KSK-Truppe eine Wehrübung absolvieren. Aus der Zeit stammen die engen Kontakte Günzels zu Hohmann. Andere Kontakte zu einflussreichen Rechten in Uniform baute Günzel in der Clausewitz-Gesellschaft auf, wo er im Frühjahr 2003 einen Vortrag über die Aufgaben der KSK halten durfte.

Als der erzkonservative Fuldaer Bischof Johannes Dyba, der zugleich auch Militärbischof war, den damaligen Oberst Reinhard Günzel einmal bei der Truppe besuchte, klagte dieser, es falle zunehmend schwer, einer Bevölkerung zu dienen, die ein gestörtes Verhältnis zur Bundeswehr habe. Auf Traditionspflege aus Respekt komme es ihm an, so die stramme Aussage Günzels. Für Günzel ist klar: Das Nazilied »Rot scheint die Sonne« werde fälschlich als Nazilied diffamiert. In dem Lied heißt es: »Startet los, flieget ab, heute geht es zum Feind ... Wir fliegen zum Feind, zünden dort das Fanal ... Wir wissen nur eines, wenn Deutschland in Not, zu kämpfen, zu siegen, zu sterben den Tod. An die Gewehre, an die Gewehre. Kamerad, da gibt es kein Zurück.« Seinem Offizierskameraden und Reserveoffizier Christian Epp erklärte Günzel, was er von seiner Truppe erwarte: »Disziplin wie bei den Spartanern, den Römern oder bei der Waffen-SS.«

Nach dem Hohmann/Günzel-Skandal wurde vorübergehend wieder nach einer Untersuchung in der Bundeswehr gerufen. Wir haben erlebt, wie die letzte Untersuchung dieser Art ausging. Kurt Rossmanith, Obmann der CDU/CSU-Bundestagsfraktion für Sicherheits- und Verteidigungspolitik, legte den Untersuchungsbericht vor und befand: Alles in Ordnung. Im Plenum lehnte die Unions-FDP-Koalition Anträge der Grünen und der SPD ab. Diese Anträge haben SPD und Grüne später, als sie dann selbst an der Regierung waren, nie wieder gestellt – und sich auch nicht danach gerichtet. Weder wurde das Verhältnis Bundeswehr/Wehrmacht zweifelsfrei geklärt, noch wurde den alten Traditionsverbänden der Stuhl vors Kasernentor gesetzt.

Der unionsgeführten Bundesregierung wurde im Antrag der Grünen aus Vorregierungszeiten vorgeworfen, sie habe »es bewusst unterlassen, das Verhältnis von Bundeswehr und Wehrmacht zweifelsfrei und verbindlich zu regeln.« Klipp und klar sollte es nach Meinung der Grünen von 1998 in einem Beschluss des Bundestages heißen: »Die Wehrmacht als eine der tragenden Säulen des NS-Regimes kann keine Tradition der Bundeswehr begründen.« Dies wurde nicht verwirklicht. Weiter verurteilten die Bündnisgrünen »die Tendenz, die Umsetzung des Leitbildes vom ›Staatsbürger in Uniform‹ zugunsten einer Ausbildung von entschlossenen universellen Kämpfern zu opfern.« Ein Jahr später setzten dieselben Grünen zusammen mit ihrem SPD-Koalitionspartner eben diesen Kämpfer erstmals nach 1945 ein.

Der Deutsche Bundestag sollte – nach Wunsch der Grünen von 1998 – die Bundesregierung auffordern, das »Leitbild des Staatsbürgers in Uniform durch eine Intensivierung der politischen Bildung, eine Verbesserung der Rechtsausbildung und eine gelebte Innere Führung in die Realität umzusetzen.« Doch die politische Bildung geht immer mehr zu Lasten der Einübung des Kämpfers.

Weiter sollte der Bundestag beschließen, er sehe »in der Namensgebung von Kasernen und Schiffen einen wichtigen Beitrag für eine glaubwürdige demokratische Traditionspflege. Er fordert die Bundesregierung auf, die gegenwärtigen Kasernen- und Schiffsnamen auf ihre zeitgemäße demokratische Leitbildfunktion hin zu überprüfen.«

Nichts dergleichen ist geschehen. Bis auf eine Umbenennung blieb es noch 2003 bei den alten Namen der Kasernen, blieb es bei antisemitischen und faschistischen Vorbildern wie Fritsch und Mackensen. Am Angriffs- und Vernichtungskrieg gegen die Sowjetunion waren viele Kasernen-Patrone der Bundeswehr beteiligt.

Der Deutsche Bundestag sollte 1998 nach Meinung der Grünen die Bundesregierung weiterhin auffordern, »bestehende Patenschaften zwischen Bundeswehr und ehemaligen Verbänden der Wehrmacht offenzulegen und aufzulösen«. Auch das unterblieb. Während das Darmstädter Signal, eine kritische Soldaten- und Offiziersgruppe, bestehend vorwiegend aus Reservisten, faktisch Hausverbot bei der Bundeswehr hat, genießen die Traditionsverbände alle Freiheiten. Als die VVN-BdA zu Pfingsten 2003 in Mittenwald Gäste aus den Orten in Griechenland, die im Zweiten Weltkrieg von der Gebirgstruppe der Wehrmacht grausam heimgesucht worden waren, eingeladen hatte, bot sie der Bundeswehr an, diese Gäste in die Kasernen der heutigen Gebirgstruppe zu entsenden. Die Divisionsleitung in Sigmaringen lehnte ab, das Ministerium schwieg. Die zuständige 10. Panzerdivision betreute hingegen zu Pfingsten 2003 das Treffen des berüchtigten völkisch-nationalistischen Kameradenkreises der Gebirgstruppe, in dem sich zahlreiche mutmaßliche Täter gegenseitig ihre Unschuld beeiden.

»Der Deutsche Bundestag«, so sollte nach Meinung der Grünen 1998 weiter beschlossen werden, »fordert die Bundesregierung auf, dafür zu sorgen, dass alle Traditionsräume den Anforderungen der Traditionsrichtlinien aus dem Jahr 1982 entsprechen und bei Nichtbeachtung die zuständigen Kommandeure zur Verantwortung gezogen werden.« Ein Bericht, was daraus wurde, liegt nicht vor. Es liegen jedoch stolze Berichte in Blättern der Traditionsverbände vor, in denen geschildert wurde, wie während der Untersuchungen des Bundestages in Kasernen die äußerlich sichtbaren Merkmale der Traditionsarbeit korrigiert wurden, um hinterher wieder in den alten Zustand zurückversetzt zu werden.

Was geschah also mit den Forderungen aus dem Antrag von 1998, nachdem die Grünen in der Regierung saßen? Fast nichts. Ihr Antrag wurde nie wieder hervorgeholt. Und an der Traditionsarbeit der Truppe änderte sich nichts, jedenfalls nichts zum Besseren. Die gesamtdeutsche Militärkonzeption, in den Jahren von 1990 bis 1998 maßgeblich von den Militärs erarbeitet, wurde vollinhaltlich beibehalten. Bereits am 3.10.1990 hatte die Bundeswehr das NVA-Verteidigungsministerium der DDR übernommen, und ein stellvertretender Oberkommandierender Bundeswehr-General, Werner von Scheven, versicherte den Soldaten aus Ost und West, die Bundeswehr wolle »nicht hinter den Leistungen der Wehrmacht zurückstehen«. (»loyal« 12/1990) Der Geist, der aus diesen Worten sprach, wurde nicht als alarmierend empfunden und nicht ernst genommen.

Zwei Jahre nach der Untersuchung der »Vorkommnisse« von 1995 bis 1998 meldeten die Medien erneut einen deutlichen Anstieg rechtsextremer »Vorfälle« in der Bundeswehr. Der Bericht des Wehrbeauftragten des Bundestages verzeichnete für das Jahr 2000 196 entsprechende Meldungen, eine Steigerung um 45 Prozent gegenüber dem Vorjahr.

Da pöbelte ein alkoholisierter Obergefreiter einen Soldaten, der aus einer Migrantenfamilie stammte, mit den Worten an: »Was sucht dieser Nigger in einem deutschen Bett, zu Hitlers Zeiten wäre das nicht passiert.« Das war nur einer der »Vorfälle«. Doch der Wehrbeauftragte Winfried Penner (SPD) wiegelte ab: Bei den Vorkommnissen handele es sich weniger um Gewaltdelikte als vielmehr um »Schmierereien an Toiletten«, »Grölen des Hitler-Grußes« oder das Abspielen einschlägiger CDs.

Und all das ist nicht beunruhigend? Auch nicht die Untersuchung, die an den Bundeswehr-Universitäten Hamburg und München und der zivilen Universität Koblenz erfolgte? Dort wurde eine Studie über die politische Orientierung des Offiziersnachwuchses erarbeitet. Sie ist wegen ihrer brisanten Resultate noch vom CDU-Minister Volker Rühe im Panzerschrank versteckt worden. Soviel ist immerhin an die Öffentlichkeit gedrungen: 54,7 Prozent der Studenten an den Bundeswehr-Universitäten stufen sich selbst als »rechts von der Mitte ein im Vergleich zum Durchschnittsbürger«. Bei über 60 Prozent sind prononciert Einstellungsmuster vertreten wie »Abwehr von Fremden«, »Begrenzung der Zuwanderung«, »Abwehr kultureller Überfremdung«. Die Studie trifft selbst die Wertung, dass ein großer Teil der militärischen Führungsschicht der Zukunft in der Nähe zum Rechtsextremismus steht. Dazu kommt die Feststellung, dass die Bundeswehr eher für Rechte attraktiv ist, dass kritische junge Leute eher den Wehrdienst verweigern oder, bedingt durch die neue Militärstrategie, die Bundeswehr verlassen.

Die Entwicklung des Offiziersnachwuchses, wie sie in dieser Studie geschildert wird, ist bisher nicht Gegenstand von Erörterungen des Ministeriums gewesen. Auch Wehrbeauftragter Winfried Penner sagte dazu nichts. Er hat genug zu tun mit den seinem Amt genannten Entwicklungen in der Bundeswehr. Diese seien keine »Ausreißer«, sondern spiegelten das Aufkommen des Rechtsextremismus in der Gesellschaft wider, sagt Wehrbeauftragter Penner. Da ist sie wieder, die alte Standardbegründung – die Bundeswehr ist rein, nur die Gesellschaft nicht. Vier von fünf Taten seien von Grundwehrdienstleistenden begangen worden. Na und? Penner erwartete für die nächsten Jahre ein ähnlich hohes Niveau rechtsextremer Straftaten in der Truppe. Beobachter sagten dazu: Diese Prognose kommt einem Offenbarungseid der »Inneren Führung« schon sehr nahe.

Noch 1999 – kurz nach dem parlamentarischen Untersuchungsbericht – hatte sich das Verteidigungsministerium damit gebrüstet, mit speziellen Maßnahmen zur Stärkung und Verbesserung der Politischen Bildung den Rechtsradikalismus in der Bundeswehr eindämmen zu wollen. »Unsere präventiven Maßnahmen greifen sehr wohl«, verlautete aus dem Verteidigungsministerium. Doch dann war nach Penners Einschätzung ein Anstieg zu beobachten.

Die Bundeswehr-Untersuchungen berücksichtigten bestimmte »Vorkommnisse« gar nicht erst, die doch recht eindeutige Rückschlüsse auf menschenverachtende Grundeinstellungen zulassen und unter der Rubrik »Rechtsradikalismus« geführt werden müßten. Beispielsweise solche wie eine »Aufnahmeprüfung« in den Unteroffiziersrang, bei der der Anwärter einen »Unteroffizierstrunk« aus Senf, Mayonnaise, Tabasco, Chilipulver, Salz, Pfeffer, Kümmel und Salatöl zu sich nehmen mußte. Der betroffene Soldat musste sich nach dieser Prozedur mehrmals übergeben. Auch dieses Beispiel von Männlichkeitsritualen erwähnte der Wehrbeauftragte in seinem Bericht. Zu fragen ist, wie oft sich solche Szenen hinter dem Kasernentor, in den Stuben der Soldaten oder in den Gemeinschaftsräumen abspielen, ohne dass eine entsprechende Meldung an den Vorgesetzten oder gar an den Wehrbeauftragten gemacht wird. Wie viel wird bei der Bundeswehr – auch in Sachen rechtsradikaler politischer Delikte – unter den Teppich gekehrt?

10.
Der Krieg wird sozialdemokratisch und olivgrün

Von der Enttabuisierung des deutschen Krieges

Mit Beginn der NATO-Luftschläge gegen Jugoslawien im März 1999 beteiligten sich deutsche Streitkräfte erstmals seit Ende des Zweiten Weltkrieges wieder an einem Krieg. Die Bombardierungen wurden von Minister Rudolf Scharping (SPD) damit begründet, die in der jugoslawischen Provinz Kosovo lebenden Albaner vor Angriffen und Vertreibung durch serbische bewaffnete Kräfte schützen zu müssen. Die NATO habe auf die Vertreibungen geantwortet, sagte der Minister. Innerhalb der Bundeswehr wurde es anders dargestellt: In der »Information für die Truppe« wurde unter der Überschrift »NATO beschließt Luftangriffe auf Jugoslawien« ausgeführt: »Die Bundeswehr ist mit ECR-Tornados des Einsatzgeschwaders 1 aus Piacenza unmittelbar beteiligt: Am 24. März, abends gegen 18.30 Uhr, beginnt die Luftoperation ›Entschlossene Kraft‹, die Präsident Milosevic zur Annahme des Friedensplanes zwingen soll. Die serbische Seite antwortet mit der gewaltsamen Vertreibung der albanischen Bevölkerung aus dem Kosovo.« (IfdT 4-1999) Die Vertreibung war also die Antwort auf die Aggression Deutschlands und der NATO – und nicht der wahre Kriegsgrund.

In Artikel 2 des »Vertrages über die abschließende Regelung in bezug auf Deutschland« vom 12. 9. 1990, der unter dem Namen »Zwei-plus-Vier-Vertrag« in die Geschichte einging und als Friedensvertrag gilt, heißt es, »dass von deutschem Boden nur Frieden ausgehen wird. Nach der Verfassung des vereinten Deutschlands sind Handlungen, die geeignet sind und in der Absicht vorgenommen werden, das friedliche Zusammenleben der Völker zu stören, insbesondere die Führung eines Angriffskrieges vorzubereiten, verfassungswidrig und strafbar. Die Regierungen ... erklären, dass das vereinte Deutschland keine seiner Waffen jemals einsetzen wird, es sei denn in Übereinstimmung mit seiner

Verfassung und der Charta der Vereinten Nationen.« Acht Jahre nach dieser Versicherung bricht Deutschland mit dem Überfall auf Jugoslawien, ein Land, das schwer unter der letzten deutschen Aggression zu leiden hatte, den Friedensvertrag. Zugleich brach das deutsche Heer – einmal mehr im 20. Jahrhundert – seine Verpflichtung auf die demokratische Verfassung.

Immer wieder wird gefragt, wie konnte es dazu kommen? Warum gab es keine Massenproteste wie noch 1991 zum Golfkrieg? Seit dem Golfkrieg war viel geschehen. Vor allem hat sich die tendenzielle Wandlung in der Militärkonzeption vom Primat der Politik hin zum Primat des Militärs erheblich beschleunigt. Lange bevor der heutige Bundeskanzler überhaupt Kanzlerkandidat geworden war, hat er geäußert, letztendlich sei er den Eliten verpflichtet, vor allem den ökonomischen. Gegen sie könne man keine Politik machen. (Vgl. Hamburger Abendblatt, 27.12.1996) Und zu den Eliten gehören auch die der Rüstungsindustrie und – mehr als in den Jahren der alten BRD – die Militärs. Darüber haben die Medien wenig berichtet.

Nehmen wir den Verteidigungsausschuss des Bundestages. Der kontrolliert nicht die Bundeswehr, sondern die Bundeswehr kontrolliert ihn. Und zwar mittels Generalen a.D. und Obersten a.D., die das Kürzel MdB zu ihrem Namen führen. Die Bundeswehr wurde seit dem Golfkrieg 1991 umgestellt von der nominellen Verteidigungsarmee zur de facto Kriegsführungsarmee, zur »Bundeswehr im Einsatz«. Dementsprechend verhielten sich die deutschen Militärs in den NATO-Gremien. Diese vor allem militärischen Gremien erarbeiten die Politik der NATO – und nicht die Verteidigungsminister tun dies. So waren die Pläne fix und fertig – und es fehlte nur noch ein Kriegsgrund. Den glaubte man im Kosovo gefunden zu haben.

Allerdings fand man ihn dort nicht zufällig. Zu den Aufgaben der »neuen« Bundeswehr und der »neuen« NATO zählt die Stabilisierung von »instabilen« Regionen an der Peripherie des Bündnisgebietes. Stabilität ist ein schwammiger Begriff. Gemeint ist damit, dass überall Ordnungen und Regime, die sich den Weisungen der NATO, der EU, des großen Kapitals entziehen, sich Eigenmächtigkeiten und Abweichungen gegenüber deren Normen erlauben, zu bekämpfen und auf Linie zu bringen sind. Sorgenkinder der Militärs sind alle Länder rund um die ehemalige Sowjetunion und der ehemaligen Sowjetunion selbst, die sich nicht unterordnen oder drohen, sich künftig nicht unterzuordnen: Das frühere Jugoslawien, Irak, Iran, die mit Erdöl und anderen Bodenschätzen gesegneten Gebiete der ehemaligen UdSSR. Diese Gebiete werden zu Interessensphären der USA, der NATO und der EU erklärt, die dort herrschen wollen – vor allem aus ökonomischen Gründen. Wer sich dieser Herrschaft entzieht, eigene Interessen verficht, gilt als instabil. Die Stabilität ist wieder herzustellen. Das Kosovo wird somit aus Jugoslawien ausgegliedert; der jugoslawische Staat selbst wird zerstört, und dies auch, um den Zugriff auf den Nahen Osten und auf die kaspischen Ölfelder zu sichern.

Es wurde oft auf den Widerspruch hingewiesen, dass die NATO angeblich für die Menschenrechte der Kosovaren eintritt und gegen Jugoslawien Krieg führt, aber nichts zur Durchsetzung der Menschenrechte der Kurden gegenüber der Türkei unternimmt. Dies kann nur als Widerspruch empfinden, wer annimmt, dass die NATO wirklich für die Menschenrechte eintritt. Der Krieg der NATO gegen Jugoslawien war auf die gleichen Interesse gerichtet wie der Krieg des NATO-Landes Türkei gegen die Kurden: Sicherung der Handelswege und des Zugangs zu Rohstoffen und Sicherung aller Regime, die diese militärischen, politischen und ökonomischen Ziele teilen, ferner Schaffung von »Stabilität« im oben genannten Sinne.

Wer auf den vereinzelten Veranstaltungen der Friedensbewegung, die zum Thema der Bundeswehrskandale 1997/98 stattfanden, davon sprach, dass die »neue« Bundeswehr eine Bundeswehr des Krieges werde, dass sie sich alle kriegerischen Optionen offenhalte, dass heute die Grundlage für Aggressionen und Eroberungen in den nächsten Jahrzehnten gelegt würden, der erntete ungläubiges Staunen angesichts derartiger »Übertreibungen«. War nicht das deutsche Militär seit der Wende von 700.000 Menschen unter Waffen auf 340.000 abgeschmolzen worden? Wie sollte dieses Militär gefährlich werden? Wer so fragte, hatte die Kriege von 1914 und von 1939 vor Augen. Doch Weltkriege von deutschem Boden aus standen nicht bevor. Aber Kriege von deutschem Boden aus, in welchen Bundeswehr plus NATO an die Stelle der deutschen Wehrmacht treten und Bundeswehr und US-Army das Oberkommando spielen, oder gar Kriege einer von Deutschland beherrschten Militärmacht Europäische Union, konnte man sich durchaus denken.

Dabei hätte man spätestens den Beschluss des Bundestages vom 16. Oktober 1998 zum Militärschlag der NATO gegen Jugoslawien unter Beteiligung der Bundeswehr als das nehmen müssen, was er war: Vorbereitung eines Angriffskrieges. Wer sich aber für die Kriegsvorbereitungen der Militärpolitiker interessierte, erfuhr darüber wenig, aber immerhin dies: Da berichtete die »Allgäuer Zeitung« vom 15. Mai 1998 über den Wahlkampfauftritt von CDU-Verteidigungsminister Volker Rühe vor Bundeswehrangehörigen in Marktoberdorf, wo er faktisch die Schaffung eines neuen völkischen Kleinstaates Kosovo auf dem Territorium Serbiens ankündigte, an der sich die Bundeswehr mit Waffengewalt beteiligen wolle, auch um Flüchtlinge fernzuhalten: »Wenn wir«, so Rühe, »im Kosovo nicht richtig reagieren, haben wir noch mehr Flüchtlinge im Land.« Deshalb werde eine Studie erstellt, die ebenso militärische Gesichtspunkte berücksichtige. Das war die Vorbereitung eines Angriffskrieges zur Abwendung von »Flüchtlingsströmen«.

Aber auch die SPD war keineswegs abseits des Kriegspfades tätig. Die FAZ vom 2. Mai 1998 schildert einen Wahlkampfauftritt des damals als möglichen SPD-Verteidigungsminister genannten Rudolf Scharping vor höchsten Offizieren in Bonn. Der Verteidigungshaushalt ist zu gering, stimmte Scharping ins Gejammere der Generale ein. »Auf die Bundeswehr könne man nicht verzichtet, ... auch wenn Deutschland derzeit militärisch nicht mehr direkt bedroht sei.«

Die Generale, zu denen Scharping sprach, planten den Krieg. Das fand sogar seinen Niederschlag in den weithin ungelesenen Medien der Bundeswehr.

➲ In der Januar-Ausgabe 1998 der »Information für die Truppe« wird beziehungsreich an die Niederlage Deutschlands im Ersten Weltkrieg erinnert: »Die Sieger hielten die ›germanophile‹ Donau-Monarchie nicht für geeignet, Deutschland in Schach zu halten.« Besonders Frankreich habe ein System von Kleinstaaten in der Region unterstützt, das in die Gründung eines »großserbischen« Jugoslawiens einmündete. Die Zerstückelung Jugoslawiens in den neunziger Jahren und die internationale Anerkennung ihrer Ergebnisse sei »maßgeblich von Deutschland initiiert« worden. Angesichts einer »langfristigen Krise« sei eine anhaltende Besetzung Bosniens mittels SFOR-Mandat und die Lösung des Kosovo-Konflikts gegen die »chauvinistischen Ziele« Milosevics erforderlich.

➲ Nach Beginn des Aufstandes der UCK, die von »Information für die Truppe« Nr. 5/98 noch durchaus eine »Terrororganisation« genannt wird, berichtet diese Zeitschrift von der seit 1913 ungelösten »albanischen Frage«. Mit Sanktionen der »internationalen Gemeinschaft« soll Serbien zum Einlenken gebracht werden. »Anhaltende serbische Repressionen« rufen nach »äußerer Einmischung«. Der Beitrag ist mit »Ruhe vor dem Sturm« überschrieben – und eine Zwischenüberschrift lautet »Sympathie für albanische Untergrundkämpfer«.

➲ Der September-Ausgabe 1998 der »IfdT« liegt ein »Reader Sicherheitspolitik« bei, der mit »Risikofaktoren und Risikofelder – Politik/Ökonomie/Ökologie/ Militär ›Erdölpoker am Kaukasus‹« überschrieben ist. Eine Karte zeigt die »unerschöpflichen« Ölreserven und Gaslager auf, die im Kaspischen Becken vermutet werden; zugleich werden potentielle Konfliktgebiete in den Kaukasusländern, Afghanistan, am Schwarzen Meer und in der Türkei ausgewiesen. Zusammenfassend heißt es über das »ölreichste Gebiet der Erde«: »Damit die Anrainerstaaten ihre Ressourcen anbieten können, sind jedoch sichere Besitzrechte, Transportwege zu den Weltmärkten und hinreichende politische Stabilität erforderlich«. Es wird die Westführung der Pipeline bis zum Balkan und zum Mittelmeer gefordert, während China und Kasachstan »eine Pipeline zu Chinas Westgrenze« favorisieren. Die Strategie der Bundeswehr und der NATO wird so verdeutlicht: »In der kaspischen Region treffen die wirtschaftlichen und politischen Interessen der USA, der Russischen Föderation, der Türkei und des Iran aufeinander. Hinzu kommen die jeweiligen Strategien der kleinen Anrainerstaaten wie der Transitländer. Im allgemeinen ist dabei eine Tendenz zur Emanzipation von russischem Einfluß und Hinwendung zum Westen festzustellen.«

- Der »Reader Sicherheitspolitik« als Beilage zur Februar-Ausgabe von 1966 der »IfdT« spricht sich für »einen möglichen Militärschlag der Allianz gegen Serbien« aus. Vor diesem Hintergrund wird gefordert, »deutsche Interessen in der internationalen Politik« zu definieren. Die Definition »deutscher Interessen« durch die führenden Politiker wird vermißt.
- In »Information für die Truppe« wurde immer wieder der »Wandel der NATO von einer Verteidigungsallianz aus Zeiten des Kalten Krieges hin zur Ordnungs- und Stabilitätsinstitution in und für das Europa des 21. Jahrhunderts, ein Europa mit absehbaren Instabilitäten an seiner Peripherie« (IfdT, März 1999) propagiert. Das Feindbild der Bundeswehr: »Proliferation, politischer Fundamentalismus und Terrorismus stellen eine Bedrohung für alle dar. Darüber hinaus wirken sich Verknappung von Ressourcen und Migrations- und Flüchtlingsbewegungen auch auf die europäische Sicherheitslage aus.« In der Ausgabe zu »50 Jahre NATO« wirbt IfdT vom März 1999 unverhohlen für die Selbstmandatierung der NATO unter dem Vorwand, »humanitäre Katastrophen« zu bekämpfen. OSZE und UNO werden beiseite geschoben, da ihre Beschlüsse eine »unzulässige Einschränkung des Handlungsrahmens der Atlantischen Allianz« erbringen könnten. Unter der Überschrift »Eine globale Rolle für die NATO?« wird dem »Krisenmanagement jenseits der Bündnisgrenzen«, also dem Krieg in aller Welt, das Wort geredet.

Mit der faktischen Kriegserklärung des Bundestages gegen Serbien bzw. Jugoslawien vom 16. Oktober 1998 – dem dritten deutschen Krieg gegen dieses Land im 20. Jahrhundert – verbanden auch friedensbewegte Menschen noch nicht die Befürchtung, dass damit der Traum von einer anderen Politik ausgeträumt war, der mit der Abwahl von Kohl, Kinkel und Rühe in greifbare Nähe gerückt schien. Manche mögen an die »Kriegserklärungen« Englands und Frankreichs von 1939 gedacht und glaubt haben: Der Beschluss ist Drohung, wird aber nicht Wirklichkeit. Denn wer hätte schon zu sagen gewagt: Wer Schröder und Fischer gewählt hat, hat den Krieg gewählt? Wer wollte in Gefahr geraten, für verrückt gehalten zu werden? Und doch: Indem Schröder, Fischer und Scharping den Generälen gehorchten, machten sie Krieg von deutschem Boden aus wieder möglich.

Noch nach Wochen Krieg profitierten die Generäle und die rüstungswirtschaftlichen Eliten davon, dass sie es mit Politikern zu tun hatten, denen ihre Wähler »so etwas« nicht zutrauten. Noch nach Monaten warteten viele Sozialdemokraten und Grüne samt Wähleranhang darauf, dass sich der Nebel verflüchtigte und der reine und friedliche Fischer und Schröder wieder hervorträten und sagten: Es war nicht so gemeint, aber wir hatten keine andere Wahl; wir wollten nur den Frieden wieder herstellen. Man wolle sein Gesicht nicht verlieren, wird das gern genannt. Dass dabei unzählige unschuldige Menschen ihr Leben verlieren, scheint weniger wichtig zu sein.

Nicht erst die Entwicklung der letzten Jahre auf dem Balkan hat zu einem gefährlichen »Umdenken« Deutschlands in der Sicherheitspolitik geführt, sondern schon seit Anfang der neunziger Jahre wird in der Bundeswehr gelehrt, dass sich Frieden nun einmal in geringerem Maße als früher durch Kriegsverhütung gewähren lasse. Der Krieg behaupte sich nun mal als Instrument im Arsenal der Politik. So oder so ähnlich wurde es immer wieder mittels Innerer Führung gelehrt.

Und auch dies: Die Souveränität anderer Länder und das Prinzip der Nichteinmischung in die inneren Angelegenheiten anderer Staaten müssten »in Frage gestellt« werden; grundlegende Prinzipien des Völkerrechtes und der UN-Satzung »wie das Souveränitätsprinzip, Nichteinmischungsgebot und das Selbstbestimmungsrecht bedürfen einer Fortentwicklung.« (Information für die Truppe 11/91).

Der Krieg als Instrument der Politik? Zu Zeiten der Nazis war dies Instrument lange Zeit der »Blitzkrieg«. »Schnelles Zupacken« gegen die Serben, wie in der Zeit von 1941 bis 1944 galt als die richtige Methode, wie Nazi- und Bundeswehrgeneral Karl Wilhelm Thilo in einem Buch (H. Lanz, Gebirgsjäger – Die 1. Gebirgsjäger-Division 1935/1945, Bad Nauheim 1954, S. 245) schrieb, das in der Bundeswehr weit verbreitet ist. Ein Blitzkrieg war auch die Absicht der NATO-Generale beim Angriff auf Jugoslawien. Sie wollten schnell Fakten schaffen und priesen ihre gegen die UNO und das Völkerrecht gerichtete Politik auf diese Weise den Politikern an. Es sollte wohl schnell vergessen werden, dass der Krieg von Bundeswehr und Nato gegen Jugoslawien eindeutig gegen das Völkerrecht verstieß, nicht nur gegen die UN-Charta, sondern auch den NATO-Vertrag, die Schlussakte von Helsinki, gegen das Grundgesetz. Artikel 2,4 der Charta der Vereinten Nationen lautet: »Alle UN-Mitglieder unterlassen jede gegen die territoriale Unversehrtheit eines Staates gerichtete Androhung oder Anwendung von Gewalt«. Von allen illegal gegen Jugoslawien Krieg führenden Staaten war Deutschland am allerwenigsten dazu berechtigt. Auf Deutschland zielt noch immer die Feindstaatenklausel in Artikel 53 und 107 der Charta der Vereinten Nationen vom 26. 6. 1945. Sie gestattet den Mitgliedern der UN, gegen jeden Staat, der während des Zweiten Weltkrieges Feind (wie Deutschland) eines Unterzeichnerstaates der UN-Charta (wie Jugoslawien) war, auch ohne Ermächtigung des UN-Sicherheitsrates Zwangsmaßnahmen zur Verhinderung neuer Aggressionen zu ergreifen. Jugoslawien hätte jedes Recht gehabt, um Hilfe gegen den Aggressor Deutschland zu bitten.

Mit dem Krieg gegen Jugoslawien sollte die NATO-Programmatik an die Stelle der UNO-Charta treten. Diese Charta war und ist eine wichtige Errungenschaft des antifaschistischen Kampfes der Völker und der Anti-Hitler-Koalition. Sie wurde geschaffen, um vor allem Deutschland an neuen Kriegen und neuem Völkermord zu hindern. Deutschland hat sich immer wieder zu ihrer Einhaltung verpflichtet und sie mit dem Angriff auf Jugoslawien mit Füßen getreten. Die Bundeswehr verstieß gegen die Verfassung, die ihr den Auftrag zur Landesverteidigung, nicht aber zum Angriff gibt. Im »Weißbuch 1994« der Bundeswehr wird der »Zwei-Plus-Vier-Vertrag« zitiert, in dem der Angriffskrieg verboten wird. Zur Weigerung, sich an rechtswidrige Befehlen zu halten, sind die Soldaten nach dem Soldatengesetz verpflichtet, wenn sie die Rechtswidrigkeit eines Befehls erkennen können. Ein Blick in die Verfassung und das »Weißbuch« hätten jedem Soldaten klarmachen müssen, dass der Befehl zum Kriegseinsatz gegen Jugoslawien gegen das Soldatengesetz verstieß und nicht befolgt werden durfte.

Doch es kam anders. Im Militär hat sich wieder ein Militärkonzept – bis an die Basis – durchgesetzt, das an die Zeit anknüpft, da Kriege

»erlaubt« waren und keine »Rechtfertigung« brauchten und wo es »ehrenhaft« war, »für das Vaterland zu sterben«, wie es der Neofaschist und Anwalt Jürgen Rieger (»Nordische Zukunft«) formulierte. Kriegerische Mittel sind somit wieder normal – wir kehren zur Normalität zurück, heißt es denn auch ständig unter den Militärs. Dem Staat soll nun wieder »das Recht, seine Angehörigen zu opfern«, eingeräumt werden. Das Idol von Ex-Kanzler Kohl ist auch das Idol von Rieger: Ernst Jünger. Ihn zitiert er: »Was ist das für ein Krieger, der keine Rasse besitzt?« Und er ruft den Generalstabschef von Wilhelm II, Moltke, als Zeugen an: »Der Krieg ist ein Mittel in Gottes Weltordnung. Der ewige Friede ist ein Traum, und nicht einmal ein schöner. Ohne Krieg würden die Menschen im Materialismus versumpfen.« Ernst Jünger wird als »rechter Intellektueller«, der im »inneren Widerstand zum Nationalsozialismus stand«, ausführlich in der Bundeswehrzeitschrift »Information für die Truppe« gewürdigt und zitiert: »Der Krieg, aller Dinge Vater, ist auch der unsere; er hat uns gehämmert, gemeißelt und gehärtet zu dem, was wir sind« (in IfdT 4/98).

Es kommt allerdings auch vor, dass deutsche Militärs Kritik an der NATO üben, unter deren Kommando sie in den Krieg gegen Jugoslawien zogen. Dies geschieht aber fast nur auf eine Weise, als gehe es bei der NATO um einen tyrannischen US-amerikanischen Vater, von dem man sich emanzipieren müsse. Doch es gibt die »neue NATO«, die auch eine »deutsche NATO« ist, denn die eigentlich auf Völkerrecht und Rechtsstaatlichkeit verpflichteten Bundesregierungen und die deutschen Militärs haben an vorderster Stelle geholfen, aus der NATO eine Einrichtung zu machen, die einer Rambo-Organisation gleicht. Die heutige NATO ist nicht nur das Werk der USA, sondern auch Deutschlands. Und das Werk auch der deutschen Rüstungsindustrie. Sie begeisterte sich für den Krieg gegen Jugoslawien.

In »Aerospace«, dem »jungen Magazin« der DaimlerChrysler Aerospace AG (DASA) wurde er gefeiert, »der erste Kriegseinsatz der Luftwaffe in der Geschichte der Bundesrepublik.« Dieser auch mit ECR-Tornados der Bundeswehr – ECR steht für die amerikanische Abkürzung »Elektronische Kampfführung und Aufklärung« – geführte Luftangriff war freilich laut »Aerospace« hochgradig humanitär: »Die abschreckende Wirkung der deutschen ECR-Tornados auf dem Balkan trug maßgeblich dazu bei, dass die Besatzungen der alliierten Luftstreitkräfte von über 70.000 Kampfeinsätzen auf ihre Stützpunkte zurückkehrten, ohne ein Menschenleben zu verlieren.« Die Bewohner der Gegenden, aus denen die ECR-Tornados verlustfrei zurückkehrten, sind demzufolge wohl keine Menschen. Deshalb ist ihr Tod auch nur ein Kollateralschaden.

Die Idee für die ECR-Technologie entstand bereits Ende der 80er Jahre im Bundesverteidigungsministerium, verrät das Magazin. Die neue Lage nach Ende der Ost-West-Systemkonkurrenz bringt das DASA-Magazin geradezu ins Schwärmen: »Konfliktgebiete auf der ganzen Welt; eine Vielzahl neuartiger Risiken; weltweite potenzielle Einatzgebiete; steigende Bedrohungen in Spannungsgebieten durch äußerst wirksame gegnerische bodengebundene Luftverteidigungssysteme.« Nahezu unbegrenzte Profitmöglichkeiten also, deren Realisierung freilich die richtige »Philosophie« benötigt. Was darunter zu verstehen ist, macht Philosoph Horst Ambros deutlich – seine Wirkungsstätte war in den 80er Jahren das Bundesverteidigungsministerium. Dort fungierte er als Ideengeber für den ECR-Tornado, um nach seinem Dienst im Verteidigungsministerium Hausphilosoph der DASA zu werden. Im Interview mit »Aerospace« sagte er: »Recht schnell merkte ich: Ein Waffensystem wie der Tornado muß immer an der Spitze der Technologie stehen. Man muss immer weiter entwickeln. Da wir heute in der Technologie – speziell bei der Elektronik – Halbwertzeiten von fünf Jahren haben, muss gerade die Elektronik immer wieder verbessert und erneuert werden.«

Der Krieg von 1999 hat nicht nur DASA, sondern auch allen anderen Rüstungskonzernen gedient. Die Rüstungswirtschaft nahm einen Aufschwung. Der Verteidigungshaushalt wurde seit 1999 für unantastbar erklärt.

Die Bundeswehraktivitäten haben aber auch den reaktionären Vertriebenenverbänden Auftrieb gegeben. Der Krieg gegen Jugoslawien – angeblich zum Zwecke der Rückführung der Flüchtlinge geführt – brachte sie auf die Idee, die in Potsdam 1945 von den Alliierten beschlossenen Umsiedlungen der Deutschen aus ehemaligen deutschen Gebieten erneut zu thematisieren und eine Rückgängigmachung der »Vertreibung« der Deutschen zu verlangen. Und Bundesinnenminister Otto Schily (SPD) schalt die Linken, sich der Erörterung der »Vertreibungsverbrechen« bisher verweigert zu haben. (Vgl. Frankfurter Rundschau, 29. Mai 1999). Sie müssten nun, da der Kosovo-Krieg das alte Unrecht von 1945 wieder aufscheinen lasse, »den Mut zu klarer Sprache aufbringen«.

Neben Rüstungswirtschaft und Revanchismus wurde auch der Geschichtsrevisionismus durch den deutschen Krieg von 1999 gestärkt. Zu verweisen ist auf die neuerdings feststellbare allgemeine Vernachlässigung der deutschen Kriegsschuld und der deutschen Kriegsschuldigen in der historischen Diskussion über den Zweiten Weltkrieg. Wenn von der deutschen Vergangenheit gesprochen wird, wird sie fast nur noch unter dem Aspekt Auschwitz gesehen. So wichtig der ist, und so richtig es ist, die Verbrechen der Wehrmacht anzuprangern, so muss doch auch gesehen werden: Es gab nicht nur die Verbrechen der Wehrmacht und die der SS, die Nazi-Wehrmacht selbst war das Verbrechen. Und es gab nicht nur Kriegsverbrechen, es gab auch das Verbrechen des deutschen Angriffskriegs, nicht erst seit 1941, sondern spätestens seit 1939.

Es kam nach dem Jahrhundertverbrechen Weltkrieg Nr. Eins zum Jahrtausendverbrechen Nazifaschismus und Weltkrieg Nr. Zwei. Und über den Zweiten Weltkrieg muß gesprochen werden, wenn der Holocaust thematisiert wird. Der Krieg – und hier erkennen wir die bedenkliche Seite der in anderer Hinsicht so heilsamen Goldhagen-Debatte, die ja den Krieg als Voraussetzung des Holocausts ausblendete – bleibt außen vor, obwohl der Völkermord an den Juden, an den Slawen und Sinti und Roma nicht möglich gewesen wäre ohne diesen Krieg, der dann 50 Millionen Tote forderte. Der Freiburger Historiker und Forscher der nationalsozialistischen Vernichtungspolitik Ulrich Herbert bemängelt (»NS-Vernichtungspolitik«, Frankfurt/M. 1998, S. 10) die Methode, »dass Goldhagen den deutschen Völkermord an den Juden aus dem engen Zusammenhang zur deutschen Kriegsführung insgesamt und zu der brutalen Vernichtungspolitik insbesondere gegenüber der sowjetischen Bevölkerung sowie anderen ethnischen und sozialen Gruppen herausgelöst hat.« Und weiter: »Um es zuzuspitzen: Goldhagen suggeriert gerade den Deutschen der jüngeren Generation die Erfüllung eines verständlichen Wunsches: Nämlich durch Zustimmung zu seinem Buch nicht auf der Seite der Beschämten stehen zu müssen, sondern auf der Seite der Beschämer.«

Der Krieg wird nicht mehr als das primäre Verbrechen angesehen, sondern ein davon fälschlich losgelöster Völkermord ohne Kriegshintergrund soll dies gewesen sein. Und endlich sind es nicht mehr die Deutschen, die beschämt sein müssen, sondern die Serben, allen voran ihr damaliger Ministerpräsident Slobodan Milosevic. Die Deutschen durften, losgelöst von ihrer Vergangenheit, mal so richtig gegen »einen Hitler« wettern. Und gegen einen »neuen Faschismus« (Joseph Fischer) durften sie kämpfen, um endlich deutsche Vergangenheit vergessen zu machen. Und sei es mit Krieg! Und sei's gegen die Serben, für die es keine Gnade gibt! Die Verbrechen der Deutschen an den Serben, der im vorigen Jahrhundert zweimal geführte Krieg gegen diese – vergessen oder verdrängt.

Viele Deutsche, deren Vorfahren keinen antifaschistischen Widerstand zustande gebracht haben, nehmen die »Selbstkritik« des Westens gern auf, man habe gegen Hitler nicht früh genug gehandelt und auch Milosevic zu lange gewähren lassen. So gelingt es, sich in den versäumten Antifaschismus einzuschleichen – und endlich mal auf der »richtigen« Seite zu stehen.

Soll der Krieg der Nazis vergessen werden, ihr Völkermord aber nicht? Die Frage ist absurd, sie entspricht aber der Diskussion seit 1999: Ein Krieg sei keine brutale Menschenrechtsverletzung, wird uns suggeriert, »nur die Sache mit den Juden« war schlimm. Die »Sache mit den Serben« nicht?

Kehrt daher der Krieg endgültig ins Arsenal der Politik zurück, wie es ungeschminkt schon seit Jahren in den »Informationen für die Truppe« gesagt wird? Nachdem der Krieg bei der Benennung der Jahrhundertverbrechen ausgeklammert wurde, ist er jetzt sogar in die Liste Frieden stiftender Aktionen aufgenommen worden, wird er als Mittel der Menschenrechtsverteidigung ausgegeben, ganz so, als ob nicht ein solcher Krieg selbst die größte Menschenrechtsverletzung darstellte.

Wurde nicht das NS-Regime auch mittels Krieg bezwungen? So fragen die neuen Menschenrechtskrieger. Ja, aber nicht durch einen Angriffskrieg. Nachdem der deutsche Faschismus seine Kriegswalze in Gang gesetzt und einen Weltkrieg ausgelöst hatte, der 50 Millionen Tote verlangte, hat er diesen Krieg dank den vereinigten Anstrengungen der Völker der Anti-Hitler-Koalition verloren. Niemand hat daran gedacht, gegen das NS-Regime einen Angriffskrieg zu führen. Vor Kriegsbeginn 1939 hätten mannigfaltige andere Möglichkeiten gegen Hitler geholfen: Festigkeit beim Einmarsch ins entmilitarisierte Rheinland, in die Tschechoslowakei und in Österreich; bedingungslose Unterstützung der spanischen Republik in ihrem verzweifelten Abwehrkampf gegen den Francofaschismus und die deutsch-italienische Intervention statt der Behinderung internationaler Hilfsmaßnahmen, ferner vielfältige Blokkaden, Embargos und Sanktionen. Aber all diese Mittel wurden nicht angewandt.

Auch nicht im Falle von Menschenrechtsverletzungen auf dem Balkan. Allerdings darf mit diesem Hinweis nicht Serbien mit Nazideutschland verglichen werden. Immer wieder herangezogene Vergleiche von Nazis und Serben verbieten sich, es sind den Nazifaschismus verharmlosende Vergleiche. Schließlich haben die Jugoslawen weder Angriffskriege geführt noch Völkermord begangen; vor Serben waren Bosnier und Kosovaren auf der Flucht, aber fliehen mussten ebenso 700.000 Serben aus ihren Gebieten in Kroatien und Bosnien sowie die im Kosovo lebenden Serben, Juden, Sinti und Roma, ohne dass dies in »unseren« Medien besonders vermeldet worden wäre. Und auch die Verantwortung für die Kriege im – nicht zuletzt mit deutscher Hilfe – zerbrochenen Jugoslawien ist mitnichten einfach nur Serbien anzulasten.

Es war bisher undenkbar, so mit einem jener Völker umzugehen, die unter den Deutschen immer wieder schwer gelitten haben, wie es 1999 mit dem serbischen Volk geschah. Israel hat sich schwerste Menschenrechtsverletzungen zu Schulden kommen lassen. Es bestand bei den Deutschen aber immer eine berechtigte Hemmschwelle, diese zu benennen. (Siehe sogar die Schüsse von Israelis auf die vor dem israelischen Konsulat in Berlin protestierenden Kurden, Februar 1999: Vier

Tote, aber die Behörden ermittelten nicht einmal gegen die Schützen. Was wäre wohl mit einem Serben geschehen, der derartiges in Berlin angerichtet hätte?) Gegenüber Serbien wurde jede Hemmung abgelegt.

Krieg ist als Mittel der Politik spätestens seit 1999 wieder etabliert. Und sogar ein Atomkrieg soll führbar werden. Das Auswärtige Amt und das Verteidigungsministerium waren schon bald mit einem NATO-Dokument befasst, das den Einsatz von Atomwaffen künftig als Gegenmaßnahme gegen alle Arten von Massenvernichtungswaffen vorsehen soll. Damit würde nach einem internen Bericht der regierungsunabhängigen Organisation British American Security Council (Basic) der Einsatz von Atomwaffen gegen die sogenannten Schurkenstaaten möglich, denen in der Vergangenheit immer wieder der Besitz und der bevorstehende Einsatz von chemischen und biologischen Waffen angelastet wurde. Das Dokument mit dem Codenamen MC 4000/2, sei, so die Angabe von Basic, im Februar 2000 vom Militärausschuss der NATO, in dem auch Deutschland vertreten ist, verabschiedet worden, der damit die strategischen Vorgaben der »Neuen Nato-Strategie« des Jubiläumsgipfels vom April 1999 in die Praxis umsetzte. Es könnte bereits auf der NATO-Frühjahrstagung 2004 politisch beschlossen werden. Würde das Papier umgesetzt, wäre die Schwelle eines Ersteinsatzes von atomaren Waffen dramatisch abgesenkt. Die Horrorvisionen vom »atomaren Schlachtfeld« an der Peripherie Europas, die in den 80iger Jahren zu einer machtvollen Friedensbewegung führten, sind wieder da.

Aber wurde nicht all das geheilt, was mit dem Krieg gegen Jugoslawien angerichtet wurde, als Kanzler Gerhard Schröder dem US-Präsidenten George W. Bush 2002/2003 die Stirn bot? Schröder sagte später, wer 1999 ja sagte, konnte sich 2002 erlauben, auch mal nein zu sagen. Kanzler Gerhard Schröder hat seine Absage an den US-Krieg gegen den Irak mit dem »deutschen Weg« begründet. Davon hatte bisher kaum jemand etwas gehört. Wer aber die Schriften der führenden Militärs im Lande gelesen hat, kann sich vorstellen, wer Schröder diesen Gedanken eingegeben hat.

Die »Verteidigungspolitischen Richtlinien« forderten bereits 1992 »Einflussnahme auf die internationalen Institutionen und Prozesse im Sinne unserer Interessen und gegründet auf unsere Wirtschaftskraft«

und sie definierten die »Aufrechterhaltung des freien Welthandels und des ungehinderten Zugangs zu Märkten und Rohstoffen in aller Welt« als vitale Sicherheitsinteressen Deutschlands. Die »Verteidigungspolitischen Richtlinien« wie die Schriften zur politischen Bildung der Soldaten rücken die »nationale Interessenlage« Deutschlands anstelle der Unterordnung unter NATO und USA ins Zentrum der Sicherheitspolitik des neuen Deutschland. »Gleichberechtigte Partnerschaft« mit den USA wird gefordert. Die »Verteidigungspolitischen Richtlinien«, die 1992 vom Bundeskabinett »zur Kenntnis genommen« und kritiklos von der neuen »rot-grünen« Koalition beibehalten (aber nie vom Bundestag beschlossen) wurden, stellen das politische Programm des heimlichen wie unheimlichen deutschen Generalstabs dar. Kein Politiker kann daran vorbeigehen. Auch Schröder nicht. Sein deutscher Weg war der Weg der Generäle, die »unsere Interessen«, und nicht unbedingt die des US-Präsidenten im Auge haben.

In der »Vorläufigen Leitlinie für die operative Führung von Kräften des Heeres« vom 8.2.1994 wird erklärt: »Die Bereitschaft und die Notwendigkeit, einer Krise mit wirksamen Mitteln entgegenzutreten, sind in der Regel abhängig von dem Maß der Betroffenheit der eigenen politischen Interessen. Der Grad der öffentlichen Wahrnehmung und des in der Bevölkerung dazu vorhandenen Bewusstseins bestimmen dabei wesentlich die Entscheidung zu Maßnahmen zur Konfliktverhütung, Krisenbewältigung und Krisenreaktion sowie deren gesellschaftliche politische Akzeptanz. Daher können selbst lang andauernde Krisen, die zunächst keine direkten Auswirkungen auf die eigene Interessenlage hatten, bei veränderter Perzeption in Politik und Öffentlichkeit dennoch im weiteren Verlauf zu einer Neubeurteilung mit entsprechenden Reaktionen führen.« Das heißt, die Krise ist erst dann eine Krise, die das kriegerische Eingreifen verlangt, wenn deutsche Interessen Krieg für geboten halten und die Bevölkerung zum Krieg reif gemacht worden ist.

Deutsche Interessen geboten danach die Kriegsteilnahme gegen Jugoslawien und in Afghanistan. Sie geboten offenbar nicht die Teilnahme am Krieg gegen den Irak. Oder noch nicht.

Für den Krieg in Afghanistan ab 2001 benannte Rudolf Scharping die Interessen und damit die deutschen Kriegsziele – und ähnliches konnte man schon längere Zeit vorher in »Information für die Truppe« lesen: »Wir wissen doch alle, dass zum Beispiel die weltwirtschaftliche Stabilität und die weltwirtschaftliche Sicherheit von dieser Region sehr stark beeinflusst werden können, von jener Region, in der 70 Prozent der Erdölreserven des Globus und 40 Prozent der Erdgasreserven des Globus liegen«. (Bundestagsdebatte 16. 11. 2001) Die SPD wie die Grünen und vor ihnen die Generäle legten in Klartextfassung ein klassisches imperialistisches Kriegsprogramm auf. In Europa will Deutschland seine wirtschaftliche und politische Stärke auch in militärische Überlegenheit ummünzen und es strebt eine Führungsrolle an. Besonders aktiv beteiligt es sich an der Militarisierung der Europäischen Union und stellt für die EU-Eingreiftruppe das größte nationale Kontingent.

Das Material- und Ausrüstungskonzept für die Bundeswehr bis zum Jahr 2015 sieht 213 neue Rüstungsprojekte vor. Gesamtkosten: Minimum 110 Milliarden Euro. Der Rüstungshaushalt soll auf Rekordhöhe steigen – nominell ab 2006 um eine Milliarde Zuwachs –, während die öffentlichen Ausgaben im Sozialbereich sinken und die Kommunen in die Pleite rutschen.

Wenn Deutschland nicht am Krieg gegen den Irak teilnahm, so spielte dafür auch die Haltung der Bevölkerung im Wahljahr 2002 eine Rolle. Die Mehrheit der Deutschen stand nicht hinter einer kriegsbereiten Regierung. Doch das hätte sich ändern lassen. Vor allem aber deshalb, weil die führenden europäischen Mächte Frankreich und Deutschland andere Interessen in jener Gegend haben, kam es nicht zur Kriegsteilnahme gegen den Irak.

Anders als die USA konnten die deutschen und französischen NATO-Partner hoffen, in Irak – und Iran! – politische und ökonomische Interessen ohne Waffengewalt besser durchsetzen zu können. Man sprach von den Unwägbarkeiten einer möglichen neuen Führung im Irak, die von den USA installiert würde. Offenbar wäre eine pro-US-amerikanische Regierung im Irak gar nicht nach dem Geschmack der deutschen Eliten gewesen. Noch mehr Macht der USA über die Ölreserven der Welt – dieser Gedanke schreckte sie.

Bei einem neuen Krieg – wenn er denn »im deutschen Interesse« liegt – werden dann deutsche Truppen wieder dabei sein.

Denn schon im Herbst 1999 hatte der stellvertretende Oberkommandierende der NATO im Krieg gegen Jugoslawien, der deutsche General Klaus Naumann, gesagt: Der nächste Krieg wird kommen. Inzwischen General a.D., führte der ehemals ranghöchste deutsche Offizier Naumann laut FAZ vom 1.10.1999 aus: Der Krieg gegen Jugoslawien war nur der Auftakt für weitere Kriege. »Wenn ich über den Kosovo-Krieg berichte und dabei auch Fehler anspreche, dann möchte ich gleich zu Beginn sagen: Ich habe diese Fehler mitgemacht; aber es ist wohl richtig, daß wir nach einem solchen Konflikt feststellen: das machen wir beim nächsten Mal besser. Denn der nächste Konflikt wird kommen.« Der »Kosovokrieg« sei nüchtern auszuwerten, »um beim nächsten Mal noch besser zu sein und vor allem noch schneller den Gegner zum Einlenken zwingen zu können«, denn: »Die andere, bedeutendere Lektion, die wir aus dieser Erfahrung gelernt haben, ist die, dass wir unsere militärischen Schritte nicht auf Ziele wie die Rückkehr zu Verhandlungen ausrichten sollten. Wir sollten vielmehr die Planung auf das ehrgeizigere Ziel ausrichten, dem Gegner unseren Willen aufzuzwingen.« Die bevorstehenden Kriege mit deutscher Beteiligung würden noch umfassender und brutaler: »Daraus muß man eine Konsequenz klar ableiten: Die Formel, keine eigenen Verluste, möglichst keine Verluste beim Gegner und seiner Zivilbevölkerung und rasches Ende des Konflikts, die kann nicht aufgehen.« Dies sei unabdingbar, um die eigenen Interessen durchzusetzen (»Es geht um viel mehr als um die Bundeswehr. Es geht um unsere Politikfähigkeit schlechthin. ... Wir müssen das auf die Waagschale bringen, was uns Einfluß sichert.«) – und zwar weltweit: »Die Europäische Union muß endlich auch begreifen, daß sie eine globale Macht ist und nicht nur im Hinterhof agieren kann.«

11. Versuchsfeld Kosovo

Klaus Reinhardt – eine Gebirgsjägerkarriere

General a.D. Dr. phil. Klaus Reinhardt, ehemaliger Befehlshaber des Joint Command Centre in Heidelberg und NATO-Befehlshaber KFOR in Pristina/Kosovo, hat nach seiner Pensionierung das höchste und einflussreichste Amt angetreten, das einem Reserveoffizier angetragen werden kann: das des Präsidenten der exklusiven Clausewitz-Gesellschaft. Seit er 1960 als 19jähriger Abiturient und Offiziersanwärter bei der Gebirgstruppe in Mittenwald seine erste Uniform anzog, hat er Dutzende Stationen bis ganz oben durchlaufen, die meisten im Gebirge – als Angehöriger und Kommandeur von Gebirgstruppenbataillonen.

Dazwischen promovierte er zum Dr. phil. In den USA absolvierte er seine Generalstabsausbildung, war dann zeitweilig Kommandeur der Führungsakademie der Bundeswehr in Hamburg. Er diente Generalinspekteuren und Ministern wie Manfred Wörner als Adjutant, wurde Kommandeur der Gebirgsjägerbrigade 23 in Bad Reichenhall und Stabsabteilungsleiter des Führungsstabes der Streitkräfte. Als General wurde er Korpskommandeur in Koblenz, dann zwei Jahre lang Chef der Alliierten Landstreitkräfte. Dann ging es nach dem Kosovo und schließlich noch für kurze Zeit nach Heidelberg zum gemeinsamen Kommandozentrum, beide Male als Befehlshaber der NATO.

Im März 2001 trat Vier-Sterne-General Klaus Reinhardt in den Ruhestand. Zum Abschied wurde er vom rechtsextremen Verband deutscher Soldaten (VDS) mit dem »Friedenspreis« ausgezeichnet. Die Laudatio hielt der antisemitische Bundestagsabgeordnete Martin Hohmann (CDU). Hohmann nannte den Kosovo-Einsatz von Reinhardt einen »krönenden Abschluß« der Offizierslaufbahn des Geehrten. Er hatte dort 50.000 Soldaten aus 39 Ländern befehligt.

Ab 1991 wurde Reinhardt Mitglied und sofort Vizepräsident der exklusiven Clausewitz-Gesellschaft – neben Präsident Klaus Naumann, dem legendären Begründer der »neuen« Bundeswehr, der 1991 bei seinem Amtsantritt als Generalinspekteur verkündet hatte: Die Bundeswehr habe »für kollektive Einsätze auch außerhalb des Bündnisgebietes zur Verfügung zu stehen, soweit es deutsche Interessen ... gebieten.« (Vgl. IfdT, 11/91) Und dieser Verrat am Frieden, der in diesen Worten zum Ausdruck kam, war auch das Programm von Klaus Reinhardt.

Neben dem bayerischen Innenminister Günter Beckstein und Kurt Rossmanith, Obmann für Sicherheits- und Verteidigungspolitik der CDU/CSU-Bundestagsfraktion, fand auch General a.D. Dr. Klaus Reinhardt den Weg in die oberbayerische Kleinstadt Weilheim. Dort trafen sich im Juli 2002 der Reservistenverband und der Kameradenkreis der Gebirgstruppe zur Beratung von Offizieren und Politik im »Kampf gegen den Terrorismus«. Der ehemalige KFOR-Oberbefehlshaber fragte die Runde, warum man denn die Bundeswehr nicht endlich auch zuhause einsetze. Schließlich sei es doch die zentrale Aufgabe der KFOR und anderer internationaler Eingreiftruppen gewesen, für »innere Sicherheit« zu sorgen. »In neun Jahren hatten wir keinen einzigen negativen Incident«, so sprach laut Kameradenkreis-Vize Hans Behringer der »gebürtige Gebirgsjäger und Doktor im Kampfanzug« Reinhardt. Voll des Lobes war Reinhardt über die deutschen Soldaten im Auslandseinsatz, ganz »toll« und »klasse« seien die. »Mensch, sind die gut«, habe er auch immer wieder von den Verbündeten zu hören bekommen.

»Die Berufung auf die Geschichte ist nicht mehr zeitgemäß«, meinte auch Günther Beckstein zum Einsatz der Bundeswehr im Inneren und attestierte demjenigen »ideologische Scheuklappen«, der nicht über das Thema redet. Beim sich anbahnenden US-Krieg gegen den Irak sollten Deutschland und Europa auf jeden Fall ein Wort mitreden, so Beckstein unter Zustimmung Reinhardts: »Es wäre unerträglich, wenn wir unter den zivilisierten Ländern beim Kampf gegen den Terror abseits stehen würden.«

Ganz besonders freute sich die Runde über die Anwesenheit eines Vertreters der Ordensgemeinschaft der Ritterkreuzträger (OdR). Dort war Klaus Reinhardt auch immer wieder zu Gast. Und er traf die alten Kameraden seines Vaters. Denn Reinhardts Vater Fritz war von 1928 bis 1930 NSDAP-Gauleiter von Oberbayern. Später wurde er als Finanzstaatssekretär in Hitlers Regierung verantwortlich dafür, dass die finanziellen Mittel für die Wehrmacht immer flossen. Von 1928 bis 1933 war Vater Reinhardt Leiter der Rednerschule der NSDAP und schaffte laut »Führerlexikon« die »Heranbildung von rund 6.000 Parteigenossen zu Rednern der NSDAP.« Als nicht mehr geredet, sondern geschossen wurde, ward er zuständig für die Finanzierung der Aufrüstung.

In Mittenwald hielt der Sohn, der »General mit Doktorhut« (Hamburger Abendblatt) zu Pfingsten 2000 die Festrede beim Treffen der Gebirgstruppe. Auch er ein großer Redner. Bei dieser Feier des Kameradenkreises, von mehreren Tausend Menschen besucht, wird alljährlich der gefallenen, vermissten und verstorbenen »Helden« und Kameraden gedacht und der Geist der Gebirgstruppe beschworen. Regelmäßig mit dabei: kranzablegende Ritterkreuzträger. Ultraechten Gazetten wie der »Deutschen Militärzeitschrift« (DMZ) gibt Reinhardt bereitwillig Interviews, ebenso wie dem Reservistenblatt »loyal – Das deutsche Wehrmagazin« (so im August 2002), in dem auch eine Anzeige der »DMZ« zu finden ist. Seine Erlebnisse im ehemaligen Jugoslawien hat Reinhardt zu einem Buch verarbeitet (Klaus Reinhardt, »KFOR – Streitkräfte für den Frieden: Tagebuchaufzeichnungen als deutscher Kommandeur im Kosovo«, Frankfurt 2001). Erschienen ist das Werk im Universitätsverlag Blazek & Bergmann, der mehrheitlich in den Händen des Politlobbyisten Moritz Hunzinger ist.

Die Hunzinger-Beraterfirma verfügt über starke finanzielle Polster, die es ihr erlaubten, Dienstleistungen für Politiker wie Roland Koch und Rudolf Scharping zu erbringen, ohne dass diese viel dafür zu bezahlen haben. Die Firma ihrerseits hat seit 2003 in Bolko Hoffmann einen zahlungskräftigen Finanzier gefunden. Bolko Hoffmann, auch er ein Gauleitersohn wie Reinhardt, ist Erbe des Albert Hoffmann, der als westfälischer NSDAP-Chef sein Vermögen begründete. Filius Bolko Hoffmann finanziert nationalistische Anzeigenkampagnen gegen die Europa-Politiker der Parteien und gegen den Euro. Ab Herbst 2003 wurde er mit seiner Pro-DM-Partei Partner des Herrn Ronald Schill aus Hamburg.

Nicht nur bei Hunzinger, auch in »Information für die Truppe« breitete Reinhardt seine Kosovo-Kriegserlebnisse aus. »Das Militär«, schreibt Reinhardt, »ist erforderlich, um die Voraussetzungen der äußeren wie inneren Sicherheit als die unabdingbaren Grundlagen des politischen und wirtschaftlichen Wiederaufbaus eines Landes oder einer Provinz zu schaffen.« Reinhardt leugnet nicht, dass »daneben« auch andere Kräfte in Konflikt- und Krisenregionen mitwirken sollen, als da sind Hilfsorganisationen, Justiz und Polizei. Doch die führende Rolle des Militärs ist unabdingbar für ihn – eine Betrachtungsweise, die sich immer mehr durchsetzt in der gesamten militärpolitischen Literatur.

Doch vor allem »Die Gebirgstruppe« des Kameradenkreises gleichen Namens ist das Forum für Klaus Reinhardt. Im August 2000 veröffentlicht er dort seine Rede, die er als Oberkommandierender der Landstreitkräfte Europa Mitte und damit KFOR-Kommandant bei der Gedenkveranstaltung der Gebirgstruppe zu Pfingsten 2000 auf dem Hohen Brendten bei Mittenwald hielt. Er berichtet: Schon als kleiner Junge habe er den Drang verspürt, zur Gebirgstruppe zu gehören. »Was zeichnet ihn denn so besonders aus, diesen Gebirgsjäger, nach dem heute alle rufen, wenn es um Standfestigkeit und Zuverlässigkeit in schwierigen Lagen geht? Warum waren bei den Auslandseinsätzen des Deutschen Heeres (er spricht und schreibt das Deutsche Heer mit großem D – U.S.) immer wieder Gebirgsjäger dabei?« Er preist das unvergleichliche »Können« der Deutschen Gebirgsjäger (wieder mit großem D – US). Während bei dem Umbau und den Strukturveränderungen der Bundeswehr überall Streichungen vorgenommen worden seien, seien die Gebirgsjäger davon ausgenommen worden und hätten sogar Verstärkung mit dem GebJgBtl 517 in Schneeberg in Sachsen bekommen. Nebenbei: Die Gebirgsjäger haben derart nachdrücklich auf die Ausdehnung in die ehemalige DDR gedrungen, dass es zur Schaffung des Schneeberger Bataillons kam, lange Zeit übrigens unter dem Kommando des rechtsextremen Reinhard Günzel; das Bataillon liegt aber in so ungünstiger Landschaft, dass echte Gebirgsjägerausbildung nur bei Lehrgängen der Schneeberger in den Alpen möglich ist.

Reinhardt schreckt nicht davor zurück, die Gebirgsjäger als »Elitetruppe« zu rühmen. Ihre »körperlich harte und fordernde Ausbildung am Berg« sei der eine Grund für die Bedeutung derer unterm Edelweiß, der andere liege »in der gelebten Tradition der Gebirgstruppe, die sehr bewusst für Werte steht, die Richtschnur unseres Handelns, Maßstab unseres militärischen Urteils sind.« Zu diesen Werten und Maßstäben gehört es offenbar jedoch nicht, der Opfer der Gebirgstruppe im Zweiten Weltkrieg zu gedenken und Lehren aus der Geschichte zu ziehen. Die Mördergeneräle unterm Edelweiß hebt Reinhardt auf den Podest: »Die Gebirgstruppe der Bundeswehr ist von Männern aufgebaut und geistig ausgerichtet worden, die als Kommandeure, als Kompaniechefs und Kompaniefeldwebel die schreckliche Erfahrung des Krieges und der Diktatur am eigenen Leib erlebt und durchlitten haben. Sie haben die Uniform wieder angezogen, um uns, der nachfolgenden Generation, das Koordinatensystem ihrer Werteordnung« weiterzugeben. Sie seien es gewesen, »die uns die zeitlosen militärischen Werte wie Pflicht, Treue, Tapferkeit und Kameradschaft vorgelebt haben.«

Einer, der das vorgelebt hat, steht unter den kernigen Männern auf dem Hohen Brendten. Er wird im selben Heft der »Gebirgstruppe« mit Foto vorgestellt, wie er eine Auszeichnung als bewährter Heeresbergführer bekommt: Dr. Alfred Artmann. Aus den Ermittelungsakten zu den fürchterlichen Gemetzeln in Kommeno, Kephallonia und anderswo in Griechenland – Gemetzel, wie die Staatsanwaltschaft sie vor 30 Jahren konstatierte, um dann doch die Ermittlungen einzustellen – geht hervor, dass Alfred Artmann 1943 als Kommandeur bei Massenmorden dabei war. »Kephallonia und Periwoli: Wegen Zerstörung von Periwoli und der Tötung von 53 Menschen am 25.10.43 werden gesucht die Angehörigen der 13. Kompanie, Gebirgsjägerregiment 98, unter der Befehlsgewalt von Alfred Artmann und weiteren fünf identifizierten Verdächtigen«, so heißt es in einer Dokumentation, die die Historikergruppe »Angreifbare Traditionspflege« und die VVN-BdA im April 2003 der Staatsanwaltschaft in München übergaben. Ferner wiesen wir auf »Major a.D. und Kameradenkreisaktivist Alois Eisl hin«, der zahlreiche Dörfer entvölkerte und mit Artillerie Frauen und Kinder ermordete. Auch er ein Aktiver aus dem Kameradenkreis.

«Diese Männer waren unsere Vorbilder«, fährt Reinhardt fort, »und sie repräsentieren eine ganze Generation von Wehrmachtssoldaten. Sie verdienen unseren Respekt genauso wie die vielen anderen Soldaten, die aus ihrer damals begrenzten Kenntnis der Vorgänge heraus im guten Glauben ehrenhaft gehandelt und gekämpft haben. Bei der Pflege dieser Tradition und ihrer Weitergabe an die nächste Generation hat der Kameradenkreis der Gebirgstruppe sein ganz besonderes Verdienst.«

Begrenzte Kenntnis! Das konnten sie nicht wissen, dass es nicht erlaubt ist, die Zivilbevölkerung besetzter Gebiete zu ermorden? Das war also ehrenhaft, entwaffnete Kriegsgefangene tausendfach zu erschießen? Diese Tradition soll auch noch weitergegeben werden!

Reinhardt denkt dabei weit in die Zukunft. Heute seien wir in Europa von Freunden umgeben, sagt er mit Blick auf den Verteidigungsauftrag, dessen Umsetzung unwahrscheinlich geworden sei. »Aber dennoch: Die Geschichte entwickelt sich nie linear, nie entlang klar vorhersehbarer Linien, sondern eher in unerwarteten Kurvenausschlägen nach oben wie nach unten. Daher gilt es, sich bestmöglich gerade auf dieses Unvorhersehbare vorzubereiten.« Es gibt noch viel zu tun, meint er, der intellektuelle General, wie er sich in der Süddeutschen und der Frankfurter Allgemeinen gern bezeichnen lässt.

Viel zu tun gibt es in der Clausewitz-Gesellschaft, der Reinhard seit August 2003 vorsteht. Und sie bietet viele Möglichkeiten. Wer zum Beispiel fragt, wie bestimmte Leute, General werden konnten, muß sich die Mitgliedsliste der Clausewitzgesellschaft ansehen. Dort schiebt man sich gegenseitig in die Positionen. Einer der Geschobenen hielt dort im Jahre 2003 zu nicht genau genanntem Termin seinen Vortrag »Kommando Spezialkräfte: Möglichkeiten und Grenzen gegen den internationalen Terrorismus«. Im Bericht über die Aktivitäten der Gesellschaft wird dazu der Referent genannt: Brigadegeneral Reinhard Günzel, Kommandeur Kommando Spezialkräfte (KSK), Calw. Eine Art Rechenschaftsbericht?

Über »Aktuelle Sicherheitspolitik und Lage der Streitkräfte« beriet die Clausewitz-Gesellschaft im August 2003 in der Führungsakademie der Bundeswehr in Hamburg. Im Internetbericht der Akademie heißt es: »Erneut war die höchste militärische Ausbildungsstätte der Bundeswehr Gastgeber einer bedeutenden Veranstaltung. Am 15. und 16. August führte die renommierte Clausewitz-Gesellschaft ihre Jahrestagung 2003 an der Führungsakademie durch. Die Gesellschaft ist ein Zusammenschluss von aktiven und ehemaligen Offizieren sowie Repräsentanten des öffentlichen Lebens, die sich die Aufgabe gestellt haben, das geistige Erbe von Clausewitz zu bewahren und weiter zu entwickeln. Der Förderung des Gedankenaustausches über sicherheitspolitische, strategische und wehrwissenschaftliche Fragestellungen kommt dabei eine zentrale Rolle zu. Im Mittelpunkt der diesjährigen Tagung, zu der über 300 Mitglieder und Gäste der Gesellschaft an die Elbe reisten, standen aktuelle sicherheitspolitische Fragen und die Lage der deutschen Streitkräfte.«

Und weiter: »Höhepunkt der Tagung, die erstmals unter der Präsidentschaft von General a.D. Dr. Klaus Reinhardt durchgeführt wurde, waren hochrangige Vorträge. Zum Auftakt bilanzierte der Generalinspekteur der Bundeswehr, General Wolfgang Schneiderhan, sein erstes Jahr als höchster Repräsentant der deutschen Streitkräfte. Vieles sei erreicht worden, erklärte der General und vieles sei noch zu tun. So müsse weiter an den Fähigkeiten der Bundeswehr, die der Politik anzubieten seien, gearbeitet werden. Auch sei die Wehrpflicht, an der er festhalten wolle, neu zu gestalten. Vieles an ihr sei einfach nicht mehr zeitgemäß. Für die Zukunft gab er sich optimistisch. Die Bundeswehr habe die richtige Innere Führung, die richtigen Soldaten und die richtigen Vorgesetzten, betonte General Schneiderhan.«

Ein besonderes Augenmerk galt dem Vortrag der Vorsitzenden der CDU/CSU-Fraktion im Deutschen Bundestag, Dr. Angela Merkel, »die gleichfalls ein Bekenntnis zur Wehrpflicht ablegte. Sie lehnte ein Absenken unter neun Monate ab und bekräftigte zugleich die Bedeutung dieser Wehrform als Bindeglied zwischen Bundeswehr und Bevölkerung. Außenpolitisch müsse sich Deutschland seiner Führungsrolle in Europa bewusst sein und auch Bereitschaft zeigen, sie zu übernehmen. Dies gelte auch für den Irak, wenn unter bestimmten Voraussetzungen Deutschland aufgefordert werde, einen Beitrag zu leisten.« Die Politikerin sprach sich zugleich für den Erhalt der Handlungsfähigkeit der Vereinten Nationen aus!

Das Werk des Soldaten und Denkers Clausewitz und seine Aktualität wurden ebenso beleuchtet wie die Situation der Bundeswehr im internationalen Vergleich »aus Sicht der deutschen Rüstungsindustrie.«

Führender Stratege der Clausewitz-Gesellschaft war bisher Generalinspekteur a.D. Klaus Naumann, der nach der Wahl Reinhardts zum Berater der CSU-Führung des Herrn Stoiber in Wehrfragen berufen wurde. Diese Clausewitz-Gesellschaft verfügt über engste Verbindungen in die zentralen Schaltstellen des Militärs und der Politik und ist teilweise mit diesen identisch. Keine personelle und strategische Entscheidung der Bundeswehr gab und gibt es, die nicht in diesem elitären Kreis vorbereitet würde. Als am 26. November 1992 die ersten Verteidigungspolitischen Richtlinien (VPR) nach der Wende durchs Bundeskabinett gebracht wurden, dürfte die Clausewitz-Gesellschaft gute Vorarbeit geleistet haben, wie allein schon die Literatur- und Redenverzeichnisse im Internet ausweisen.

12.
KSK – die rechte Untergrundarmee

Der »Anti-Terror-Kampf« des Kommandos Spezialkräfte

Jäger – Fallschirmjäger und Gebirgsjäger – hängen am alten NS-Liedgut. Die Fallschirmjäger, die ursprüngliche Truppe des antisemitischen deutschen Generals Reinhard Günzel, Chef der KSK und Freund des CDU-Abgeordneten Hohmann, der in den Juden das »Tätervolk« ausgemacht hat – Günzel: Mutig! –, drucken in Werbebroschüren das alte Nazi-Liedgut wie »Rot scheint die Sonne«, das Göring so gern hörte und feiern die Siege von Monte Cassino und Kreta.

Schon lange vor der Kommando-Spezialkräfte-Gründung übten sie den »Einsatz hinter feindlichen Linien«, wie einst in Monte Cassino. Im November 2003 musste der General Günzel aus der vorderen Linie abgezogen werden. Es hätte viele Gründe gegeben, ihn dort nie zu plazieren.

Günzel hatte keine x-beliebige Bundeswehrtruppe befehligt. Zwei Jahre lang war er Kommandeur der Elitetruppe des Heeres, des Kommandos Spezialkräfte (KSK), das gerade erst im Oktober 2003 seinen bisher größten Auslandseinsatz, in Afghanistan, beendet hatte. Diese Truppe agiert gewöhnlich unter strengster Geheimhaltung im Verborgenen. »Keiner sieht sie kommen. Keiner weiß, dass sie da sind. Und wenn ihre Mission beendet ist, gibt es keinen Beweis dafür, dass sie jemals da waren«, hieß es 1997 in der Zeitschrift des Bundeswehrverbandes »Die Bundeswehr«. Nicht nur Zivilisten, auch die Kommandeure anderer Militäreinheiten können die Kampfkraft der Einzelkämpfer nicht genau einschätzen. In diesen geheimen Trupp lud Günzel den CDU-Abgeordneten Hohmann ein, damit der Major der Reserve dort seine Reserveübung ablege.

Das Gründungsdatum des KSK ist der 1. April 1996. Feste Adresse ist die Graf-Zeppelin-Kaserne in Calw (Schwarzwald). Bei der Personalstärke gehen die Angaben weit auseinander: 450 bis 700 Mann.

Dabei sollte die Truppe eigentlich schon im Jahre 2000 mit 960 bis 1.088 Soldaten ihre volle Kampfstärke erreicht haben. Aber wegen der hohen Leistungsanforderungen finden sich nicht genügend geeignete Bewerber, berichten Beobachter. Mit 18 Monaten ist die Ausbildungsphase ziemlich lang. Durch Schlafentzug (bis zu drei Stunden pro Tag), Nahrungsmangel und hohe körperliche Anstrengungen bei psychologisch extremer Belastung wird der Spezialkämpfer – zumeist aus der Fallschirmtruppe und von den Gebirgsjägern kommend – immer wieder an seine Grenzen herangeführt: »Die reißen einem richtig den Arsch auf«, erklärte ein Beteiligter, und Günzel stimmte zu: Die Ausbildung sei »das Härteste, was man Menschen in der Demokratie abverlangen darf«. (Der Spiegel 24.9.01) Neben dem Infanteriekampf, der Fallschirmspringerausbildung und der Gebirgs-, Winter- sowie Wüstenkriegführung steht auch das »instinktive Combat-Schießen« auf dem Lehrplan. Dabei sei die natürliche Tötungshemmung zu überwinden, wird der Truppenpsychologe zitiert. Zur Ausrüstung gehören Pistolen, Maschinenpistolen, Granatpistolen, Schnellfeuergewehre, britische Scharfschützengewehre, Maschinengewehre, Schrotflinten sowie alle Arten von Spezialwaffen und Sondermunition wie Ultraschall- und Ultrablitzgeräte, in begrenztem Umfang auch Panzerabwehrraketensysteme.

Mit der Gründung des KSK wurden nicht zum ersten Mal Eliteeinheiten in der Bundeswehr aufgestellt. Schon 1962 begann man mit dem Aufbau von drei Fernspähkompanien aus Einzelkämpfern, die im Kriegsfall bis zu 200 Kilometer hinter den feindlichen Linien operieren sollten. Mit dem Ende des Kalten Krieges sollten sie in drei »Fallschirmjägerkompanien für spezielle Verwendung« umgewandelt werden. Schließlich erfolgte 1996 deren Eingliederung in das KSK.

Ursprünglich war die Aufstellung des Kommando Spezialkräfte als militärischer Anti-Terror-Einheit damit begründet worden, dass die polizeiliche GSG-9 nicht im Ausland eingesetzt werden dürfe. Aber dieses Argument ist unzutreffend, weil nach Paragraph 8 des Bundesgrenzschutzgesetzes ein Auslandseinsatz der GSG-9 durchaus zulässig ist. So steht die GSG-9 ab Herbst 2003 im Irak. Der Unterschied zwischen GSG-9 und KSK besteht vielmehr darin, dass die Grenzschützer nur mit Zustimmung des Ziellandes eingesetzt werden sollen, die

Kommandosoldaten auch gegen den Willen der dortigen Regierung (»Europäische Sicherheit« 8/97). Unklar ist, wie die Zustimmung des Ziellandes Irak für die GSG 9 erzielt wurde.

Je ein Zug des KSK ist für das Eindringen über den Landweg ausgebildet, ein weiterer für Luftlandeoperationen, ein dritter für Landungen über den Wasserweg, und der vierte Zug ist auf Einsätze im Hochgebirge und unter besonderen Bedingungen, wie z. B. das Polargebiet, spezialisiert.

Die militärpolitische Überwachung der KSK-Einsätze erfolgt durch das Führungszentrum der Bundeswehr (Bonn), die operative Führung durch das Einsatzführungskommando (Potsdam) oder den Stab der Division Spezielle Operation (Regensburg). Nach Angaben von Hauptmann Lutz Regenberg, der beim KSK die Personalwerbung leitet, ist die Truppe zuständig für folgende Aufgaben: Aufklären und Überwachen wichtiger militärischer Ziele in Krisen- und Konfliktgebieten zum Gewinnen von Schlüsselinformationen; Kampf gegen Ziele mit hoher Priorität auf gegnerischem Territorium; Schutz eigener Kräfte und Einrichtungen in Krisen- und Konfliktgebieten, unter anderem durch Terrorabwehr; Rettung deutscher Staatsbürger aus Kriegsgebieten, Kriegsgefangenschaft und Geiselsituationen.

Der »Kampf gegen den Terrorismus« hatte in einer ursprünglichen Darstellung des Bundesverteidigungsministeriums eine defensive Ausrichtung: »Im Rahmen der Landes- und Bündnisverteidigung ist die Abwehr terroristischer Bedrohung und subversiver Kräfte erforderlich für den Schutz eigener Einrichtungen, Kräfte und Mittel.« Der Einsatz in Afghanistan war kaum durch diese amtliche Definition der KSK-Aufgaben abgedeckt. Vielmehr wurde hier ein Präzedenzfall für eine offensive Terrorismusbekämpfung, für Angriffskriege auf dem Boden geschaffen.

Bei einem Einsatz begeben sich die KSK-Mitglieder dreimal in Lebensgefahr, wird aus der Bundeswehr berichtet: Wenn sie durch die gegnerische Frontlinie durchsickern; wenn sie im Hinterland des Feindes ihre Operation durchführen; wenn sie von einem Einsatz zurückkommen und dabei von der eigenen Fronttruppe möglicherweise für feindliche Soldaten gehalten werden.

Obwohl die Elitetruppe zahlenmäßig nur 0,3 Prozent des Bundeswehrpotentials ausmacht, wurde durch ihre Gründung das Einsatzspektrum der Streitkräfte erheblich ausgeweitet. In der Offizierszeitung »Truppenpraxis« hieß es dazu: »Mit dem Kommando Spezialkräfte steht der Bundesrepublik Deutschland ein höchst wirkungsvolles Instrument für das Krisenmanagement zur Verfügung«, dessen Einsätze sich aber auch, so ein Planungspapier der Hardthöhe, vom Einsatz herkömmlicher Kräfte durch ihre »in der Regel hohe politische Bedeutung« unterscheiden. Dementsprechend richtete KSK-Kommandeur Reinhard Günzel im Oktober 2001, als der Afghanistan-Einsatz bevorstand, eine Warnung an die Politiker. Ganz auf der Linie der rechten Warner vor einer Unterordnung des deutschen unter das US-amerikanische Militär beschuldigte er die deutschen Regierungspolitiker der zu großen Bereitschaft, nach dem 11. September 2001 gegebenenfalls den Tod von ein paar deutschen Elitesoldaten in Kauf zu nehmen, um das Leben von Tausenden afghanischen muslimischen Zivilisten zu retten. Dies sei aber riskant. Um deutsches Blut zu schützen, gehe man laut Günzel wie folgt vor: »Wir entschließen uns immer erst zum Zugriff, wenn wir bei der Risikoanalyse eine 90-prozentige Erfolgsquote ansetzen können. Denn selbst wenn Spezialkräfte-Operationen bis zum letzten Griff minutiös geplant werden, bleibt noch immer ein unproportional hohes Risiko.« So Günzel. Und soweit die Lehrbuchversion.

Brigadegeneral Reinhard Günzel meinte schon vor dem Beginn des Einsatzes warnen zu müssen: »Bin Laden umgibt sich mit einem Schutzkräfte-Kordon von bestimmt hundert bis zweihundert Mann, die alle bereit sind, bis zum letzten Blutstropfen zu kämpfen. Spezialkräfte kommen leicht bewaffnet, ungeschützt, es würde ein Blutbad geben.« Günzels Männer beklagten, daß sie nicht gemäß ihrem Aufgabenspektrum eingesetzt würden. Sie fühlten sich als »politisches Symbol« mißbraucht, weil die USA die deutsche Elitetruppe angefordert hätten und die Bundesregierung dem widerspruchslos gefolgt sei.

Nach dem 11. September startete das KSK seinen ersten Großeinsatz mit fast 100 Soldaten in Kandahar, Kabul und der afghanischen Provinz Paktia. Über diese Operation »Enduring Freedom« drangen kaum Informationen an die Öffentlichkeit. Bekannt wurde lediglich, dass das KSK im Dezember 2001 an den Gefechten um die Bergfestung Tora Bora beteiligt war, als es Osama bin Laden gelang, verletzt zu entkommen. Bei dieser wie den weiteren Operationen handelte das KSK unter denkbar schwierigen politischen Rahmenbedingungen. Auf der einen Seite sollte die deutsche Kommandoeinheit wohl keine Taliban- oder Al Qaida-Mitglieder töten, weil es dem offiziellen Bundestagsmandat widersprochen hätte und dann ein schlechtes Presseecho zu erwarten gewesen wäre. Auf der anderen Seite sollte das KSK aber auch keine Terroristen lebend gefangen nehmen, weil man diese dann an das CIA-Folterzentrum in Bagram hätte übergeben müssen, was mit den deutschen Gesetzen nicht in Einklang zu bringen gewesen wäre, da die USA gegen Terroristen oder Menschen, die sie als solche bezeichnen, die Todesstrafe verhängen und ihre Häftlinge nicht gemäß den Bestimmungen der Genfer Konvention zum Schutz von Kriegsgefangenen behandeln.

Es stellt sich die Frage, was das KSK während seines fast zweijährigen Afghanistaneinsatzes vom Dezember 2001 bis Oktober 2003 tatsächlich gemacht hat. Nach Pressemeldungen war es zuletzt im Raum nordöstlich von Kabul mit Aufklärungsaufgaben betraut. Der Friedensforscher Tobias Pflüger bekam heraus: »Das Kommando Spezialkräfte war – wie mir ein Soldat am Telefon erzählt hat – in vorderster Linie am Angriffskampf in Afghanistan beteiligt. Gefangene wurden – so seine Aussagen – kaum gemacht, und wenn, dann wurden die Gefangenen an die befehlshabenden US-Truppen abgegeben. Das ist rechtswidrig, da sie dann nicht als Kriegesgefangene behandelt werden.« (Junge Welt, 6.2.04) Schon die Existenz des KSK sei eindeutig ein Bruch des Grundgesetzes monierte Pflüger.

Als es noch eine antimilitaristische Opposition im Bundestag gab, kam auch von dort Kritik an der Afghanistanoperation. Gemäß dem Out-of-Area-Urteil des Bundesverfassungsgerichts vom 12. Juli 1994 hat der Bundestag das letzte Wort bei Auslandseinsätzen der Bundeswehr. Allerdings gilt dies nicht bei »Gefahr im Verzuge«, wenn beispielsweise das KSK zur Geiselbefreiung eingesetzt würde. Im Fall Afghanistan hatte Bundeskanzler Gerhard Schröder noch am 8. November 2001 in seiner Regierungserklärung erklärt: »Mir ist besonders wichtig festzuhalten: Es geht weder um eine deutsche Beteiligung an Luftangriffen noch um die Bereitstellung von Kampftruppen am Boden.« Eine Woche später, am 16. November 2001, faßte der Bundestag mit den Stimmen der rot-grünen Regierungskoalition den genau gegenteiligen Beschluß. Das Parlamentsmandat zur Operation »Enduring Freedom« ließ zwar offen, wo, wann, wieviele Soldaten eingesetzt werden sollten, sah aber ausdrücklich den Einsatz von fast 100 Mann »Spezialkräfte« vor. Als dann Anfang 2002 durch eine Indiskretion des US-Verteidigungsministers Donald Rumsfeld bekannt wurde, dass mit den »Spezialkräften« das KSK gemeint war, gaben sich einige Mitglieder des Verteidigungsausschusses des Bundestages ganz »empört« darüber, dass sie erst jetzt aus der Zeitung erfuhren, was sie vier Monate zuvor selbst beschlossen hatten: den Einsatz des KSK in Afghanistan. PDS-Fraktionsvize Wolfgang Gehrcke erinnerte daran, dass sich die PDS von Anfang an gegen jede Truppenentsendung nach Afghanistan ausgesprochen hatte und sprach hinsichtlich des KSK-Einsatzes von »Tricksen, Täuschen, Tarnen«. Er veröffentlichte eine vertrauliche Information des Verteidigungsministeriums. Darin hieß es zum Auftrag der KSK-Kräfte: »Spezialaufklärung und Zugriff auf Taliban-Al-Quaida-Kämpfer, deren Infrastruktur sowie Versorgungs- und Fluchtwege.« Gehrcke: »Eine rechtlich höchst brisante Situation: Wenn deutsche Soldaten auf die Taliban- und Al-Quaida-Kämpfer zugreifen, sie also auch verhaften und an die USA ausliefern sollten, würden sie sich strafbar machen, denn es gibt zu Recht keinerlei Auslieferungsvereinbarungen mit Staaten, die die Todesstrafe kennen. Außerdem stand die Frage im Raum, ob es eine Verbindung zwischen dem Kampfeinsatz deutscher Soldaten und dem völkerrechtswidrigen Einsatz neuer Waffensysteme durch die USA, insbesondere Anti-Personen-Minen und thermobarische Bomben, gibt. Dies wollte die Regierung verschweigen. Ich konnte dazu nicht schweigen.«

Bald darauf wünschten sich der Bundesverteidigungsminister und die Generäle ein Entsendegesetz, das die Mitwirkungsmöglichkeiten des Bundestages reduzieren, ja minimieren soll. Die Parlamentarier sollen also ihrer eigenen Entmündigung zustimmen. Dabei hatte schon ein Generalstabsoffizier aus dem Verteidigungsministerium über das KSK gesagt: Wenn »diese Kerle losstürmen, müssen wir denen jede Sekunde auf die Finger gucken.« Zur Beruhigung hat die KSK-Einheit in Calw ein Flugblatt an die Bevölkerung gerichtet, in dem man ausdrücklich Loyalität zur Bundesregierung und zur Demokratie bekundet, – was die Frage nahelegt, ob die Elitetruppe es nötig hat, dies zu betonen. »Wir sind die Guten«, sagte ein KSK-Major (lt. Spiegel vom 27.5.02). Das hat die politisierende Generalität noch immer behauptet. Und sie war dann so »gut«, einhellig den Krieg gegen Jugoslawien zu begrüßen und – wo es ging – mitzubomben.

13.
Und in Waldbröl wird der Krieg von übermorgen geplant

Die »Verteidigungspolitischen Richtlinien« von 2003, die EU-Verfassung und das »Zentrum für Analysen und Studien«

Waldbröl – hier entstand das Lied »Kein schöner Land«. So steht es auf dem Ortseingangsschild. Der Ort inmitten der grünschwarzen Berge des Oberbergischen Landes, 60 km östlich von Köln, war ein Zentrum von Dr. Robert Leys Bewegung »Kraft durch Freude« der Deutschen NS-Arbeitsfront. Das gewaltige KDF-Hotel ist heute Sitz des Zentrums der Bundeswehr ZAS. Das Kürzel steht für »Zentrum für Analysen und Studien«. Vom ZAS-Gebäude mit seiner 200 m breiten Stirnwand hat man einen guten Überblick. Ostern 2003 standen Ostermarschierer davor.

Es war wie früher beim Ostermarsch – und auch ganz anders. Stundenlanger Marsch durch Wald und Feld und über Berg und Stein – und kaum jemand sah die Friedensleute. Dann war Waldbröl erreicht. Einst wurde hier gegen Patriot-Raketen protestiert, die hier stationiert waren – heute geht es gegen andere Waffensysteme. Das Verteidigungsministerium nennt das ZAS-Zentrum in Waldbröl »Think Tank der Bundeswehr«, Denkschmiede übersetzt es das Struck-Ministerium.

Die Friedensbewegung gegen das Massenvernichtungsmittel in Gestalt einer Denkschmiede, das ist etwas Neues. Gerhard Jenders, der 51-jährige Lehrer der örtlichen Gesamtschule, hat gemeinsam mit der Friedensinitiative Oberberg zu dieser kleinen, aber für ihn wichtigen Osteraktion aufgerufen. Denn hier, so sagt er, werde die »neue« Ausrichtung der Bundeswehr auf »präventive militärische Aktionen« im »Herkunftsbereich der Bedrohung« vorgedacht. »Das sind Angriffskriege im Stil des Irak-Krieges.«

Die Rolle solcher Zentren hätte die Friedensbewegung schon früher erkennen und angreifen sollen. Ja, auch bei uns gibt es schon lange die Wolfowitz' und Perles, jene Professoren, die Kriege ersonnen und dann entscheidenden Einfluss auf ihre Regierung bekommen haben. Derzeit werden ihre Pläne umgesetzt. Und jetzt liegt die Studie der ZAS »Streitkräfte, Fähigkeiten und Technologien im 21. Jahrhundert« vor, aus der Gerhard Jenders zitierte, und von der fast nur der Titel bekannt ist. Aber das Eine oder Andere aus den über 1000 Seiten ist durchgesickert. Alles Übrige liegt nur dem Herrn Minister und seinem Generalstab vor. Das Papier ist eine Militärkonzeption, die noch über die neuen »Verteidigungspolitischen Richtlinien« von 2003 hinausweist.

Die wenigen Journalisten, die mehr Einblick in die ZAS-Studie bekamen, wissen, was hier in Waldbröl ausgeheckt wird: deutsche Angriffskriege, Kriege im Innern, also Bürgerkriege, imperialistischer Raub von Rohstoffen, Freischießen von Handelswegen. Sie haben ihre Informationen, die von verantwortungsbewußten ehemaligen Leuten aus dem ZAS-Gebäude stammen, unter www.geopowers.com, www.imi-online.de oder www.sopos.org/ossietzky verbreitet, aber der erste Bericht stammte aus der »Süddeutschen Zeitung«.

Leute wie Gerhard Jenders verbreiten mutig die ZAS-Geheimpläne. Er beschloss die Ostermarsch-Kundgebung der kleinen Schar der Friedensleute mit den Worten: »Leider geben sich die Strategen der Bundeswehr und des Verteidigungsministeriums nicht damit zufrieden, einfach kein Feindbild mehr zu haben. Sie planen eine ›Modernisierung‹ der Bundeswehr, die so modern ist, dass sie an die Politik von Kaiser Wilhelm II anknüpft, der Deutschland einen ›Platz an der Sonne‹ als Weltmacht verschaffen wollte.« Um eine solche »Modernisierung« durchzusetzen, soll auch die Friedensbewegung, die so sehr angewachsen ist, wieder zurückgestutzt werden: »Offensive Medienoperationen zur Legitimation des eigenen Gewalteinsatzes« heißt so etwas in der ZAS-Studie. Die permanente Vorbereitung des Angriffskrieges, die Kriegshetze. Dagegen machen die »Friedenshetzer« vom Oberbergischen Land mobil.

Der Katalog militärischer Zielplanungen der Bundeswehr kursiert auf Flugblättern, die vor dem ZAS-Gebäude verteilt werden. Demnach sind weltweite Angriffe auf Gebiete fremder Staaten und die Okkupation ihrer Territorien durch Bundeswehreinheiten vorgesehen. Die Aggressionsziele werden als »Rückzugsgebiete« angeblicher Terrororganisationen bezeichnet, ohne dass eine auch nur annähernde Eingrenzung inhaltlicher oder geografischer Art erfolgt. Vielmehr heißt es über kommende deutsche Militärvorstöße: »Künftige Einsätze lassen sich (...) weder hinsichtlich ihrer Intensität noch geografisch eingrenzen.« Dieser Satz ist fast wörtlich auch in den Verteidigungspolitischen Richtlinien von 2003 enthalten.

Die militärische Zielplanung, die mit dem entsprechenden Artikel der deutschen Verfassung völlig unvereinbar ist, erwähnt auch bewaffnete Kämpfe im Innern der Bundesrepublik. Hier sollen deutsche Soldaten tätig werden, »wenn nur sie über die erforderlichen Fähigkeiten verfügen oder wenn zum Schutz der Bürger und kritischer Infrastruktur ein erheblicher Personaleinsatz erforderlich wird« – ein definitorischer Freibrief für Einsätze gegen Protestbewegungen politischer und sozialer Art.

Wesentliche Teile der weitergehenden militärischen Planungen wurden hier im ZAS entworfen, das die inneren und äußeren Zielobjekte zukünftiger Kriege noch klarer benennt als die sprachlich gereinigten (und für eine größere Öffentlichkeit gedachten) »Verteidigungspolitischen Richtlinien«. Da heißt es über »Militärische Szenarien«, die das weltweite Interesse der Bundeswehr in Anspruch nehmen, man müsse sich mit der »politischen und militärischen Führung der Volksrepublik China« beschäftigen. Grundsätzlich sei die »Intervention in zwischenstaatlichen und ›kleinen Kriegen‹ (...) und zur globalen Unterstützung von Partnern« (sic!) wünschenswert, so wird betont. Dabei sollten auch »präventive« Kriegseinsätze, also offene Aggressionen unter Verletzung des bestehenden Völkerrechts, in Betracht gezogen werden.

Kopfzerbrechen bereitet den Waldbröler Analytikern, wie »die derzeitige Lücke zwischen den Niveaus der Streitkräfte der europäischen Staaten und denen der USA« zu schließen sei. Sie empfehlen Berlin, mit dem US-amerikanischen Rivalen »nicht über ein ›Hinterherrüsten‹, sondern über eine konzeptionelle Innovation« gleichzuziehen.

Das Waldbröler Amt residiert in einem Bau, der mit Fresken germanischer Rasseidole geschmückt ist. In der bedrückenden Atmosphäre, die auf den NS-Kriegsverbrecher Robert Ley zurückgeht, waren in den 1980er Jahren Führungsstäbe der Psychologischen Kriegsführung der Bundeswehr untergebracht. Die teilweise verdeckt tätigen Spezialisten für Desinformation und Täuschung der Öffentlichkeit üben sich noch immer in Begriffsumdeutungen, die den gefürchteten Charakter deutscher Militäraktivitäten annehmbarer machen sollen. Mehrere ihrer semantischen Sprachverfälschungen (»Humanitäre Intervention« statt Einmischung oder gar Angriff) gingen in die Strategiepapiere der Regierung ein.

Früher als die Friedensleute, die mit ihren Flugblättern Aufschluss geben über die gefährlichen ZAS-Pläne, hat Christoph Schwennicke von der »Süddeutschen Zeitung« aus Waldbröl berichtet. Die Studie des in der Truppe angesehenen »Zentrums für Analysen und Studien der Bundeswehr« habe es trotz ihres harmlosen Titels in sich, schrieb der Reporter. Das hauseigene Forschungsinstitut in Waldbröl legte eine über vier Jahre erstellte Arbeit vor, die die langfristigen Entwicklungen der Bundeswehr und der deutschen Sicherheitspolitik bis zum Jahr 2020 im Blick hat. Sie fordert nicht weniger als eine Revolution, mindestens einen Wandel von der alten Armee der schweren Panzerverbände, welche die Bundeswehr trotz aller Reformen im Kern noch immer ist, hin zu einer modernen westlichen Interventionstruppe.

Durchgängig weisen die Empfehlungen darauf hin, die Bundeswehr strukturell und materiell besser einsatzfähig zu machen, schreibt Schwennicke. Da es die Aufgabe künftiger europäischer Streitkräfte sei, »eigenständig zwischenstaatliche Kriege in Europa und angrenzenden Räumen verhindern bzw. unterbinden zu können«, müssten der deutschen Planung europäische Ziele zu Grunde gelegt werden. Deutschland sollte mit anderen Partnern »eine Führungsrolle in der EU übernehmen sowie Streitkräfte in Europa und ihre Fähigkeiten vorantreiben.«

Was sich die ZAS-Autoren wünschen, ist nicht weniger als die vielfach geforderte europäische Verteidigungspolitik, die mit Waffengewalt durchgesetzt wird. Gefordert wird einerseits, mehr Prävention zu betreiben, aber andererseits auch offensiver zu Werke zu gehen, wenn die Prävention nicht gegriffen hat: So wird empfohlen, Fähigkeiten der Bundeswehr anzustreben, »die zur Abwehr von Bedrohungen bis in deren Herkunftsräume wirken können«. Angesichts der neuen Herausforderungen etwa des internationalen Terrorismus sei »die eigene Sicherheit nicht mehr nur defensiv, sondern notfalls auch mit offensiven Operationen zu gewährleisten«.Dazu gehöre, sich Fähigkeiten anzueignen, die in Europa und an seiner Peripherie »eine nachhaltige Aktion/Reaktion innerhalb weniger Stunden oder Tagen« ermöglichen. Zudem müssten die Streitkräfte eine Überlegenheit anstreben, die es ihnen ermöglichen, »Gefahren für Deutschland und seine Partner auch jenseits der Grenzen Europas abzuwehren, und dies auch im zunehmend bedeutsam werdenden Fall von asymmetrischen Risiken«, womit u.a. terroristische Bedrohungen umschrieben werden. Dies erspare »aller Voraussicht nach auch mögliche Verluste, in Einzelfällen sogar Einsätze«. Das ist nichts anderes als die Umschreibung eines Präventivschlages.

Wie mitunter im politischen Raum schon diskutiert, plädieren die Autoren der Studie dafür, die bisher konventionelle Trennung von innerer und äußerer Sicherheit »national, regional sowie im internationalen Rahmen neu zu strukturieren«. In diesem Zusammenhang sollte die Landesverteidigung »schnellstmöglich auf Heimatverteidigung in einem umfassenden Sinne« ausgelegt werden, um so den Schutz der Bevölkerung vor den neuen Bedrohungen sicherzustellen. Bisher wurden solche Vorschläge stets unter dem Hinweis abgetan, die Bundeswehr könne, wenn nötig, schon nach bisheriger Rechtslage im Innern eingesetzt werden.

Auch bei der Ausrüstung der Streitkräfte kritisieren die Empfehlungen der Studie die jetzigen Verhältnisse: In Zukunft sei »vermehrt der Qualität der Vorzug vor der Quantität zu geben«, also: Klasse statt Masse. In Phasen des Umbruchs seien hohe Stückzahlen nicht zielführend, »weil dadurch finanzielle Ressourcen gebunden werden, die für Innovationen und damit für die Absicherung der Zukunft nicht mehr zur Verfügung stehen«. Das Niveaugefälle der deutschen Streitkräfte im Vergleich zu den USA solle nicht mehr über ein »Hinterherrüsten« verringert werden. Besser sei es, angesichts der Aussichtslosigkeit eines solchen Unterfangens »eine technologische Generation zu überspringen und mit neuen Konzepten Anschluss an amerikanische Fähigkeiten bei der Erfüllung globaler Aufgaben zu gewinnen.«

Die Autoren der Studie wollen den permanenten Wandel der Truppe. Ruhe soll nicht einkehren, bis die Bundeswehr auf neue Art einsatzfähig ist. »Planung und Erwartung der Angehörigen der Bundeswehr sind auf einen permanenten, evolutionären Reformprozess einzustellen«.

Im rüstungspolitischen Teil weist die Studie deutlich auf den Widerspruch hin, dass die Streitkräfte in immer kürzeren Intervallen modernes Material benötigen, »um gegenüber den neuen Akteuren überlegen und damit abschreckungsfähig zu sein«, zugleich aber weiterhin mit einem mageren Wehretat rechnen müssen. Was eigentlich nötig wäre, nämlich »eine kurzfristige Anpassung der Streitkräfte an neue Akteure und Technologien«, sei ohne »einen dauerhaften finanziellen Mehraufwand« nicht möglich.

Schwennicke schreibt abschließend in der »Süddeutschen Zeitung« vom 9. November 2002: »Als eine Art Credo in eigener Sache darf man wohl die Empfehlung der ZAS Nr. 2.4.2.3 verstehen. Dort steht, es solle ›ein organisatorisches Element in den Streitkräften‹ geschaffen werden, ›das sich kontinuierlich mit strategischen Zukunftsanalysen befasst‹.« Die Offiziere mit ihren weltweiten Militärplanungen haben noch viel vor.

Mit den Verteidigungspolitischen Richtlinien von 2003 haben sich zunächst mal auch die SPD und die Bündnisgrünen in ihrer Regierungszeit ein interventionistisches Militärkonzept der Generäle zu eigen gemacht. Das Dokument greift die Beschränkungen an, mit denen die Vollmachten der Exekutive in Militärfragen versehen waren. Die Verteidigungspolitischen Richtlinien von 1992 wurden damit fortgeschrieben, nicht aufgehoben.

Die Rechtsbindung militärischer Einsätze und deren parlamentarische Kontrolle sollen mit der Anwendung der neuen VPR geschmälert werden. Die Unterscheidung innerer und äußerer Sicherheit und die daraus folgende Trennung militärischer und polizeilicher Aufgaben wird aufgeweicht.

Am 21. Mai 2003 erklärte das Verteidigungsministerium nach Vorlage der neuen Verteidigungspolitischen Richtlinien im Bundeskabinett: »Die veränderte sicherheitspolitische Lage in Europa und der Welt hatte die Neuausrichtung der Sicherheits- und Verteidigungspolitik notwendig gemacht. Die herkömmliche Landesverteidigung hat an Bedeutung verloren, die Reaktion auf internationale Konflikte, asymmetrische Bedrohung, Terrorismus und Massenvernichtungswaffen dagegen steht im Focus deutscher Sicherheitsfragen. Damit verändern sich die Aufgaben der Bundeswehr. Für sie werden zukünftig Einsätze zur Konfliktverhütung und Krisenbewältigung im Mittelpunkt stehen.«

Die Verteidigungspolitischen Richtlinien von 2003 sprechen zwar immer noch von Verteidigung, tun dies aber in einer Art und Weise, die den Rahmen sprengt, den das Grundgesetz (Art. 87a) der Bundeswehr gesetzt hat, und zwar sowohl in bezug auf weltweite Auslandseinsätze als auch auf einen Einsatz im Innern. Die Bundeswehr orientiert sich auch offiziell um: Hin zu weltweiten Militär- und damit auch Kriegseinsätzen. Zugleich wird die Militarisierung der Europäischen Union vorangetrieben. Und schließlich hat die Umsetzung der VPR – wie übrigens auch der EU-Verfassung – teure Rüstungsbeschaffungsprogramme zur Folge. Der weltweite Einsatz erfolgt sowohl im Rahmen der Nato als auch durch Orientierung auf »selbständiges europäisches Handeln, wo die NATO nicht tätig sein will oder muss.«

In den neuen VPR wird behauptet, »Grundgesetz und Völkerrecht bilden die Grundlage für alle Einsätze der Bundeswehr«, doch zugleich wird verfassungswidrig erklärt, dass sich Bundeswehreinsätze künftig »weder hinsichtlich ihrer Intensität noch geografisch eingrenzen lassen«. Es gehe darum, »das gesamte Spektrum sicherheitspolitisch relevanter Instrumente gegenüber den komplexen Risiken einsatzbereit (zu) haben.« Da wo die UNO zur Mandatierung deutscher Einsätze willkommen ist, da wird dies zugleich machtpolitisch begründet: »Die Bereitschaft zu substanziellen Beiträgen und das Engagement in den Gremien und in der konkreten Arbeit der VN in den Krisengebieten wahrt und verstärkt Deutschlands Einfluß auf die künftige Rolle der Weltorganisation.« Der ständige Sitz im Weltsicherheitsrat wird also ebenfalls am Hindukusch erkämpft?

Langfristig können Bundeswehreinsätze auch hinsichtlich ihrer Größenordnung wieder in weniger begrenzten Dimensionen erfolgen. Denn darauf läuft das strikte Festhalten an der Wehrpflicht hinaus: Die ganze wehrfähige männliche Bevölkerung – abzüglich der Kriegsdienstverweigerer – ständig zur Auswahl für die länger- und auswärtsdienenden Kader zur Verfügung zu haben und die männliche Jugend hundertprozentig zu mustern und über sie als Ersatzreserve zu disponieren – als Reserve für jene, die den Dienst absolviert haben, ohnehin.

Die vom Militär selbstgestellten Aufgaben der Bundeswehr liegen – dies in Fortschreibung der 1992er VPR – also nicht mehr in der unmittelbaren Landesverteidigung. Der Angriff auf deutsches oder Bündnisterritorium ist in einem Maße unwahrscheinlich geworden, dass sich die Reduzierung der Bundeswehr auf eine 100.000 Mann-Armee auch aus der Logik der Militär heraus geradezu aufdrängt. Aus der Logik der Friedensbewegung wäre selbstverständlich die Abschaffung der Armee denkbar. Beides – Abschaffung wie Reduzierung – wäre wenigstens mit der Verfassung vereinbar. Die Verteidigungspolitischen Richtlinien von 2003 und ihre interventionistische und aggressive Ausrichtung sind es nicht.

Nachdem zum Jahreswechsel 2002/2003 der Minister und seine Leute ziemlich direkt den ausdrücklichen Verfassungsbruch befürworteten, machten sie bei der Abfassung der VPR einen Rückzieher; ohne von der Beseitigung des defensiven Auftrages abzugehen, wird nun alles und jedes »Verteidigung« genannt. Harald Müller von der Hessischen Stiftung Friedens- und Konfliktforschung schreibt dazu: »Negativ ins Auge sticht der Versuch, aus einem umfassenden Sicherheitsbegriff einen gleich umfassenden Verteidigungsbegriff abzuleiten. Der Sinn dieser Operation ist es, eine Änderung des Art. 87 a (1) des Grundgesetzes zu vermeiden, welcher die Aufstellung von Streitkräften lediglich für die Verteidigung zulässt.« (FR, 7. Oktober 2003) Dies entsprechend dem Grundmotto, das Struck schon früh ausgegeben hatte: Verteidigung Deutschlands am Hindukusch.

An vielen Stellen in den VPR wird der Eindruck erweckt, als gebe es eine große Zahl von Szenarien, die den unverzüglichen Einsatz der Truppe notwendig machen und die defensiven Charakter haben, auch wenn sie sich weit außerhalb des deutschen wie auch des NATO-Territoriums vollziehen. Das Grundgesetz sieht aber nur den territorialen Verteidigungsfall vor, und was die unverzügliche Entscheidung anbelangt, so ist sie an eine Zweidrittel-Mehrheit der Abgeordneten des Bundestages oder – bei einem Spannungsfall – auf eine ebenso große Mehrheit in einem Notparlament (Gemeinsamer Ausschuß) aus Mitgliedern des Bundestages und des Bundesrates gebunden. Alles was davon abweicht, müsste mit einer Änderung des Grundgesetzes beschlossen werden; auch dafür wird eine Zweidrittel-Mehrheit benötigt. Änderungen des Grundgesetzes sind außerdem nur zulässig, wenn dessen Wortlaut durch ein Gesetz ausdrücklich geändert oder ergänzt wird (Art. 79 GG). Insofern waren alle Auslandseinsätze der Bundeswehr bisher illegal. Das wissen auch die Militärs. Und weil sie ahnen, dass es nicht tragfähig ist, auf die Dauer so weiterzumachen wie bisher, indem sie sich von der UNO oder der NATO ein Mandat holen, um in den Einsatz zu gehen – dies war die vom Bundesverfassungsgericht geforderte Bedingung, neben der notwendigen Parlamentsentscheidung –, wollen sie eine semantische Klärung: Krieg soll nun immer Verteidigung heißen. Und das Parlament soll mit einem Entsendegesetz Blankovollmachten ausstellen. Und wenn es einmal zu undurchsichtig ist, was sich hinter »Verteidigung« verbirgt, dann sollen Phrasen wie die vom »Frieden schaffen« oder von der »Krisenbewältigung« herhalten.

Auf die Frage, welche Notfälle gemeint seien, wenn eine parlamentsfreie Vorabentscheidung der Exekutive gefordert wird, werden in den VPR keine einleuchtenden Antworten gegeben. Die Vorab-Entscheidungen sollen offenbar einen Automatismus in Gang setzen, indem der »Erkundung« stets die »Entsendung« folgt, weil man die Erwartungen des Partners nicht enttäuschen könne – und wie die Argumente alle heißen mögen, mit denen dann das Parlament genötigt werden soll. Die spätere Verweigerung der endgültigen nach der vorläufigen Zustimmung ist von einem Bundestag nicht zu erwarten, der bisher jeden Entsendeauftrag von Truppen verlängert hat, auch wenn es in Gegenden geht – wie Afghanistan und den Balkan –, bei denen langanhaltende und sich steigernde Konflikte zu befürchten sind.

Die Wünsche der Militärs, verankert in den neuen VPR als Dokument des Bundesministeriums für Verteidigung, sind auf eine Vielzahl von Einsätzen und möglichst geringfügige Kontrollen durch das Parlament gerichtet. Das muss alarmieren. An mehreren Stellen werden Einsatzaufträge der Truppe im Innern des Landes formuliert. Die Auslandseinsätze, aber vor allem diese Inlandseinsätze, werden mit der Forderung nach Fortdauer der Wehrpflicht verknüpft. Harald Müller schreibt dazu: »Außer der Abwehr terroristischer Handlungen aus dem Luftraum oder von See her und Aktionen mit nuklearen, chemischen, biologischen oder radiologischen Waffen kommt kein einschlägiges Szenario in den Sinn«, um solche Einsätze im Innern zu begründen. »Jede Blanko-Vollmacht für den inneren Einsatz der Bundeswehr außerhalb der in den Notsandsgesetzen eingestellten Bedrohungslagen hingegen wäre ein fataler Einbruch in die aus guten Gründen aufrechterhaltene Trennung der Kompetenzen der Organe innerer und äußerer Sicherheit.« (FR, 7. 10. 03)

Hier möchte man dem Experten Müller »Einspruch« zurufen, denn die Gewerkschaften verfügen noch immer über gültige und sinnvolle Beschlusslagen, die sich gegen den Einsatz der Bundeswehr im Inneren – auch in angeblichen Notstandszeiten, die nicht gleichzusetzen sind mit dem Verteidigungsfall – wenden. Plastisch sollte in Erinnerung sein, was »Soldaten gegen Demokraten« im letzten Jahrhundert anrichteten und was rechtskonservative Politiker und Militärs dazu für die Gegenwart formuliert haben. Wilhelm II. schwor 1891 seine Soldaten und Offiziere ein: »Bei den jetzigen sozialistischen Umtrieben kann es vorkommen, dass ich euch befehle, eure eigenen Verwandten, Brüder, ja Eltern niederzuschießen.« Edmund Stoiber legte im September 2001 die moderne Variante dieses Schwurs ab – diesmal islamische Umtriebe benennend: Die ganze Gesellschaft müsse darauf eingestellt werden, dass die freiheitliche Lebensordnung »durch Tausende von irregeleiteten fanatischen Terroristen mit möglicherweise Millionen Unterstützern« massiv bedroht sei. Deshalb fordern CDU und CSU seit langem den Einsatz der Bundeswehr im Innern – gegen die eigene Bevölkerung.

In den Verteidigungspolitischen Richtlinien 2003 kommt Minister Peter Struck nach der Stichwortgebung durch die Generäle nun diesen dringenden Forderungen nach: »Zum Schutz der Bevölkerung und der lebenswichtigen Infrastruktur des Landes vor terroristischen und asymmetrischen Bedrohungen wird die Bundeswehr Kräfte und Mittel entsprechend dem Risiko bereithalten. Auch wenn dies vorrangig eine Aufgabe für Kräfte der inneren Sicherheit ist, werden die Streitkräfte im Rahmen der geltenden Gesetze immer dann zur Verfügung stehen, wenn nur sie über die erforderlichen Fähigkeiten verfügen oder wenn der Schutz der Bürgerinnen und Bürger sowie kritischer Infrastruktur nur durch die Bundeswehr gewährleistet werden kann. Grundwehrdienstleistende und Reservisten kommen dabei in ihrer klassischen Rolle, dem Schutz ihres Landes und ihrer Mitbürgerinnen und Mitbürger, zum Einsatz.«

Der Einsatz gegen Terroristen und andere Gefahren im Innern wird so zur Sache der Verteidigung des Landes mittels der Massen von Wehrpflichtigen und Reservisten gemacht. Wenn man bedenkt, dass Reservisten bis ins hohe Alter gezogen werden können, so ist zu erkennen, wohin der Karren läuft: Die Einziehung der männlichen Bevölkerung, um sie gegen »Terroristen« einzusetzen und sie selbst als Streikende oder Demonstrierende auszuschalten. Alles »im Rahmen der geltenden Gesetze«.

Dieser geplante umfangreiche Einsatz der Bundeswehr im Innern ist ein weiterer Bruch des Grundgesetzes, der auch mit der neuen Militärkonzeption insbesondere zur Vorbereitung des »präventiven« Angriffskrieges Gestalt annimmt. »Der noch laufende Wachdienst der Bundeswehr bei den US-amerikanischen Militärstandorten in Deutschland steht hier Pate«, schrieb dazu während des Irak-Krieges der USA der Friedensforscher Tobias Pflüger. Ja, auch dieser Wachdienst stellte einen Beitrag zum Aggressionskrieg nach außen und zum Krieg gegen den Inneren Feind dar. Auch Wehrpflichtige wurden dazu herangezogen.

Nicht nur rechte CDU/CSU-Politiker standen bei der Forderung nach dem Einsatz der Bundeswehr im Innern Pate. In erster Linie haben brutalstmögliche Militärs dem Minister Struck die Feder geführt. Schon Ende Juli 2002 forderten der Gebirgsjägerkameradenkreis und einer seiner Repräsentanten, der Ex-Kosovo-Kommandant General Dr. Klaus Reinhardt, die Bundeswehr auch »zu Hause« einzusetzen.

Schließlich sei es doch die zentrale Aufgabe der KFOR und anderer internationaler Eingreiftruppen gewesen, für »innere Sicherheit« auf dem Balkan zu sorgen. »Die Berufung auf die Geschichte ist nicht mehr zeitgemäß«, ergänzte Günther Beckstein (CSU-Innenminister in Bayern) zum Einsatz der Bundeswehr im Inneren.

Bisher haben stets vor allem auch die Gewerkschaften mahnend auf die Geschichte verwiesen. So auf den Einsatz der Reichswehr im Jahre 1920, die – unter dem Befehl von SPD-Politikern, die gerade eben von den Arbeitern vor den Kapp-Putschisten gerettet worden waren – über tausend Ruhrarbeiter erschoss. Diese hatten sich an der Verteidigung der demokratischen Republik beteiligt. Doch nach Veröffentlichung der VPR im Mai 2003 schwiegen die Gewerkschaften. Ausgerechnet ein Sprecher der FDP musste nach Veröffentlichung des Struck-Papiers die sozialdemokratische Arbeiterbewegung daran erinnern. Günther Nolting (FDP-MdB) fragte: »Soll hier etwa der Grundstein für präventive Einsätze der Bundeswehr gelegt werden? Davor kann nur gewarnt werden.« Und weiter unter Hinweis auf den Einsatz der Bundeswehr – z.B. auch mit Wehrpflichtigen – im Inneren: »Es ist mir völlig unverständlich, dass die traditionsreiche Sozialdemokratische Partei Deutschlands offensichtlich beabsichtigt, so grundlegende und weit reichende Änderungen über den Einsatz deutscher Streitkräfte zu verabschieden.«

Wann äußern sich endlich die Gewerkschaften? Wann nehmen sie die Wehrdebatten und Antinotstandsbewegungen der 50er und 60er Jahre wieder auf? Wann erinnern sie sich an den im Ringen gegen die Notstandsgesetze erkämpften Grundsatz aus dem Grundgesetz: »Gegen jeden, der es unternimmt, diese Ordnung zu beseitigen, haben alle Deutschen das Recht zum Widerstand, wenn andere Abhilfe nicht möglich ist.« (Artikel 20/4 GG)

Das Eingreifen in die militärpolitische Debatte – auch und gerade mit Blick auf die noch weit über die Verteidigungspolitischen Richtlinien hinausweisenden Pläne solcher Einrichtungen wie des ZAS in Waldbröl – ist notwendig. Es wird für die Gewerkschaften wieder zum täglichen Brot werden müssen, wenn sie ihrer Aufgabe gerecht werden wollen.

Literaturverzeichnis

U. Albrecht, F. Deppe, J. Huffschmid, »Geschichte der Bundesrepublik. Beiträge«, Köln 1979

D. Bald, J. Klotz, W. Wette, »Mythos Wehrmacht« Nachkriegsdebatte und Traditionspflege Berlin 2001

Heinz Bergschicker, »Deutsche Chronik« 1933-1945, Berlin 1982

»Braunbuch« Kriegs- und Naziverbrecher in der Bundesrepublik, Reprint von 1968, Hg. Nationalrat der Nationalen Front, Berlin o.J.

Chronik der Deutschen, Augsburg 1996

Chronik des 20. Jahrhunderts, Harenberg Dortmund 1993

C. Dirks und K.H. Janssen, »Der Krieg der Generäle – Hitler als Werkzeug der Wehrmacht«, Berlin 1999

Ralph Giordano, »Die Traditionslüge« Vom Kriegerkult in der Bundeswehr, Köln 2000

Ralph Giordano, »Die zweite Schuld« – Von der Last, Deutscher zu sein, Hamburg 1987

Grundgesetz der Bundesrepublik Deutschland, Bundeszentrale für Politische Bildung, Bonn 1994

J. Heydecker/J. Leeb, »Der Nürnberger Prozeß«, Frankfurt am Main 1958

Walter Hofer, »Der Nationalsozialismus Dokumente 1933-1945«, Frankfurt am Main 1957

Innere Führung von A – Z, Lexikon für militärische Führer, Regensburg 1991

Karl Heinz Janssen, »Und morgen die ganze Welt«. Deutsche Geschichte 1971-1945, Bremen 2003

Roland Kaltenegger, »Die deutsche Gebirgstruppe 1935-1945«, München 1989

Ernst Klee, »Das Personenlexikon zum Dritten Reich«, Frankfurt am Main 2003

Johannes Klotz (Hg.), »Vorbild Wehrmacht?«, Köln 1998

Jakob Knab, »Falsche Glorie«. Das Traditionsverständnis der Bundeswehr Berlin 1995

Jakob Knab, »Verklärung und Aufklärung« – Von den Heldenmythen der Wehrmacht zur Traditionspflege der Bundeswehr; in: S + F – Vierteljahresschrift für Sicherheit und Frieden 2/1999

Lorenz Knorr, »Kontinuitäten des Rechtsextremismus«, Streifzug durch die deutsche Geschichte, Frankfurt am Main, 2002

Lorenz Knorr, »Rechtsextremismus in der Bundeswehr«, Frankfurt am Main, 1998

Otto Köhler, »Rudolf Augstein – Ein Leben für Deutschland«, München 2003

Joachim Krüger/Joachim Schulz, »Kriegsverbrecher Heusinger«, Berlin/DDR 1960

Hartmut Lück, »Zur Politischen Bildung der Bundeswehr«. Analyse der Information für die Truppe. Reihe Gestern und Heute, München 1969

Potsdamer Abkommen, in: Staatsverfassungen der Welt, Frankfurt am Main 1962

Karl Hubert Reichel, »Wie macht man Kriege – wie macht man Frieden«, Dortmund, 1973

Julius Ringel, »Hurra, die Gams«. Die 5. Geb.Div. im Einsatz, Graz 1956

Ulrich Sander, »Die Bundeswehr im Kriegseinsatz«. Der dritte Feldzug gegen Serbien, Hg. VVN-BdA 1999, Hannover

Ulrich Sander, »Szenen einer Nähe – Nach dem großen RechtsUm bei der Bundeswhr«, Bonn 1998

Untersuchungsausschuss des Bundestages, Beschlussempfehlung und Bericht des Verteidigungsausschusses als 1. Untersuchungsausschuß, 18. Juni 1998

Verbrechen der Wehrmacht – Dimensionen des Vernichtungskrieges 1941-1944, Begleitbroschüre zur Ausstellung, Hamburger Institut für Sozialforschung (Hg.), Hamburg 2001

Der Nürnberger Prozeß gegen die Hauptkriegsverbrecher IMT, Neudruck München 1984

VVN-BdA/NRW und Hartmut Meyer Archiv (Hg.), »Der deutsche Militarismus ist nicht tot – er riecht nur streng«. Analysen zur Militarisierung der bundesdeutschen Gesellschaft, Wuppertal 2001

Verteidigungspolitische Richtlinien 92, abgedruckt in DFG/VK, »Lizenz zum Töten«, Hamburg 1993

Verteidigungspolitische Richtlinien 03, erlassen vom Bundesminister für Verteidigung am 21.5.2003, siehe www.friedensratschlag.de und www.imi-online.de oder www.bundeswehr.de

Weissbuch der Bundeswehr, Hg. Bundesminister der Verteidigung, Bonn 1994

Weissbuch der VVN »In Sachen Demokratie«, Berlin, das Buch von 1960 neu herausgegeben 2002 vom Bundesausschuß der VVN-BdA, Berlin, VVN0109@aol.com

Gerd Wiegel »Die Union und der rechte Rand«, Forum 2000 plus, Marburg/Berlin 2002

Zeitschriften

Der Deutsche Fallschirmjäger, Hg. Bund deutscher Fallschirmjäger, 84326 Falkenberg

Die Bundeswehr, Organ des Bundeswehrverbandes, Bonn

Die Gebirgstruppe, Hg. Kameradenkreis der Gebirgstruppe, München

Europäische Sicherheit, Hg. Gesellschaft für Wehr- und Sicherheitspolitik (vormals Wehrkunde) und Clausewitz-Gesellschaft, Bonn

Information für die Truppe, Zeitschrift für Innere Führung, Hg. Streitkräfteamt, Informations- und Medienzentrale der Bundeswehr, Bonn

Loyal – Das deutsche Wehrmagazin, Hg. Verband der Reservisten, Bonn

Truppenpraxis/ Wehrausbildung, Bundeswehrzeitschrift für die Erziehungsarbeit und Ausbildung der Soldaten, Zeitschrift für den Offizier, Hg. Bundesministerium der Verteidigung, Bonn

Y. – Magazin der Bundeswehr, Hg. Streitkräfteamt, Bonn

Bitte beachten Sie auch die folgenden Seiten.

ISBN 3-89438-288-0, Broschur, 191 S.
EUR 13,50 [D]/SFR 24,50

Verstärkt durch populäre TV-Serien findet in den Diskursen um die deutsche Vergangenheit eine Neubewertung des Zweiten Weltkriegs und seiner Folgen statt. Dabei werden grundlegende Unterschiede zwischen Opfern und Tätern eingeebnet; die deutschen Leiden werden ins Zentrum gestellt. Das Buch betont demgegenüber den Zusammenhang der beklagten Ereignisse mit dem deutschen Eroberungskrieg und benennt die geschichtspolitischen Absichten der Debatte.

ISBN 3-89438-263-5, Broschur, 154 S.
EUR 12,90 [D]/SFR 23,50

Die Berichte Conrad Talers über den Frankfurter Auschwitz-Prozeß sind von einer beklemmenden Intensität. Der Autor hat sie ergänzt um einen Aufsatz über den Initiator des Verfahrens, den hessischen Generalstaatsanwalt Fritz Bauer, und über den Skandal um die Verleihung des Bundesverdienstkreuzes an einen Sklavenausbeuter von Auschwitz. Eine Einleitung über die Vorgeschichte des Prozesses schrieb Werner Renz vom Fritz Bauer Institut.

PapyRossa Verlag
Luxemburger Str. 202 – 50937 Köln
mail@papyrossa.de – www.papyrossa.de

PapyRossa Verlag
Luxemburger Str. 202 – 50937 Köln
mail@papyrossa.de – www.papyrossa.de

Warum es der wirtschaftlichen Entwicklung schadet, wenn die Reichen immer reicher und die Armen immer ärmer werden; wieso Lohn- und Sozialabbau nichts gegen Arbeitslosigkeit nützen; weswegen die Globalisierung zu Kapitalvernichtung und Stagnation führt. Fundierte Kritik am wirtschaftspolitischen Zeitgeist und lebendige Einführung in die politische Ökonomie von heute. »Ein Mut machendes, dennoch zu Recht pessimistisches Werk.« (Marxistische Blätter)

ISBN 3-89438-249-X, Broschur, 228 S.
EUR 14,80 [D]/SFR 26,60

Der Zweite Weltkrieg als Kreuzzug der USA für Demokratie und Menschenrechte? Bis zur deutschen Kriegserklärung waren die US-Machteliten fixiert auf die »rote Gefahr«, galt Hitler als »gut fürs Geschäft«. Trotzdem war der Zweite Weltkrieg mit seinen reichen Früchten für sie ein guter Krieg. Perfekt war aber erst der Kalte Krieg, weil er gegen den »richtigen« Feind geführt wurde und mit dem Zusammenbruch der UdSSR das »richtige« Ziel erreichte.

ISBN 3-89438-220-1, Broschur, 297 S.
EUR 16,50 [D]/SFR 29,40

Ossietzky

Zweiwochenschrift für Politik / Kultur / Wirtschaft

Ossietzky erscheint alle zwei Wochen im Haus der Demokratie und Menschenrechte, Berlin – jedes Heft voller Widerspruch gegen Militarisierung, gegen angstmachende und verdummende Propaganda, gegen Sprachregelungen, gegen das Plattmachen der öffentlichen Meinung durch die Medienkonzerne.

Hiermit bestelle ich die Zweiwochenschrift »OSSIETZKY« als

❍ kostenloses Probeexemplar

❍ Jahresabo zu € 52,- (Ausland € 84,-)

❍ Halbjahresabo zu € 29,-

Vorname, Name

Straße, Nr.

PLZ, Wohnort

Das Abo kann innerhalb einer Woche beim Verlag schriftlich widerrufen werden. Wird es nicht acht Wochen vor Ablauf des Vertragszeitraums schriftlich gekündigt, verlängert sich das Abo um ein Jahr.

Datum Unterschrift Pap

Verlag Ossietzky GmbH · Vordere Schöneworth 21 · 30167 Hannover
Fax 0511/876 548-49 · ossietzky@interdruck.net · www.sopos.org/ossietzky